一个外交官的美国密谈

阮宗泽 著

江苏人民出版社

图书在版编目(CIP)数据

一个外交官的美国密谈 ／阮宗泽著 . —南京：江
苏人民出版社，2012.11
ISBN 978-7-214-08829-1

Ⅰ．①一… Ⅱ．①阮… Ⅲ．①美国－概况 Ⅳ．
①K971.2

中国版本图书馆CIP数据核字（2012）第240244号

书　　　名	一个外交官的美国密谈
著　　　者	阮宗泽
责 任 编 辑	鲁从阳
策 划 编 辑	汪毓楠
特 约 编 辑	张松敏
责 任 校 对	陈晓丹
装 帧 设 计	孙　倩
出 版 发 行	凤凰出版传媒股份有限公司
	江苏人民出版社
出版社地址	南京湖南路1号A楼　邮编：210009
出版社网址	http://www.book-wind.com
经　　　销	凤凰出版传媒股份有限公司
印　　　刷	三河市金元印装有限公司
开　　　本	700毫米×1000毫米　1/16
印　　　张	19.25
字　　　数	313千字
版　　　次	2012年11月第1版　2012年11月第1次印刷
标 准 书 号	ISBN 978-7-214-08829-1
定　　　价	35.00元

（江苏人民出版社图书凡印装错误可向本社调换）

目录

CONTENTS

别了，历史的假期

凯撒说：我来了，我看到了，我征服了！

我想说：我来了，我看到了，我记录了！

2007 年至 2011 年，我在中国驻美国大使馆常驻四年多。甫到美国，人们不约而同地对我说："你来得正好，这是个很有趣的时刻。"毫无疑问，这段"很有趣的"经历，是我零距离认识、观察美国变化的最佳时机。当时的民调显示，美国 80% 以上的民众认为美国走在错误的道路上，美国民众对布什政府的不满溢于言表，渴望变革，希望国家改变发展方向。

美国是个矛盾的多面体。也许，正如著名西部片、伊斯特伍德的成名作《好的、坏的和丑的》，各种特点兼而有之。从不同角度看，你将看到不同的美国。

美国称其价值观是普世的，实际上却又如此例外，如此地与众不同：对内民主自由，对外却专横霸道；对内讲人权民权，对外却屡屡发动战争，让他国生灵涂炭。善良与残酷、文明与野蛮、热情与冷漠、平等与歧视、公正与偏见、自信与自卑、强大与脆弱、富裕与贫困、传统与后现代……这些看似自相矛盾的东西，却奇怪而又自然地在同一片土地上并行不悖。

美国将是世界上最后一个超级大国。

美国经历过两场世界大战，花了半个世纪将其经济实力转化为地缘政治的主导力，从国际制度层面确立了自己的世界霸主地位。

20 世纪 90 年代，因冷战结束，美国不战而胜，如释重负。《华盛顿邮报》专栏作家查尔斯·柯翰默把 1991 年苏联解体至 2001 年"9·11"恐怖袭击之前这段美好时光，称为"历史的假期"。[1] 在这个乐观时代，美国仿佛成功登顶世界超级霸权，独处繁荣的巅峰，饱尝权力的肥美，纵目远眺，环顾全球，一览众山小。那气势，何人能及！

这一时期，美国经济学家、投资银行家以及政治顾问个个昂首挺胸，穿梭于全球，鼓吹推销美国式的自由选举和自由市场。用著名学者福山的话说，美国代表着"历史的终结"：经济上，美国经济是全球经济的核心；金融上，华尔街决定着全球金融的流向；军事上，美国的军费开支几乎是全球的半壁江山；技术上，美国是计算机和互联网革命的中心……所有这些均使美国坐拥强大的知识权力——成为创造世界新规范的力量。[2] 美国联邦储备委员会前主席格林斯潘，自豪地宣称美国为"全球的翘楚"。

好景总是不长。"9·11"事件从天而降，伊拉克战争、阿富汗战争和金融风暴接踵而至，美国遭受重创，内外交困。"伊拉克与阿富汗战争使美国痛苦地认识到其力量的边界。布什政府的两场战争侵蚀了美国的乐观主义，2008 年的华尔街溃败使之寿终正寝。美国陷入了自上世纪 30 年代以来最严重的衰退，收获了两位数的失业率和国债的高企。金融危机是对美国自尊心和国际威望的重挫。乐观时代目睹了美国试图按照自身形象重塑世界的努力。然而，美国模式在美国也行不通。"[3]

与此同时，世界没有等待，其他力量纷纷崛起，你追我赶，逐步由世界舞台的边缘区向核心区移动，它们积极参与国际议程的设置、规则的制定，世界的面貌为之改变，历史在世纪之交变得更加精彩。

此刻的美国犹如鸭子浮水，世人眼中依然镇定、优雅，但双腿的挣扎却片刻未停，朝野与社会对未来充满怀疑，一种不确定、焦躁不安而又紧张的情绪，弥漫在华盛顿的上空，并逐渐扩散，"历史的假期"俨然已成过眼云烟！似乎还要为割破的伤口撒上一把盐，越来越多的人居然情不自禁地追问：首都华盛顿会破产吗？美国政府会破产吗？更有人大胆预言：后美国世界已经指日可待！

［1］Charles Krauthammer，"Strike Two"，Washington Post, July 27, 2007

［2］Gideon Rachman, Zero-Sum Future: American power in an age of anxiety(Simon & Schuster, 2011), p.93

［3］同上，pp.96-97

特别是金融危机以来，美国舆论像触电一样热衷讨论未来美国的实力地位，诸如没有西方的世界、没有美国的世界、无极世界、美国衰落等等看扁、唱衰美国的言论四处扩散，令美国心事重重。终于有一天，我看到了美国的愤怒，听到了美国爆发出的"舍我其谁"的呐喊。

姑且不论美国是否真的衰落，但衰落的描述却直接撞击美国长久以来引以为豪的"美国第一"的信念，而这种信念的动摇，转化成了美国光荣与梦想不再的全民心理暗示，深深地刺痛了骄傲的美国。

何为"美国第一"？

美国前国务卿奥尔布赖特说过，美国是"不可或缺的力量"，其潜台词就是：世界不能没有美国！历史不相信假设，从理论上讲，地球离开了谁都照样转。在1776年美国宣布独立之前，世界已经在没有美国的情况下运转、发展了数千年，其间创造的辉煌文明灿若星河。但毋庸置疑，美国自诞生起，就对世界产生了持久的影响，并在历史进程中留下了深深的烙印。

那么，没有美国的世界会怎样？是更糟糕，还是更美好？世界确实需要美国，而美国也绝无可能修成高僧老尼，消极避世，无欲无求。美国与世界相互依存，相互需要：如果说世界不能没有美国，同样，美国也不能没有世界。假如只看到前者而忽视后者，那才是对历史和未来的误读。不幸的是，有不少美国人一直在以偏概全，一叶障目。

美国之为美国，是因人们相信在这个新大陆上，一切皆有可能，人人都有机会，只要努力，都会实现其"美国梦"。而今天由于新兴大国的成功，让世人看到"美国梦"不再是成功的唯一神话；以中国、印度、巴西、俄罗斯、南非等金砖国家为代表的新兴大国群体性崛起，不仅在重塑世界政治、经济的战略版图，而且正在缔造新的希望：在新兴大国中，每个人同样有自己的梦想，同样有成功的机会，同样一切皆有可能！

如果说新兴大国的崛起代表着未来的希望，那么，美国的衰落则蓄含着对未来的恐惧。

经常都能听到美国人的种种抱怨：抱怨就业机会流失；抱怨贸易赤字和预算赤字居高不下；抱怨国债高企；抱怨信用评级下调；抱怨国家走在错误的道路上；抱怨府院之争以及政治体制运转失灵；抱怨美国今不如昔；抱怨中国等其他新兴大国

的崛起，并将吃掉"美国的午餐"；抱怨世界财富和力量的转移；当然，还抱怨世界仍有太多的危险与威胁。

曾经闲庭信步、指点江山的美国，正变得猜疑重重、多愁善感，蜕变为一个愤怒的美国。当愤怒凝聚为社会的集体意识时，也就决定了未来的美国将不再是安静的美国。美国朝野上下心烦气躁，牢骚满腹，越来越情绪化，火气越来越大，容忍度越来越小，变得越来越易怒。这种心态的变化对美国意味着什么？对世界意味着什么？对中国又意味着什么？

美国无疑是世界上最强大的国家，却偏偏是危机意识、忧患意识随处可见的国家。每个历史时期，美国都需要用"敌人"来证明其忧患意识的合理性。从美国怒不可遏的眼神中可以看出，他们正在重新思考美国与世界的关系，重新审视、编织未来的世界版图。

对世界和美国而言，2008年有两件大事：一是发端于华尔街的金融危机大爆发，导致百年罕见的全球金融海啸；二是名不见经传的60后、非裔巴拉克·奥巴马当选美国第44任总统。前者让世界看到美利坚帝国并非固若金汤，后者让美国心生变革的希望。两者犹如正负极不期而遇，在夜空中划出一道长长的闪电，再一次激发出美国内心"绝不当老二"的雄心和斗志。

从历史的视角看，由于美国实行的是两党轮流执政，政治诉求有所区别的民主、共和两党，不过是美国在不同历史时期交替使用的左右手，共同维护的是美国的政治、经济、安全和社会利益。但新旧政府的交替，也为美国的战略修正提供了契机。

自2009年1月20日入主白宫以来，奥巴马为重振美国，大兴"新政"，兼顾和统筹"国内国外两个大局"，对内提出要"变革"，对外奉行"新接触"外交，旨在重塑形象，修补美国与世界的关系，维护其"领导地位"，纠正外部世界关于美国衰落的"误读"。他的变革决心与动作不可谓不大，甚至不惜放出狠话：宁可只当一任总统，也要将改革进行到底。

然而，任何变革都是万不得已、不得不做出的痛苦抉择。如果甜蜜的"历史的假期"依旧，何苦要变？何变之有？而变革的本质就是"舍"与"得"的权衡，就是利益的重组，就是牺牲的不可避免。变革不仅要有勇，更要有谋。就算是创造了历史的奥巴马，其变革非但没获得多数美国人的认同，自己反而撞出了满头青包。所谓天时地利人和，很难算清他占了几样。再说政治家的豪言壮语不能太当真，碰壁之后，他也不得不妥协，并向中间靠拢。

奥巴马的"新政"绝不是战略退缩，实则以退为进，以守为攻；而且后危机时代的美国，并非完全礼崩乐坏，在相当长的时期里，它仍有资本在世界事务中占据中心位置，更不能排除经过变革阵痛之后再振雄风。

有人说：做美国的敌人很危险，但做美国的朋友更危险。前者不言自明，后者则是要准备随时为美国的国家利益、战略布局服务，为美国的军事冒险赴汤蹈火、冲锋陷阵：美国指到哪里，你就打到哪里；美国打到哪里，你就冲到哪里，有钱出钱，没钱出力，管你喜不喜欢。可见，无论是美国的敌人还是朋友，均始终面临如何与之打交道的考验；依然强大却敏感多疑的愤怒美国，好比脾气暴躁的绿巨人浩克，将更具攻击性，也更难相处。

作为当今世界最重要、最复杂的双边关系，中美两国都试图从对方的眼里审视自己。如果说以前更多的是中国从美国的眼中看自己，今后美国将越来越多地从中国的眼中看自己。

中国改革开放30多年来取得了辉煌成就，书写了世界新的成功故事，其所创造的最大公共产品，就是让人们从新的角度重审、思考世界的未来，让更多的人看到新的希望与机会。

然而，中国崛起与美国衰落之间并没有必然联系，更非因果关系。中美之间并非注定是一场你输我赢的世纪豪赌，相反，双方都肩负着维护、发展、丰富、充实互利共赢的合作关系甚至实现历史超越的责任。中美关系的好坏，不仅关系到中国现代化建设的大气候、大环境，也将决定亚太地区的和平与稳定，决定未来世界秩序的走向。

进入21世纪的第二个十年，中国已经站在了世界舞台的中央，在适应新角色的同时，更要用新的目光观察世界，妥善处理与美国的关系。具体而言，中国需要以"脱钩"思维与美国打交道，该合作的合作，该斗争的斗争，而且还要巧妙使用化骨绵掌，避其锋芒，趋利避害，徐图长远。正所谓你有你的金刚钻，我有我的绕指柔。这不是露怯，不是软弱，而是心智的力量。当然，中国需要重新发现美国，着力培养一批"华盛顿通"，以便更好地与"495 环城路内"的权力掮客打交道。

自 20 世纪 80 年代涉足美国研究以来，"美国"成了我的职业符号。流年似水，随着时空经纬的转换，我有幸得以从不同角度观察之：从中国观察美国，从欧洲观察美国，再从美国人的眼里看美国，从美国人的口里听美国。除美国首都华盛顿之外，我还走出 495 环城路，访问过阳光带、风雪带、铁锈带、圣经带[1]等地区，接触并目睹了一个更加多元复杂的、演变中的美国。

本书记录下岁月投射在我脑海里的美国影像，以及对 21 世纪美国的阶段性观察与思考，试图推开美国政治、外交文化这扇窗，抽丝剥茧式地讲述一个"看不见"的美国：今天美国的最大变化是什么？驱使这一变化的原因何在？美国怎样看自己？怎样看世界？美国究竟要什么？美国怎样思考？中国怎么办？

美国变化无形、捉摸不定却无处不在，时时刻刻都在以其独特的方式，影响着世界和人们的生活，并将继续影响着下一代。美国好似一本卷帙浩繁的书，每天都在增添着新的段落；又宛如一个不断移动的目标，在历史进程中的每次腾挪、折返，或水花四溅，或风生水起。要追踪、聚焦、探寻这样一个庞然大物，颇具挑战性，也让我乐在其中。

美国名将麦克阿瑟有一句名言，"老兵永远不死，只会慢慢凋零"。帝国何曾不是如此？

管中窥豹，一己之感，愿与读者分享交流，不当之处，敬请批评指正。

阮宗泽
2012 年 8 月于北京

---

[1] 阳光带（Sun Belt），又称西班牙语区（Spanish Belt），指美国南部和西南部地区。该地区阳光充足，冬季温暖。风雪带（Snow Belt），指中西部和东北部地区，冬季长，积雪多。铁锈带（Rust Belt）又称制造业带或工厂带，指美国的东北部人口稠密的地区，曾是美国工业、制造业兴旺发达的地带，向西包括宾夕法尼亚、俄亥俄、印第安纳、密歇根等州。到 20 世纪 70 年代，该地区工厂倒闭，经济衰落，仅剩铁锈斑斑的厂区。圣经带（Bible Belt）指保守的新教原教旨主义地区，包括大部分美国南部州。

第一篇

美国一直在抱怨

我们身处危机之中。我们的国家正在对暴力和仇恨宣战。我们的经济伤痕累累，虽缘于一些人的贪婪和不负责任，更主要的是，我们出现了集体性的决策失误，未能做好应对新时代的准备。我们的人民正在失去家园，失去工作，商业萧条，医保过于昂贵，学校教育让许多人失望。每天都有新的证据显示，我们利用能源的方式助长了敌对势力，同时也威胁着我们的星球。

这些数据皆为危机的表象。虽无法衡量，但更难测、更可怕的，是其对美国人国家自信的侵蚀和造成的恐惧：担心美国的衰落不可避免，担心下一代会降低他们的期待。

——奥巴马 2009 年 1 月 20 日的就职演说

一、谁敢说美国衰落了

2010 年秋，我应邀到美国西部爱达荷州一大学参加关于 21 世纪中美关系的研讨会。在答问环节，一位学生提问说，美国学生似乎不如其他国家的学生努力，长此以往，是否会影响美国在国际上的地位和竞争力？出席会议的美国官员立即面带怒色，反问道："谁说美国衰落了？"偌大的礼堂，顿时鸦雀无声。

是的，谁说美国衰落了？我不止一次听过美国官员或学者在不同场合做出这样"义正词严"的反诘。就连美国总统奥巴马也坐不住了，他在 2012 年 1 月 24 日发表的任内第三份《国情咨文》中，振臂高呼"美国回来了"，并批评那些妄称美国衰落的人"不知所云"！

说实话，我很佩服那位美国女生，她有勇气站出来说出自己对美国未来的担心。她的担心正是萦绕在当今美国人心头的普遍阴影。而近些年之所以充斥着各种关于美国未来实力地位的讨论，皆因经济停滞不前、发展模式失宠、战争拖累、自信渐失，特别是对其地位能否长久的担忧。但美国人警钟长鸣、敢于更勇于自我批评的精神，恰如强者的维他命。

衰落成为禁忌词

在美国，"美国衰落"是一个不受欢迎的"脏词"，是一种禁忌。

记得 2007 年夏天我刚到美国赴任，那时美国人对国家的发展方向也很不满，对未来也有担心，对政府批评甚多，但怎么也没到动辄就像这样怒火万丈的地步。如今，"愤怒"二字似乎就直接写在美国人的脸上。

他们越来越愤愤不平，越来越不能平静地面对世界、面对美国与世界关系的新变化。社会舆论如此，专家学者如此，政府官员如此，仿佛整个国家都被一种莫名的、惊恐不安的情绪所笼罩。一位美国朋友幽幽地对我说，美国人从未像现在这样生活于彷徨无助、踌躇不安中！也许"愤怒"就源于这种前所未有的惊恐。

通常情况下，美国人最不缺的就是自信！他们总是相信，美国的制度是世界上最好的制度，美国的生活方式是最好的生活方式。它使美国获得成功，使美国人一代更比一代强，下一代一定会比现在过得好！许多美国人从来深信不疑：泱泱世界，闯祸的都是别人，美国带来的全是福音；别人都是麻烦制造者，美国才是问题的解决者。

21世纪头十年接连发生了两件改变美国与世界关系的大事："9·11"事件与被称作"金融'9·11'"的金融危机。两个"9·11"有一个共同之处，即将美国置于风暴旋涡的中心。

"9·11"事件发生时，我在中国；金融危机爆发时，我在美国。两者猛烈的相互撞击使我深感什么叫"改变"：前者改变了美国对世界的看法——"他们为什么恨我们"？后者则改变了世界对美国的看法——"他们为什么害我们？"

这种"美国看世界"和"世界看美国"的视角转换，仿佛就发生在一夜之间，犹如黑白世界的瞬间交替，省略了黎明与黄昏，来得如此突然，如此直接。无论是美国还是世界，都没有足够的预警时间去储存和释放这种愤怒与惶恐。

2011年9月11日，是"9·11"事件十周年纪念日。我所住公寓附近不少建筑物的外墙上、立交桥两端，纷纷挂上了巨幅美国国旗，普通民众的房前屋后也飘扬着星条旗。这种美式爱国主义的表达方式，流露出美国人内心的孤傲与自豪。

美国人最爱翻旧账，对过去的反思好似家常菜，可以常吃常新，并不断从中吸取新的营养。"9·11"事件以及十年反恐战争的得失，便是一个总能"炒"出新花样的沉重话题。

一种观点认为，美国没有再遭受大规模的恐怖袭击，因此，美国是安全的。另一种观点则认为，美国越来越不安全。从受害者变成两场战争的发动者，以暴制暴，花了近十年才击毙"基地"组织的头目本·拉登，而要消除恐怖主义，不知要到猴年马月了。再者，美国因身陷两场劳师袭远的战争，至少烧掉了 2 万亿美元，搭上数千大兵的生命，留下众多的肢体、精神伤残者。

自 "9·11" 事件以来，美国的军事预算翻倍增长，并一直保持在高位，是造成美国债务危机日益严重的重要原因。美国前参谋长联席会议主席莫伦，视巨额赤字为美国国家安全面临的最大威胁。美国削减赤字委员会联席主席鲍尔斯警告称：巨额赤字是拖垮美国经济稳定运行的重大隐忧；如果再不削减社会福利等开支，会拖垮美国，"美国势将在我的有生之年沦落为一个'二流'国家"。

2011 年 2 月，《纽约时报》发表题为《堕落末端的帝国》一文，称在国际货币基金组织对发达经济体的调查结果中，收入不均、失业率、民主水平、粮食安全、预期寿命、每万人中的入狱人口比率、学生的数学成绩等 9 项指标中，美国有 6 项排名垫底，成为 "差中之差"，这简直是 "美国的耻辱"。文章写道：

> 这是我们应当停止自欺欺人的时候了。美国在许多方面依然伟大，但我们在工业化国家中已经成为落伍者。我们不再是世界第一，而是最差中的最差……[1]

2011 年 4 月，《纽约时报》与哥伦比亚广播公司共同做的一项民意调查结果显示，民众对油价高涨，对两党围绕削减预算赤字的恶斗，以及联邦政府在应对上述挑战中的表现怨声载道。就在奥巴马宣布参与 2012 年连任选举之际，其不支持率高达 57%。[2] 到 2011 年 9 月，美国民众对政府的愤怒情绪升至新高。盖洛普民调显示，政府的支持率只有 17%，有 67% 的民众不认同政府的表现。政府的公信力受损、领导能力受怀疑、两党互不合作，民众看到的是政治家慷慨激昂、唾沫横飞的演说与辩论，却看不到解决问题的希望。

由此可见，美国虽然得到了一种安全，同时却失去了另一种安全。

这种对未来的担忧宛如无孔不入的瘟疫，开始在美国社会传播。在我接触的美国人中，悲观者多了起来。最突出的感觉就是，他们对政府及两党缠斗的批评

---

[1] Charles M. Blow, "Empire at the End of Decadence", New York Times, February 19, 2011

[2] Jim Rutenberg and Megan Thee-brenan, "New poll shows darkening mood across America", New York Times, April 22, 2011

增多，话语也更尖锐。对现状更加不满，对国家发展失去信心，也就直接导致民众对未来的生活水平、国家力量与地位的怀疑。于是，越来越多的人忧心忡忡，认为美国的巅峰时刻已过，衰落的宿命终于真的降临到了美国头上。

就连一些政要的退休，也拿国家的衰落说事儿。资深的共和党人、美国前国防部长盖茨，在 2011 年 6 月 19 日接受《新闻周刊》采访时说："我整个成年生活是在美国这一超级大国中度过的，她在维持自己超级大国地位的开支方面也从不后悔；她也不用回眸过去，因为自己经济是如此强大。现在，时代不同了……坦率讲，我无法想象，作为一名美国人、一名政府要员，却要面临被迫大幅缩减军费。"作为世界最大军事机器的"掌门人"、几朝元老，在即将解甲归田的前夕发出这种感叹，确实令人唏嘘。

美国再也无法掩饰她的愤怒了，这不像是装出来的。

奥巴马愤怒了，拜登愤怒了，华盛顿愤怒了，国会山愤怒了，五角大楼愤怒了，雾谷[1]愤怒了，华尔街愤怒了，媒体愤怒了，民众也愤怒了……茶党运动与"占领华尔街"运动左右夹击，撕裂着美国社会。

与此同时，美国舆论、社会精英、政界领袖，又觉着不能就这样让美国沉沦下去，要激发人们的斗志，他们振臂高呼："绝不接受美国衰落论！"并异口同声地呼吁，美国人不应该妄自菲薄。

2010 年 1 月 27 日，奥巴马在其任内的首份《国情咨文》中发誓说："美国绝不做世界第二！"他列出美国历史上几个重大危机，包括二战、大萧条等，指出美国今天正接受考验，要求国人"回应历史的召唤"。同年的 11 月 23 日，他在印第安纳州一家汽车厂发表讲话时高声警告："别赌美国会输！"[2] 2012 年，当美国进入大选期，面对共和党来势汹汹的攻击，奥巴马再次强势反击美国衰落论。

美国副总统拜登忍不住抱怨说，怎么会有如此多的人押注美国末日将至？他在接受媒体采访时直言，这种看法简直"快把我逼疯了"，斥责这类唱衰美国的报道，夸大其词，简直就是无稽之谈。他表示，自己和奥巴马总统一样，绝不允

---

[1] foggy bottom，即美国国务院所在地，因地处哥伦比亚特区西北区的雾谷地区而得名，故用"雾谷"指代美国国务院，亦指国务院发言人的发言经常模糊不清。

[2] E.J. Dionne Jr., "Haunted by decline", Washington Post, December 12, 2010

许"美国沦为世界第二"。美国绝不会因"经济失控和过度扩张而衰落"[1]。拜登在 2011 年 8 月访问中国时，也不忘批驳关于美国衰落的说法。

作为美国职务最高的外交官，国务卿希拉里·克林顿同样对美国衰落论嗤之以鼻。她说得最多的，就是如何发挥美国的领导作用——无论从前面领导，还是从幕后指挥，总之，当今世界，舍我其谁？2009 年 7 月 15 日，她在美国对外关系委员会发表讲话时说："有些人将其他国家的崛起和我国国内经济的困难视为美国实力衰减的迹象。还有些人根本不信任我们的领导作用，他们认为美国是一个不负责任的大国，急于将自己的意愿强加于人，而不顾他人的利益和我们的原则。但两种看法都是错误的。"

虽然美国有时觉得当领导的成本太大，希望盟友分摊一些负担，或闪至台后，让别人唱主角，但若真的不让它当领导，却又担心大权旁落，生怕被别人看扁了，会很不高兴。这正是美国官方、社会精英、舆论领袖不约而同地发出怒吼的原因。其积极"入世"的心态容我后面再细表。

在谈到这种现象时，也有一些冷静的思考。有美国朋友若有所思地对我说，美国过去的强大不需要辩解，不需要证明，更不需要用愤怒来提醒；可是，今天的美国领导人、精英和舆论却在竭力为美国的强大而辩护，这难道不耐人寻味吗？

在当前暗流涌动的危机中，思想跌宕、迷乱，仿佛唯一可以确定的，就是美国未来的不确定性。美国衰落论像逃出了潘多拉之盒的幽灵，要想再把它装回去，难！

美国的自我批评

那么，究竟是谁在嚷嚷"美国衰落了"？就是美国人自己！美国人对自己最了解，对该命题的解读与分析也最深刻、最雄辩。只要走进美国的书店，打开美国的报章杂志或电视、网络，你会发现，最起劲、最喋喋不休大讲美国衰落的，恰恰都是美国人。可见，美国衰落论，就是地道的"美国制造"。

概括起来，关于美国衰落的观点主要有以下几种：

---

[1] E.J. Dionne Jr., "American Decline: The sleeper issue of the 2010 elections", February 3, 2010, Published on The New Republic, http://www.tnr.com

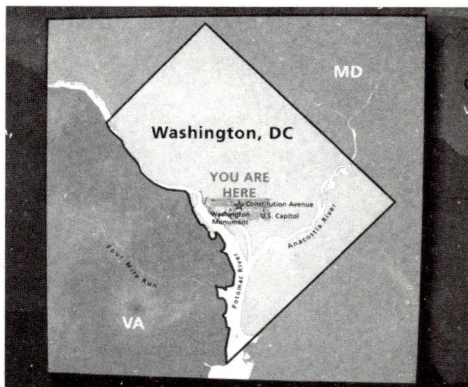

美国首都华盛顿哥伦比亚特区图

一是失去又一个十年论。

该观点认为，进入新千年的第一个十年，美国固步自封甚至倒退，其他国家却在大步前进；接下来的第二个十年，美国已经没能力、不可能奋起直追，只好眼睁睁看着时光从身边溜走。

奥巴马政府前白宫经济顾问委员会主任、现哈佛大学教授萨默斯的言论具有代表性。2011年6月13日，萨默斯同时在《华盛顿邮报》和《金融时报》发表一篇警世恒言，标题就是《美国应当如何避免失去的十年》。他警告说："历史上美国经历了两次战后的经济衰退，但都会很快强劲反弹，增速高达6%。今天却如此差劲，为什么？时过境迁，今非昔比了。"[1]

据统计，20世纪50年代至90年代，美国国内生产总值的增长率为3%～4%，并创造数千万个就业机会。21世纪头十年，美国国内生产总值年均增长率仅约1.7%，就业增长几乎为零，两相对比，其区别是何等鲜明。萨默斯等人发出的警告绝非空穴来风。

20世纪90年代，曾是美国"令人陶醉的乐观时代"，在政治、经济、军事、科技、文化等各方面领先世界，享受着无人挑战的霸权。哪料想，新千年伊始的2001年，"9·11"事件发生。美国人并没以此为鉴，内心的霸权梦想反而越烧越烈。对某

---

[1] Lawrence Summers, "How to avoid a lost decade", Washington Post, June 13, 2011, 以及 "How We can avoid stumbling into our own lost decade", Financial Times, June 13, 2011

些美国人来说，伊拉克和阿富汗的反恐战争正是大干一场以粉碎敌人、输出民主和自由市场、重塑世界的好机会。但恰恰是这两场"愚蠢的"战争与一场灾难性的金融危机，将美国拖入泥沼而难以脱身。

《华盛顿邮报》就称21世纪的头十年是"心烦意乱的十年"：

> 这十年在惊恐中开始，又在惊恐中结束。它始于华尔街——世贸中心成为大规模屠杀目标，止于华尔街引发的经济衰退令小市民恐惧和震惊。美国经济先是一片沸腾景象，然后土崩瓦解。在这十年中，领导了美国8年的那个总统，让我们卷入一场与萨达姆的恩怨争斗，然后不断地把生命和金钱投入随后的混战。美国中产阶级的衰败根本不在他的关注范围之内。美国人担心的是美国被挖空了，担心我们没有重新实现总体繁荣的可持续途径，更别说首屈一指的地位了……越来越多的美国人把赌注押在中国经济上，而不是美国。[1]

二是后美国世界或无极世界论。

这种观点用大白话说，就叫不是美国变弱了，而是对手变强了；缺了美国，世界将群龙无首。

2008年，美国知名国际时事分析人士扎卡里亚推出《后美国世界》一书，称美国主宰世界的单极时代已寿终正寝，世界进入了"后美国时代"。他认为，近代历史上的第三次权力转移已经开始，前两次分别是15世纪西方兴起和19世纪美国崛起。这次权力转移并非因为美国衰落了，而是因为世界其他力量的崛起，然而，政治机能失调的华盛顿没能意识到一个新世界的诞生。他批评那些不以为然的人说，美国确实还有一些领域尚无人能及，仍为世界第一，但这些第一并没有值得吹嘘之处，比如美国的枪支数量世界第一，犯罪率世界第一，当然美国的债务也是世界第一！ [2]

美国前国务院政策规划司司长、美国对外关系委员会主席哈斯，在《外交》

---

[1] Harold Meyerson, "America's decade of dread", Washington Post, December 16, 2009
[2] Fareed Zakaria, "Are America's Best Days Behind US", The Times, March 3, 2011

杂志和其他一些报刊上撰文称，21世纪的世界格局将是"无极世界"。在他看来，当前美国的强大实力，不能掩盖其世界地位的相对衰落、影响力和独立性的绝对衰落，这并非意味着美国变弱，而是其他力量更强大。因为其他力量的崛起、非国家行为体的影响扩大，国际上有更多的力量在全球或地区事务中发挥影响，美国政策失误加速了新兴力量的壮大，削弱了自身地位。这种全球性的流动，稀释了大国的权力。单极时代只是历史的瞬间。单极世界之后将不会是两极世界或多极世界，而是无极世界。美国将面临更艰巨的任务，来动员国际社会应对跨界挑战和威胁，那种"要么与美国在一起，要么反对我们"的时代一去不返了。[1]

2012年初，针对"没有美国的世界"的讨论，美国前国家安全事务助理布热津斯基发表文章说，在美国霸权衰落后，没有人能承担起维护世界稳定的责任，中国也做不到，那将是一个危险的、杂乱无序、混乱不堪的世界。[2]他在新著作《战略憧憬——美国和全球实力的危机》中表示，世界的重心正从西方转向东方，这是因为美国国内的经济和政治问题，如与日俱增且"最终不可持续的国债"、表现不佳的公共教育以及陷于停滞、党派色彩极浓的政治进程，错误的外交决策，如小布什决意在伊拉克发动一场毫无必要、代价高昂的战争，以及潜在的竞争对手对"21世纪新事物"日益娴熟的掌握。

三是步日本后尘论。

美国与日本的天壤之别，谁都能说出几条来，二者之间根本没什么可比性。然而，美国舆论向来语不惊人死不休，活生生把二者拉到了一起，还自圆其说地发出了这样的警告：美国很可能重蹈日本的经济停滞不前、迷失方向、无所作为的历史陷阱。若应对不当，美国经济也可能步日本后尘，再失去另一个十年。

既然要和日本比，那就先来看看日本的衰退史。上世纪80年代，日本的经济实力已是亚洲的龙头老大，还有赶超美国的趋势；亚洲国家想要的一切，它那时候就全有了：雄厚的资金实力、高精尖的技术、世界名牌、与全球工业化大国平起平坐的地位。但自上世纪90年代经济泡沫破灭之后，日本不是失去了10年，而是失去了20年。而如今的亚洲，大部分地区正日新月异，经济高速发展，日

---

[1] Richard Haass, "What follows American dominion", Financial Times, April 16, 2008

[2] Zbigniew Brezinsk, "After America, how does the world look in an age of U.S. decline? Dangerously unstable", Foreign Policy, Jan/Feb 2012

本却似乎一成不变、停滞不前。

2010年3月23日，美国《时代》周刊网站刊文称，美国现在正步日本后尘；日本可以给美国提供的经验教训，就是无所作为的危险。在过去20年的大部分时间里，日本无论在政治还是经济上，都处于瘫痪状态。日本领导人似乎仅满足于勉强修补，以免彻底崩溃。政府不愿做出痛苦的选择，只是拿纳税人的钱随处乱扔，维持就业，而不努力从根本上对经济进行改革，结果政府债台高筑，债务达GDP的近200%。这个一度引领亚洲繁荣之路的国家，现已变成旁观者，眼睁睁看着自己的影响力被中国夺走。而这种停滞状态并非日本独有；它似乎是整个发达国家的通病。[1]

这一切，似乎都能和美国的情况对上号。美国人都清楚国家面临什么样的问题，但也像日本一样，没有能力采取必要的行动。美国医疗系统问题重重，政府的财政状况一塌糊涂，公共教育体系千疮百孔……堆积成山的问题经久犹存，逐年恶化。在美国，绝对不缺少新思维、辩论和愤慨情绪的宣泄，但当权者中似乎有太多的人或认为无需进行真正的改革，或出于政治目的，要将这个问题推给下一任。像美国这样的富裕国家，很容易错误地认为解决这些问题的时间还有的是。而日本的错误正在这里。自金融危机以来，盘旋于美国经济上空的阴影就是日本。日本面临三大结构性问题，而美国越来越面临同样的问题，即经济模式失败、人口老龄化、巨额政府债务。

2011年8月上旬，是金融危机以来最令人心惊胆战的一周。经过激烈的斗争，民主、共和两党刚刚就是否提高美国国债上限达成妥协，8月5日，著名的美国信用评级机构标准普尔，将美国的主权信用评级由最高级的3A级下调为AA+，质疑美国的还债能力。这可是历史上破天荒的头一遭！奥巴马总统8日对全国发表讲话，试图安抚人心，道琼斯指数第二天却以大跌634点作为回应。奥巴马被人戏称为历史上第一个"被降级"的总统。

日本在1998年失去3A信用评级之后，几乎一直维持低利率。日本经济一度有所起色，但政府于1997年收紧政策，削减开支并增税，结果导致经济再度陷入衰退。就在标普下调美国信用之后，美联储再次宣布延长零利率政策两年，而

---

[1] Robert J. Samuelson, "Japan's lost decades — and ours", http://www.washingtonpost.com

今国会开始削减开支，多项刺激政策包括减税和失业救助等也将到期，美国的经济复苏乏力，说明美国正走在日本失败的老路上。

四是美式资本主义式微论。

2012 年 1 月，达沃斯世界经济论坛上，反思资本主义成为最醒目的主题。此次金融危机破坏力巨大，各发达国家均遭受重创，相当一部分美国人因此信心不足，对美国资本市场失去信心，认为美国式的资本主义已经"不好使"了。

这一论调基于两点，一是因为这场惊心动魄的世界金融危机始作俑者，是美国资本主义威力的顶级代表——美国的华尔街；二是危机之后，美国经济一蹶不振，复苏乏力，政府看上去也黔驴技穷，招数使尽而不见任何效果。

金融风暴撼动世界，影响至深。作为这场危机的肇事者，设计并操纵复杂金融衍生产品的华尔街成为众矢之的，自由放纵的美国自由资本主义，成为千夫所指的罪魁祸首。昔日的翘楚瞬间失宠，四面楚歌，一时间变成过街老鼠，人人喊打。许多现代资本主义经济学的基本原理，在这次危机面前也受到空前质疑。

美国的举债经济模式，就是今天花明天甚至后天的钱，大家以刷卡为乐，以借债为荣。自 20 世纪 70 年代起，美国就连续不断出现项目赤字；处于高位的国内消费一直依赖不断增加的消费者债务，消费已占美国国内生产总值的 70%。美国凭借强权建立了美元本位体系，以债养债，搞"量化宽松"，搞"扭曲"行动。只要开动印钞机，就可向全球借钱挥霍。在 2011 年 8 月之前，美国已经 78 次提高国债上限，将问题后延，留给子孙，如今却走到了尽头，引发主权信用评级下降。这种刷别人的卡、维持自己安逸生活的方式，终非长久之计。

形势如此严峻，美式资本主义有什么应对的高招吗？仍然是扩大信用和提振消费，这就是美国"减税＋战争"的政策。那么钱从何来？从外国借、发国债。对不断增加的债务起到抵消作用的新增财富，并不是来自新的投资，而是来自股票市场和房地产市场的投机行为。从长远看，这当然无助于美国经济的增长，相反，正在吹起新的泡沫。

美国舆论认为，金融危机让全球怀疑美国的自由市场，也让美国丧失信心。要是对美国的资本市场失去信心，就是对民主资本主义失去信心。为挽救颓败之势，美国的专家学者、各种媒体各显神通，迫不及待地把脉开方，宣称应重构新资本主义体系，以适应 21 世纪的政治经济发展环境，特别是能够与中国模式一较高下。他们宣称，全球资本主义体系正处于转型期，即将面世的"新生命"究竟长成什么样，还不甚了了：是西方民主体制的彻底改革版，还是中国、俄罗斯以及其他新兴经济体所青睐的、国家资本主义的变种？西方世界面临的挑战，是如何创造一个集传统、最优秀元素的"资本主义第四版"。美国已从"领导者"变成"债务者"了。[1]

五是全球化终结美国时代论。

长期以来，美国是全球化的积极倡导者、推动者和受益者，美国乃至国际上甚至一度流行这样的说法：全球化即美国化。美国正是充分利用全球化的浪潮，将其理念、文化、生活方式乃至好恶统统"全球化"。要想继续走在这条康庄大道上，继续享受全球化的红利，美国就必须确保方向正确，不犯路线错误。

金融危机却把美国不易为世人所见的、丑恶的一面毫无保留地暴露在阳光下：贪婪、逐利、以邻为壑、制度困境等等，极大地削弱了美国的威望。美国的西方同盟也自顾不暇，高额国家债务、负担沉重的福利体系和社会老龄化，长期限制了其经济增长。

也正是市场经济和全球化，让世界数十亿人亲历了快速的经济发展。新兴工业国家的经济繁荣和人口快速增长，正在改变地球上的景象；这一现象更因金融危机而加速发展。据有关材料评估，非西方世界与西方世界将日益朝均衡方向演进，甚至前者大于后者。当前，全球70%的人口生活在非西方世界，而且，非西方板块的人口出生率及人口增长速度甚快，加快了世界人口由传统的西方世界向非西方世界移动。今天人们在世界政治中所看到的权力转移、地区冲突与大国兴衰，都与世界人口结构在20世纪下半叶以来的转折有关。

2010年1月18日，美国《新闻周刊》一篇题为《全球化革命》的文章说，美国和欧洲史无前例地、不得不依赖新兴经济体来克服危机。全球治理方案不再完全为西方所控制。那种"亚洲和德国生产,美国购买"的经济阶段也一去不复返。全球化即美国化的时代已经终结，世界变得更加多样、更加混乱。民族主义情绪将不断上升，因为就连美国也可能更关心自身的经济复兴。

全球化对美国的侵袭出人意料，在后危机时代，美国如何调适全球化而不为

[1] Judy Shelton, "The United States: Debtor and Leader" ,Wall street Journal, January 17, 2010

所累，以及全球化又将把美国引向何方等，尚无明确的答案，正如美国一首流行歌所唱，"答案风中飘"。

六是新伊卡洛斯论。

希腊神话中关于伊卡洛斯之翼一段，不同的人有不同的理解。故事讲的是伟大的艺术家、建筑师、雕刻家代达罗斯惹恼了国王，被关在克里特岛。为了出逃，他用鸟的羽毛和蜡做了两对翅膀。在给年少气盛的儿子伊卡洛斯戴上时，因担心儿子忍不住诱惑，他再三告诫，千万不可飞得太高，否则翅膀上的蜡被炽热的阳光烤化，会摔死的。果不其然，年轻好胜的伊卡洛斯真的越飞越高，最终葬身大海。

有人认为这个神话代表了西方人敢于挑战生命极限的拼搏精神，或为追求理想不惜付出生命代价的人生观，也有人解释成中国的物极必反，或无限欲望的罪过，即所谓的"伊卡洛斯综合症"。一定意义上说，美国就像21世纪的伊卡洛斯，它因飞得太高，让太阳烤焦了双翼，不得不从天而降，沦为"成功的囚徒"。

彼得·贝纳特2010年出版了《伊卡洛斯综合症：美国狂妄史》一书，对美国如何自毁前程进行了一番诠释。他认为，成功，无论是多么有限的成功，都会引发美国野心的膨胀，而美国常陶醉于成功之中。这种狂妄开始于1991年苏联解体，继而一路战争不断，凯歌高奏。美国的军事、经济和意识形态优势使其兴奋不已，足以让小布什把"9·11"袭击事件作为干点大事的"机会"：不仅要攻打阿富汗，还要"解放"伊拉克，进而改造整个大中东地区。这种优越性狂妄把美国大兵们送入西南亚地区，把美国引入歧途。美国进而相信，它有了一双可以飞得更高的翅膀。然后，就像伊卡洛斯一样，飞得离太阳越近，摔得也越惨。

英国《生存》双月刊2010年2-3月号，刊登了美国约翰·霍普金斯大学教授卡莱奥的文章，认为美国的单极幻想，源自四个想当然的基本想法，这分别涉及美国势不可挡的软实力、无与伦比的硬实力、过度扩张却仍坚不可摧的表现以及合法性。头三个想法关乎能力问题，最后一个想法涉及道德。软实力并没有阻止反美情绪的出现，试图将美国的价值观强加于人，会降低美国的安全度，因为这将激起世界各地人们的反抗。因此，帝国主义或霸权是不稳定的，它会耗尽霸主的力量，引来竞争对手而不是合作伙伴。美国的单极时刻，到头来也许只是一个从两极化到多极化过渡时期的插曲。问题是，这种过渡能否在不发生大规模战争的情况下完成。当然，美国独霸时代的结束，并非美国强国地位的终结。

总之，关于美国实力地位的论述可谓汗牛充栋，不能一一列举，但上述几种观点似乎都在从不同角度传递这样一个清晰的信息：世界正在发生不可逆的历史性变化，美国登峰造极的时代已经一去不返了，"其他力量"正在崛起，势不可挡，这种力量消长的变化，正在重构一个新的世界。

霸权始于恐惧

"中国能做什么以消除美国的'害怕'？"

这是 2011 年我在中佛罗里达大学参加一场中美关系研讨会时，一位美国学生向我提的问题。他说得很真诚，但我总感觉别扭，难道要中国对美国的"害怕"负责？！

美国为什么害怕？它到底怕中国什么？

美国的恐惧始于霸权，而霸权更始于恐惧。其实，在美国超强国力的表象下，掩藏着一颗脆弱颤抖的心。笔者在美工作期间，深感"美式焦虑"充斥各种会议和谈话，已成华盛顿圈内的流行性感冒，是美国对外部世界恐惧臆想的自然流露。

只需看看美国的电视新闻、读读美国的几大报纸，或听听美国国会议员们慷慨激昂的发言，你就不难发现，按照他们的逻辑，外部世界无不充满着威胁：世界人民都生活在水深火热之中，要么是战争、冲突，要么是传染疾病或饥荒，要么自然灾害；没有自由，没有民主，没有人权；疾病流行，环境恶化，没有电，没有干净的水喝，连连战火，宗教冲突，天灾人祸，扩军备战……当然，在这种情形下，利益触角遍布全球的美国，就不可避免地受到外部世界的威胁；任何风吹草动，都会刺痛美国的神经。从这个意义上讲，美国的担忧是全球性的。

所以，美国的麻烦与问题均来自"外部世界"。这种对外部世界的害怕与担心，促使美国要不断地追求霸权，并视之为最佳的自保之道。由此，美国自觉不自觉地陷入如下怪圈：越强大，利益分布就越广，受到的"威胁"就越多，也就越害怕；越害怕，就越要做强做大，越要争夺霸权，欲以霸权屏蔽害怕。

从历史视角看，美国这种对外部世界的害怕，经历了从立国之初的孤立主义到后来的干涉主义的过程。二者都发端于对外部世界的恐惧，只是应对的方式有别。如果说孤立主义是被动式应对，那么干涉主义则是主动式出击。

美国诞生于一个被战乱分裂的世界。其子民漂洋过海来到新大陆，初衷是为了躲避经济灾难与政治、宗教迫害，寻找安宁和幸福。1789年，美国对英国的独立战争结束8年后，法国革命爆发了。英国和其他欧洲国家联手对法国开战。美国内部对欧洲战乱的态度并不统一，汉米尔顿一派支持英国，杰弗逊一派认同法国。

1793年4月22日，美国首任总统华盛顿做出中立选择。他在告别演说中强调要置身于欧洲"无休止的纷争"之外，并"坚定地避免与外部世界任何地区结成永久联盟"，以此躲避外来的纷扰与麻烦，开启了美国孤立主义先河。

但在美国200多年的历史发展进程中，孤立主义不过是其立足未稳时的一种自我保护。因为害怕外部世界可能带来的麻烦，才为自己打造一身孤立主义的铁甲。随着美国国力的逐渐增强，孤立主义让位于干涉主义，将对外干预视为消除威胁、减少害怕、增强安全的预防性手段。这在二战以及冷战结束以来的历史中随处可见。

正如一枚硬币的两面，大国越大，盲点越多，也就越脆弱，越担心自己的弱点被人利用或攻击。一旦成为超级大国，就会自动背上沉重的"恐惧"十字架，既时刻担心成为别人攻击的靶子，又每每忧虑地位不保、大权旁落而患得患失。因此，对于其他国家的正当发展和合理诉求，常怀一种邻人窃斧的心理，导致美国与世界的相处越来越成问题，动作越来越变形，直至后来身不由己，心力交瘁。冷战时期的苏联是这样，今天的美国同样如此。

其实，美国最害怕被人看不起、唱衰，恐惧霸权旁落，担心一旦被视为霸权不再，就会有国家"情不自禁"地与之讨价还价，挑战美国的既得利益。说白了，就是寡人心态、高处不胜寒的草木皆兵。这种恐惧感首先来自美国自身的老大地位，它更出自对世界力量今非昔比的担忧。

冷战结束以来，美国与唯一超级大国的头衔和待遇度了一个长长的蜜月，戴着墨镜，开着跑车，享受着阳光与世人艳羡的注目礼。偶然回首，身后远远跟着一长串衣衫并不光鲜、长相与实力都相差悬殊的"情敌"。然而，历史的车轮滚滚向前，"历史的假期"毕竟也是假期，不可能永远度下去，美好时光总有结束的那一天。

作为"世界第一"，美国有说不出的苦衷。过去半个多世纪，美国之所以能维持老大的地位，手下的一帮兄弟功不可没，西方诸国向来是美国依仗的盟友。

但近来当美国欲空手套白狼,希望其他国家参与其"权力与责任平衡"的新的全球架构,为其出钱出力、打鼓吹喇叭抬轿子、维护其头号交椅的尊贵身份时,兄弟们纷纷退避三舍。部分原因是"兄弟们也苦啊",一如美国般身陷财政困境,后院着了大火,手头紧、缺银子!

从美国情报委员会和欧盟安全研究所共同完成的、向美国国防部提供的报告中,可清楚地看出:全球 25 个最大的债务国中,19 个是美国的盟国。目前,有一半欧洲国家债台高筑;北约的欧洲成员绝大多数都没兑现其增加军费开支的承诺,而且早在希腊主权债务危机摊牌之前,他们就纷纷赖账。到后来,大家连应尽的、帮助其欧元区的哥们儿救市的责任都不愿意承担。所以,老大不是那么好当的。

与此同时,世界正在出现前所未有的新变化,新兴大国、非国家行为体的崛起、技术扩散、全球性问题突出,正在改变传统的、靠国与国之间的关系主宰国际秩序的范式,许多问题均有超越疆界的国际联系,而任何一个国际因素都可能穿越边界,成为影响其国内政治的催化剂。换言之,国内政治国际化、国际政治国内化双向互动大行其道。比如说,金融危机原本是美国国内的问题,却酿成世界性灾难;反过来,恐怖主义的滋生最终导致美国世界贸易双子塔被炸毁,随后对世界产生的影响更是不言而喻。

这种新的变化产生的结果,是其他国家的崛起为世界提供了新的成功机会,动摇了美国道路是"唯一正确"的信仰基础。美国增大对"它们"的关注,实则是增加对美国自身命运的关注。美国在应对全球性问题中所表现出来的"美国优先"等保护主义、本位主义,侵蚀着美国的道德权威,使自己的威信受到更大的质疑。

自身情况不好,美国的选举政治往往就会寻找"替罪羊",另找泄愤的目标,于是将美国自身面临的问题如失业率高企、美元走低、安全缺失、能源危机、气候变化甚至金融危机等等,统统归咎于外部世界。受这种输出内困、外包责任的心理驱使,美国的心态难以平衡,对外部世界的担心与害怕加剧。

有一次,我与美国著名学者福山喝咖啡聊天,他说,美国的开国元勋深知没有制约的权力是危险的,因此在国内的宪政机制中建立了分权制,以规避权力被滥用。然而,今天的国际社会却还没有这样的权力制衡机制,缺乏有效制约美国权力的机制。这位提出"历史终结"的日裔美国学者，讲话轻言细语，虽不像其他美国人那么健谈，但他之所说常给人启发，令人受益匪浅。他的话就像我手中的那杯咖啡，苦涩却又香浓顺滑，耐人寻味。

这个当今世界的唯一超级大国，举目四顾，无人可与比肩，能任意根据其国家的内部法律，指导其国际行动，有着"只许州官放火，不许百姓点灯"的狂妄自大。而囿于全球力量分配失衡，一方面，美国对其他国家的影响远远大于它们对美国的影响；另一方面，无人能真正管教美国的胡作非为。

大家不难发现这样一种奇怪的现象：美国在国内追求权力制衡；在国际上却追求权力独裁，奉行的是"顺我者昌，逆我者亡"。美国舰机对中国近海的频繁侦察行为就是如此。明明知道中国不可能、与它不是一个比赛级别，美国仍可以公然叫嚣：如果你不喜欢我的军舰、飞机到你家门口"做客"，你也可以到我家门口来呀！"是的，我们能"，你们能吗？当然，如果有一天，中国也具备了派飞机、军舰到大西洋另一端的夏威夷、洛杉矶等地串门的能力时，美国肯定会要求修改规则，以限制中方行为。这种看似公正公平的雄辩、实则恃强凌弱的行为，只能加重人们对其意图的质疑。

说到底，在看待自己与世界的关系问题上，美国关心的、在乎的只有自己，总是把好东西留给自己。这大概正是美国在国际上麻烦缠身的缘由，但当事者却"只缘身在此山中"，缺乏客观的自省，遇到问题总是习惯性地归咎他人，也就难怪美国对世界的看法与世界对美国的看法之间存在巨大落差。因而美国人时常惊讶地发现，想象中的世界与现实世界是如此不同，美国自认为一直在为世界着想，想着如何输出其优越的政治制度、价值观等，与全世界分享自己的"劳动果实"与心得，然而世界好像并不领情，"你说我冤不冤"？

美国也知道，因需要美国，或屈服于美国的高压，对自己说一套做一套的国家不在少数。而生怕被算计、生怕有朝一日被取而代之的强烈不安全感，进而让美国竭力追求自身的强大无比，似乎只有这样，才能把对手抛得远远的，自己才安全。

但什么是强大无比？怎样才能达此目标？就好比海市蜃楼，这一终结目标在现实世界根本就不存在；任何强大都是相对的，都是有限度的。

用《大国政治的悲剧》作者、美国芝加哥大学教授米尔斯海默的话说，美国还不是全球性霸权，最多只是西半球的霸权，这就是美国还没有真正找到安全的原因。这是不是说，美国并不会满足只成为地球的半个霸权，而有追求成为整个地球霸权的雄心？有且只有这样，美国才会感到安全？

研究霸权兴衰史后不难发现，正是这种生恐被人取而代之的心理与永不满足的帝国诉求，成为大国追求霸权的动力源，而历史上任何帝国都希望自己强大无比，往往都是在追求强大无比的过程中走上不归路。中国的老祖宗说得没错，前事不忘，后事之师也！

"受威胁者"心理

我们来试做这样一道选择题：强国与弱国不得不朝夕相处，二者中感受到威胁、恐惧的会是哪一方？

美国有人称，因为近代 100 多年的屈辱史，中国有一种受害者心理，这导致中国对外部世界的不信任，跟其他国家打交道时缺乏信心，常以阴谋论评判甚至曲解国际社会，特别是美国的一举一动。

要我说，美国在这方面有过之而无不及，常怀一种"受威胁者"心理，几乎习惯性地把地球任何角落的风吹草动，都视做对美国的可能威胁。这有两方面的原因。首先，作为目前唯一的超级大国，美国的利益遍布世界，客观上就极为敏感，比谁都易于感受到"威胁"。其次，需要制造、编排、夸张"狼来了"的戏剧效果，以便将美国塑造为阿凡达式的英雄领袖，率众兄弟南征北战，动员更多的国际资源，以服务于自己的战略诉求。

为探讨美国这种"受威胁者"的情结从何而来、做何功用，我曾讨教过不少美国朋友，读过不少美国知名学者或政治人物的大作，总觉得他们喜欢以法官的身份、用仲裁者的目光，打量世界和别人。

我猜想，也许正是臆想或制造出诸多的"世界威胁"，方能反衬美国的自由与伟大，也许正是"世界威胁"才使美国有干预他国的理论依据，也许正是"世界威胁"才使美国更有救赎人类的历史使命感。

我经常听到这样一句美国人的口头禅："美国和国际社会的利益"，字里行间将美国等同于国际社会，将美国的利益等同于国际社会的利益。这说明，美国认为世界即自己，自己即世界，这种理念已经扎根于美国人的内心。于是，符合美国的利益就是符合国际社会的利益；不符合美国的利益就违背了国际社会的利益；威胁美国就等于是对世界或国际社会的威胁。又于是，"威胁"、"担心"这些词汇就成美国政要、舆论领袖们张口必用的八股，成为描述美国与世界关系时必不可少的语汇。但似乎谁也说不清，美国到底有多少利益受到威胁，又到底有多担心？

　　换个角度看，这恐怕也说明，其实美国是充斥着另类受害者心理的国家。在自称的民主、自由、安全利益、道德观之外，这种受害者心理对美国的行为方式以及对外政策的影响不容忽视。它是美国加强军备、耀武扬威、控制他国所需要的另一层迷彩，给了美国干预他国内政的众多理由。

　　说到这里，上面那道选择题的"正确"答案就有些不合逻辑了。要论对世界事务和他国事务的干涉能力，美国与其他国家，特别是一些弱小国家是极不对称的，美国对别国的影响，大大超过其他国家对美国的影响。仅从这个角度看，其他国家特别是那些与美国在政治制度、价值观、宗教信仰等方面"持不同意见"者，应该更有理由视美国为威胁。实际情况却恰恰相反，美国时常将自己描述为"受威胁者"，而不惜对别人大肆鞭挞。

　　美国向来将其超强地位视为向世界提供和平、稳定的公共产品，却从未想过它也可能威胁他国的利益。当美国口口声声说受到"威胁"，并凭借其军事、经济、外交优势反击其眼中的"威胁"时，是否考虑过别人的合法利益会受到威胁？在"美国的利益"与"担心"面前，别人的利益与担心怎么变得如此渺小，如此微不足道？这一严重失衡的现象，实在值得深思。

　　其实，美国的以自我为中心，还表现在整个社会的内顾上，这也是与美国的世界霸主地位不相称的一面。比如，很多美国人对穆斯林世界的政治、宗教和意识形态几乎一无所知，有的还倾向于从负面去解读这一当今世界第一大教，"9·11"事件之后，甚至出现对伊斯兰教妖魔化的倾向，这对号称世界民族"大熔炉"的美国来说，究竟是咄咄怪事还是理所应当呢？

　　出于对更大商业利润的追逐和美国受众的碎片化，美国媒体对国际新闻的报道在近20年来不断大幅减弱，通常只在重大危机、冲突、战争、灾情、事故发生时才提及。与此同时，美国报纸、杂志、电视台、网站却对国内的社会名人和地方新闻津津乐道。2011年初，美国两党为国债上限是否放宽、政府部门要不要关门歇业等问题打成一团；美国各大电视台投入大量人力物力，持续数月之久，轮番跟踪报道这样一条新闻，还常常占据头条：一个叫凯西的年轻母亲被控涉嫌谋杀其两岁女儿，争论的焦点是有意谋杀，还是意外事故，最后无罪释放。

这种选择性信息传递带来的后果，就是大多数美国人对今天的世界究竟怎样、国际上到底发生了什么不甚了解。这与其作为世界唯一超级大国的国际地位极不相称。

有一次，在与一位外国驻华盛顿的外交官聊起这一现象，对方感叹道：这就是美国！因为世界需要了解美国，美国却不一定需要了解世界。美国国内的任何事都是大事、急事，其他国家再大的事都不算什么。这是一种选择性错位。

当然，也正是上述"受威胁者"心理，让部分美国人意识到世界格局的微妙变化，提出了"变革"的口号。但鉴于美国的政治体制、思维方式、社会的舆情以及利益集团政治化等制约与惰性，任何变革都言易行难。奥巴马上任以来所做的一些雄心勃勃的变革，要么半途而废，要么锅锅煮成夹生饭，就是美国当前和未来所面临的严峻现实。

也许美国早已习惯坐着八抬大轿、被人前呼后拥、赞美歌颂的生活方式。然而，有朝一日，当轿夫变少、颂歌变得越来越微弱甚至稀有时，轿里依然实力雄厚的"大王"也许会想："准是你们搞错了！"这样一个对"衰落"异常敏感、担心霸权受到减损、威望受到挑战的美国，其内心的多疑、孤独、彷徨、恐惧，都会以不同寻常的方式表现出来——世界注定要在21世纪面对一个陌生的美国。

没有美国的世界

那么，美国究竟衰落了吗？

有这么个有趣的现象，其他的"美国制造"如iPhone、波音飞机、好莱坞大片、美式快餐等，美国人巴不得全世界人民都来消费，但美国衰落论这一美国货只准自产自销，美国人自己怎么说都可以，外人却不能提，否则就是"误判"。原因何在？除美国内心绝对的骄傲外，一位美国朋友告诉我，美国衰落的争论首先出现在美国国内，目的是为了寻找避免衰落的途径，尽可能长久地维护自己的霸主地位，这与外国学者研究美国实力变化的出发点显然是不同的。

与美国朋友的接触交流得到的深刻感受是，美国虽作为世界首屈一指的超强国家，其内心和体制却蕴含着鲜为人知的忧患意识。正是这种忧患意识，使美国能居安思危、未雨绸缪；正是这种忧患意识，使美国得以保持活力与韧劲，不断激发出永不满足的冲动与梦想。

早在 1987 年，美国著名历史学家肯尼迪就发表《大国的兴衰》一书，断言美国逃不出过度扩张而走向衰落的命运，一度被斥为危言耸听的国际玩笑。当时正值美国国力如日中天，在与苏联的冷战较量中占据优势，随后苏联解体，冷战结束，美国"不战而胜"。进入 90 年代，美国经济获得了近 10 年的增长黄金期，有美国人兴高采烈地宣称，美国获得了傲视群雄的"单极时刻"。恰恰是在美国最强盛的时候，肯尼迪敢于提出美国可能重蹈历史上大国过度扩张覆辙的警告，实在是难能可贵。

其实，历史上美国国内曾多次出现是否衰落的争论，次次激烈。20 世纪 60 年代美国陷入越南战争时，就有人对美国衰落老调新弹。但若冷静观之，发现其中也大有玄机：衰落论是一服最佳的兴奋剂，最棒的强心针，会让人精神抖擞，斗志昂扬。以危机或唱衰来激励美国，是"必要邪恶"在美国国家战略中的巧妙运用和体现。

历史上每当危机出现时，除美国社会、思想界会激发出一种强烈的自我批判

形似棺材的珍珠港亚利桑那号军舰纪念馆

意识外，美国的制度设计也有自我反省与批判的渠道，可以随时让唱衰美国的声音得以释放。因此我们能看到如下两种似乎只能你死我活的特征琴瑟和谐，举案齐眉：美国是世界上最强大的国家，同时也是危机意识、忧患意识最强的国家，对自己批判最狠的国家！某种程度上，这种看似唱衰美国的自我批判精神有自虐的嫌疑，却并未成为美国前进的负担与羁绊，相反，还碰撞出促其上进、不断革新的动力。

忧患意识的另一面其实是"敌人饥渴症"，美国习惯有敌人和对手的生活，反之，会失去努力的方向和上进的动力。自冷战结束以来，美国就一直在寻找敌人，还曾一度在单极世界中迷失自己。虽说反恐十年过得也算充实，而且总不冒头的本·拉登也被干掉，但老在眼前晃悠、不断强大的俄罗斯和中国却都具有成为"敌人"的"潜质"，于是美国式的忧患意识再次爆发。

也许，这就是美国垂而不死、腐而不朽、衰而不落的原因。

别忘了，美国衰落论本身就是地地道道的"美国制造"，而唱衰美国的最高音，也在美国。由于美国是个复杂多元的实体，无论是"衰落派"还是"坚挺派"，都能找到所需的论据。当看到美国某些方面衰落时，切不能以一概全；反之亦然，在看到美国某些方面依然坚挺时，同样不能管窥蠡测。

从统计数据看，目前美国的优势仍无人可比，仅经济总产出上，一个多世纪以来，美国持续占到世界的1/4（1913年32%，1960年26%，1980年22%，2000年27%，2007年26%）。然而，从趋势上看，美国在政治、经济、文化等层面的绝对优势地位正在沦陷，世界许多国家正在以自己的方式努力追赶。根据世界银行发布的报告，发展中国家经济体的总产出，已占世界的40%以上。一个群雄崛起的时代可能使世界面目全非。对美国而言，是走上相对衰落的不归路，还是能够再次迎来"乐观时代"，将更多地取决于美国国内经济结构的重构。

所谓的美国衰落不过是相对而言的，准确地说，美国进入了一个衰而不落的特殊历史阶段。美国最多只是从最重要的国家，变成最重要的国家之一；无论将来国际体系如何变迁，美国仍将是重要的政治、经济和军事中心，尽管它不再是唯一的中心。

一位常驻美国的外交官对我说，其实美国最大的优势并非经济、军事等硬实力，而在于对世界各地优秀人才的吸引力。美国的一流大学占据全球的半壁江山，外国培养的许多顶尖科技人才、四分之三的全球诺贝尔奖获得者均在美国安居乐业。

美国前总统卡特的首席新闻官、《大西洋月刊》资深记者詹姆斯·法洛斯说，美国最伟大的长期优势，即开放性依然存在——美国对于人才的吸引力仍是全世界最强的。法洛斯认为，这是因为像美国一样开放的国家，如澳大利亚和加拿大，不如美国规模大；而像美国一样大的国家，如印度、中国以及欧盟，又不如美国一样开放。这一点在可预见的未来都不会改变。

其实，美国的软实力远不止科技水平的先进发达、对人才的吸引力。美国兰德公司资深学者沃尔夫就认为，有些数字表明美国在衰落，有些数字却表明美国"衰落"与"强盛"兼备。更为重要的是那些数字难以反映出的东西——美国社会和制度因素所包括的创新、企业精神和冒险品质。数字还忽视了美国的文化、私有权、法治和政治自由等，因此总的影像比"衰落派"所描述的要复杂得多。[1]

英国剑桥大学教授、《大英帝国的衰亡》作者皮尔斯·布伦登认为，人们通常将美国与罗马帝国相提并论，认为美国会重蹈其覆辙。罗马帝国的经济以农业为主，而美国则有强大的工业基础，生产了全球四分之一的产品，在创新和服务业方面无人能及。罗马帝国自相残杀，而美国有稳定的宪政制度。[2]

美国的强大还在于其较强的修正能力。美国式的忧患并不完全取决于其公民的"政治觉悟"或者"自治修养"，而是嵌于其制度设计之中。公民可以通过选举、舆论、监督等方式，促使美国决策者在制定政策时尊重、回应民意，保持政策的透明。当一种政策偏离"轨道"太远，这种自我修复功能就会使美国"浪子回头"。诚然，这种修复能力并非灵丹妙药，也有药效不强甚至失灵的时候。

在处理全球性问题方面，美国肯定是可以借助的主要力量。目前，全球性的气候变暖、能源危机、粮食危机等等成为各国不得不共同面对的问题。如果没有美国的支持，各个国家很难形成合力，无法协调。美国经济在世界经济领域中仍占据重要地位，决定了美国经济对世界经济依旧有着巨大影响力。即使要改革国际金融体系、国际经济制度，仍少不了美国的参与和合作。这些也是当前国际体

[1] Charles Wolf Jr., "The Facts About American Decline", Wall Street Journal, April 13, 2011
[2] Piers Brendon, "Like Rome Before the Fall, Not Yet", New York Times, January 25, 2010

系中美国霸权的种种体现。说到底、"山还是那座山、梁还是那道梁",美国既是问题,也是解决问题的答案。

当然,这并不是说,在世界与美国均发生这么多大事之后,美国与世界之间还能完好如初,外甥打灯笼,一切照旧(舅)。坦率地讲,当前美国所遭受的质疑与抨击,可以说是史无前例的。金融危机为人们打开了一个观察美国、观察美国"世界观"的新视窗。华尔街是本轮金融地震的发源地,人们自然而然地把对华尔街的怀疑与指责,转嫁于美国。美国"仁慈的霸权"形象,已经受到其自身的保护主义、"购买美国"、美国优先等政策的侵蚀而变得斑驳陆离。事实证明,"美国制造"的质量并非全有保证,一味迷信美国所提供的公共产品是会误入歧途的。此次金融危机让世界遭难,恰好说明美国输出的公共产品带有巨毒。

美国对金融管理过度放松和华尔街的贪婪,给世界带来可怕悲剧;美元的国际垄断地位因金融海啸而被质疑;美国入不敷出的举债经济模式,更会对世界经济的未来带去种种隐忧,俄罗斯的普京说得更干脆,直接称美国为世界经济的"寄生虫"。

正因为美国的经济发展靠举债维系,外来资金的减少,必定影响其经济发展。经济实力的减弱,就会迫使美国节衣缩食,减少对外援助、驻外机构经费、对外投资等等,也就会削弱美国的国际影响力。这又反过来促进国际货币体系的多元化,即国际储备货币、结算货币多元化和大宗商品计价货币的多元化。

未来世界将是什么情况?是多极还是无极,抑或仍保持一超多强?无论如何,其他力量在快速成长,世界的扁平化,将使美国越来越难独享对国际事务的垄断权。国际社会越来越多地取得这般共识:世界正在发生根本性变化,美国的霸权正在流失。那么,美国的霸权如何流失?未来的世界将是群雄逐鹿,还是"你好我好大家好"?

美国出了一部纪录片《没有美国的世界》,以这样一个大胆的假设作为主题,讨论美国在全球多个国家军事介入的意义和后果。其观点是美国从第一次世界大战期间的一个孤立主义者国家,到现今自视为"国际警察",军备为全球之最,在超过100个国家驻军,每年军费高达4200亿美元,比俄罗斯多出6倍,比其他被美国视为潜在敌人的国家更多出30倍。假如美国在全球撤军,将其庞大的国防预算削减一半,将会对美国及世界带去怎样的影响?不如将这些钱用于国内建设，创造工作机会，让美国回归"正常"的民主国家。但电影最后给出的答案很清楚：这个世界不能没有美国；没有美国，谁来维护国际秩序？

美国著名的战略家布热津斯基曾出版《第二次机会：三任总统与美国的超级强权的危机》一书。他分别把老布什、克林顿和小布什叫做"世界总统一世"、"世界总统二世"和"世界总统三世"。在他看来，冷战结束以来，美国历史性地取得了世界唯一超级大国的地位，只要能很好把握，其超强地位势必维持和巩固下去，真正成为名副其实的世界唯一超级大国！可惜，这三位后冷战时代的美国总统都不够称职，浪费了历史赋予美国的机遇、上天对美国的厚爱。

尽管如此，他认为美国还有第二次机会，期盼"世界总统四世"，即下一任美国总统，会是一位既有坚定信念，又有良好外交手腕和危机处理能力的人。接下来的故事大家都知道，非裔美国人奥巴马当上美国总统。他创造了历史，却未必是"世界总统四世"。

美国还有多少机会可以浪费？沧海桑田，世界再也不可能回到从前。

二、白宫与国会山的秘密战争

美国是一个既合又分的国家，这是因为美国是由 50 个州和 1 个特区组成的合众国。美国宪法是当今世界上历史最悠久的宪法之一，它既规定了国家的统一，又通过行政、立法和司法的独立，确立了美国的分权制，目的在于建立一套对权力的监督和制衡机制。

分与合之间，既有优势，也有缺憾。优势之一是权力的相互制衡，任何一方都很难因私欲的无限膨胀而扩张自己的势力；缺憾之一是三方都有机会借私欲或不同的政治主张而给对方小鞋穿，相互掣肘。美国总统可以制定对内对外政策，控制外交和向国外派兵，却无力随心所欲地通过预算和立法，因为后者是国会的势力地盘。所以总统的政策能不能从文字变成行动,要看国会是否批钱、是否批准立法。

由此，美国的政治舞台上就出现了驴、象、鲸鱼、狗等各种政治诉求和利益的代表，白宫与国会山之间的战争也就不可避免。而与中国人信奉的团结就是力量、家和万事兴不同，美国公众在民意调查或投票时均表现出这样一种倾向：更愿意看到一个府院分裂的政府，相信这样的政府必定是个"小政府"，民众的充分自由才能有所保障。又由于美国的平等主义，使美国人更容易对政治家和政府官僚持批评态度，所以，一定意义上说，这种内斗既是制度设计的必然结果，有存在的合理性，更受到多方的欢迎和肯定。但世事变幻无常，在当下愤怒的情绪左右下，内斗超过了一定的限度，功德也就成了罪孽。

让人好奇的椭圆形办公室

美国有专门的"总统日"，是每年2月份重要的联邦假日，与周末相连，一共三天的假期，让人们有了更多的休闲时间。所以每年的总统日也是美国各零售厂商和超市促销商品、高喊冬季清仓大拍卖、春季新货大减价的好时机。看来，哪儿的商家都喜欢节假日。

总统日原是为纪念美国开国元勋、首任总统乔治·华盛顿而设立的，原名"华盛顿诞辰纪念日"。因解放黑奴、维护国家统一而功勋卓著的美国第16任总统林肯跟华盛顿一样，生日同样都在2月份，因此很多人提议把"华盛顿诞辰纪念日"改为"总统日"，同时纪念他们二人。如今，"总统日"已成为美国人民对所有美国总统表示敬意的一天。

作为开国之父的华盛顿备受爱戴，但他坚持民选总统和民主程序的原则，在做了两任总统之后，于1796年发表《告别词》，谢绝再任，开创了美国总统无终身制的先河。1951年通过的《美国宪法》第22条修正案规定，任何人担任美国总统不得超过两届，一届任期四年。

由于美国是基于早期的多国移民、开拓者而建立的，没有封建领主、贵族、贫民等社会阶层的区分，平等观念早已镶嵌在其民族认同中，故而形成对平等的钟爱，美国人强调机会均等，崇尚个人主义。另一方面，美国的宪法也禁止向政府官员授勋加爵。1789年，美国国会决定，对开国元勋华盛顿及其后继者，均称作"总统先生"。[1] 这一"头衔"既显示了尊敬，也透着亲切，更刻意拉近与普通民众的距离。

在美国，总统既是政府首脑也是国家元首。"总统先生"的官邸，是首都华盛顿的著名景点白宫。它是一座白色大理石圆形建筑，坐落在市中心的宾夕法尼亚大街 1600 号，是华盛顿之后美国历届总统办公和居住的地方，也是美国历任总统的政治舞台。白宫由爱尔兰工程师詹姆斯·霍本根据 18 世纪末英国乡间别墅设计，具有乔治亚建筑风格。1792 年 10 月 13 日白宫奠基。在 1812 年战争中被英军放火焚烧，后来修复。

200 多年来，40 多位白宫的主人在这里工作和生活，房间的装饰与风格随主人的喜好而变化，每个房间和每个时期都有说不完的故事。最让人好奇的是椭圆形办公室，它位于西翼南侧，象征着美国的行政权力中心。美国的多部电影里，都有它的镜头。美国总统在这里签署法案，接待外国政要，就重要议题发表全国讲话等。它宽敞、明亮，铺着一块巨大地毯，地毯正中央织有美国总统的金徽图案：50 颗星排列成圆形，环绕着一只鹰。办公室后部两侧分别竖立着美国国旗和总统旗帜。白宫正楼南面的南草坪是总统花园，美国总统常在这里举行欢迎贵宾的仪式。

美国总统的办公桌，名为"坚毅桌"。这是一张由英国北极考察船"坚毅号"船骨制成的书桌，1880 年英国维多利亚女王敬赠，这也反映出美英之间特殊关系源远流长。"坚毅桌"曾遭白宫弃用，后来肯尼迪入主白宫重新找回来放在总统椭圆形办公室，它从肯尼迪时代开始，经历了卡特、里根、克林顿和布什父子等多任总统，见证了诸多重大的历史事件。在美国大片《国家宝藏》中，还曾编出坚毅桌中有暗格，暗格中刻有宝藏线索的惊悚情节。

"9·11"事件之前，白宫经常开放供游客参观，"9·11"后，加强了白宫的安保工作，要参观内部设施，须提前半年登记排队，手续烦琐。而白宫的花园却一年对公众开放多次，如每年的复活节滚彩蛋活动，小孩子们与总统一家人玩得不亦乐乎。参观花园的手续简单，只需在开放日当天，提前到距白宫不远的一个领票点要票，一人最多可领四张，每张票上印有参观的时间段，到时排队经过安

---

[1] Seymour Martin Lipset, American Exceptionalism: A Double-Edged Sword (W.W. Norton & Company, New York, London, 1996), p.53

从南草坪看白宫

检就可直接进入白宫。

我第一次去参观白宫是 11 月份。初冬季节，站在白宫的院内，眼前的景色令人心旷神怡：白宫略高一些，前面的斜坡是一大片修剪得整整齐齐的草坪，这就是通常所说的南草坪，它像一块巨大的绿毯疏缓地张开，在蓝天白云与明媚的阳光下显得格外油亮。草坪上还装点着漂亮的花坛、喷泉，灰白色的华盛顿纪念碑耸立在前方，显得格外庄严。可以想象，若从白宫办公室窗口眺望远方，那景致肯定更佳，但我怀疑美国的总统先生有多少时间来欣赏这牧歌般的美景。

白宫的主人、美国总统的权力，又称为"总统特权"。在美国独特的行政、立法、司法三权分立的政治架构中，总统是最高行政领导。美国宪法第二条规定："行政权力属于美利坚合众国总统。"美国总统的权力大致包括：要对联邦政府负责，制定联邦政府的各项政策，提出国家预算，任命联邦政府官员。总统可提名内阁成员、最高法院大法官等官员，但需要得到参议院的批准。

宪法授权总统任命驻外使节、签署条约、接见外国外交官，但签署条约和任命驻外大使，还得过参议院这一关。总统虽然有权否决任何议案，不过，国会参众两院若争取到三分之二议员的签名，可以推翻总统的决定。作为武装部队最高统帅，总统跟国会分享一些军事权力，而宪法规定，只有国会才有权宣战。就这一条，多个总统踩线触雷，引爆激烈的府院战事。

美国宪法对总统权力有明确规范，也给予了充分的灵活性，使每位在职总统能够根据其治国理念和时代需要，界定总统的权限。多年来，虽有宪法的规定、国会的制约，历届总统却不仅在战争时期扩大自己的权力，和平时期也不例外，所以围绕总统权力的争论也从未间断。

如美国第三任总统杰弗逊，在担任总统之前，竭力主张建立一个权力有限的中央政府，但入主白宫后，却扩大总统的权力，买下路易斯安纳领地，使美国的版图倍增。再如 20 世纪 30 年代的大萧条时期，富兰克林·罗斯福总统征得了国会对很多"新政"项目的批准，在大规模重建国家经济的同时，也拓展了总统的权力。小布什总统在"9·11"以后，以维护国家安全为由接连发动战争，使总统作为"总司令"的权力超越以往。

奥巴马又是一个什么样的总统呢？2010 年 8 月，奥巴马将椭圆形办公室进行了重新装修，以符合新主人的独特品位，打上了奥巴马烙印。在加州的设计师麦克·史密斯的帮助下，白宫旧貌换新颜，供媒体参观拍照。新风格主打舒适放松，同时也紧跟时尚潮流。

首先是色调的变化。小布什喜欢的金黄色改成灰褐色。地毯是最能体现主人个性的地方。奥巴马新挑选的地毯色调为小麦色、乳白色和蓝色，含 25% 的回收羊毛。其次是家具的选择和布置让人放松。沙发选用了让人感觉沉静的棕色和黄褐色搭配，使用皮革和条纹花样的软装饰，使椭圆形办公室变得更加生活化。美联社在报道中这样调侃说，椭圆形办公室的沙发让人舒适之极，但小心不要过度放松，以致做出轻率的承诺。装修的钱从何而来？白宫专门发表声明说，装修并没有花纳税人的钱，所有费用都由白宫历史协会承担。[1] 在美国，纳税人的钱可不是能随意动用的。

奥巴马的椭圆形办公室新地毯边缘，录有 5 句他喜欢的名言，分别是：

★ 我们唯一的恐惧便是恐惧本身。——美国前总统富兰克林·罗斯福

★ 横跨道德宇宙的弧线是漫长的，但它偏向正义。——马丁·路德·金

[1] 奥巴马白宫留印记，《侨报》，2010 年 9 月 3 日

白宫内，仪仗队列队欢迎胡锦涛主席访美

★民有、民治、民享的政府。——美国前总统林肯

★没有什么有关人类命运的问题是人类无法解决的。——美国前总统肯尼迪

★我们每个人的福利从根本上取决于所有人的福利。——美国前总统西奥多·罗斯福

然而，就这么五句话，却被较真的媒体翻出了两个乌龙。据《华盛顿邮报》报道，马丁·路德·金和亚伯拉罕·林肯的那两句名言，原作者都是被人遗忘的、19世纪美国废奴主义者和改革者西奥多·帕克牧师。瞧瞧，总统先生的言行得多么审慎，但再小心也难免被人揪住小辫儿。

奥巴马在白宫里面大肆翻新，第一夫人米歇尔·奥巴马也不甘落后，她在白宫外面开荒种地，曾经的肯尼迪夫人杰奎琳的玫瑰花园，被她变成了菜地，丰收果实还端上了白宫的国宴餐桌。

"现在是翻开新的一页的时候了。"2010年8月31日，美国总统奥巴马首次在装修一新的白宫椭圆形办公室发表全国电视讲话。不知焕然一新的白宫与它的新主人，这新的一页到底会如何翻呢？

任何一个议员都很自恋

华盛顿是美国的政治中心，有白宫、国会、最高法院以及绝大多数政府机构。国会大厦建在被称为"国会山"的全城最高点上，它是美国首都华盛顿的象征。这座乳白色的建筑有一个圆顶主楼和相互连接的东、西两翼大楼，圆顶主楼的南侧是众议院，北侧是参议院，535 名参众议员正是在此共商国家大事，整个建筑内的职员多达 7500 人。在这座孤傲的大殿堂里，天花板与墙壁上绘满了以建国史为题材的壁画，游客可自由前往参观。

国会山有一种特殊的吸引力——权势，而权势会让人上瘾，一旦沾上，想戒都难。只要有朝一日当上议员，站到国会山的台阶上，就没人愿意走下来。在国会山上，任何一个议员都很自恋，均自视为一条可以兴风作浪的大鲸鱼，有机会在美国立法政治的大海中扑腾得水花四溅，翻江倒海。

美国联邦政府的立法分支指国会两院，即参议院和众议院。所有立法都须经参、众两院通过，并由总统签字才可生效。国会每年的立法提案数以千计，但真正得到国会通过、变成法律的只有数百项。除立法外，国会还要监督行政部门，可以通过举办听证会，调查行政机构的运作和行动，确保行政机构依法行事。

美国参众两院的分工不同，权责不同，人员组成不同，选举规定也有别。美国《宪法》规定，众议员候选人必须年满 25 岁，取得美国公民资格已满 7 年，是所代表州的合法居民。而参议员候选人必须年满 30 岁，取得美国公民资格已满 9 年，并是所代表州的合法居民。根据宪法规定，总统的内阁成员不得同时担任国会议员。比如当希拉里·克林顿出任美国国务卿时，就得辞去纽约州参议员的职务。

在众议院，一个席位代表了一个地理选区。每个议员由本选区遵循简单多数原则选出。50 个州中的每一个州都在众议院内拥有至少一个席位，其余席位按人口分配给各州。例如，阿拉斯加州人口稀少，在众议院仅占一席；加利福尼亚州是人口最多的州，有 53 个席位。每十年一次的全国人口普查后，根据人口变化，会重新计算分配给每个州的席位，州议会重新划定州内的选区边界，以反映分配给该州的席位的变化或州内的人口变化。因此，目前美国众议院共有 435 名议员，任期两年，可以连选连任。美国的 5 个特区或属地——首都哥伦比亚特区、美属萨摩亚、关岛、波多黎各、美属维尔京群岛——在众议院也有代表，但他们没有投票权，是国会山名副其实的二等公民。

就参议院而言，每个州无论人口多少，享有同等代表权，都有两名参议员，以保证小州和大州在参议院拥有同等影响，在州普选中获得多数选票的候选人当选。美国目前共有 50 个州，首都哥伦比亚特区与未成立州府的属地不具代表权，所以参议院共有 100 名议员。参议员任期 6 年，每隔两年改选三分之一的席位，可连选连任。

由于美国总统选举是四年一次，俗称大选；美国联邦议员是两年一选，其中与总统大选错开的那一次，称为中期选举。届时众议员全部改选，参议员改选三分之一。还需要说明的是，为让众议院接近公众，反映公众的意愿和愿望，众议员们差不多每个周末都得飞回"老巢"——各自的选区，与选民接触，巩固选民们对自己的支持。

众议院与参议院不同的职权包括：有权对总统和最高法院大法官提出弹劾指控；所有涉及增加税收的提案必须从众议院产生，也就是管预算，管钱。而参议院被视为具有比众议院更大的审议权，它的一些特殊权力如：总统提名的最高法

国会山，华盛顿市的中心点

院大法官以及行政机构重要职位的人选，必须通过参议院批准才能就任；参议院负责批准或否决总统达成的国际条约等等。奥巴马提名希拉里·克林顿出任国务卿、骆家辉担任驻华大使，他们都必须经过参议院严格的"三堂会审"。

有关参议院的规定还包括：参议院出现某州议席空缺时，一般由该州州长任命替补议员。美国副总统担任参议院主席，但只有在投票结果出现僵局时，才投决定性一票。不过现实中很少出现投票僵局，因此副总统相对超脱，几乎不介入参议院的日常运作。

国会时常就一些热点问题举办听证会，除政府官员外，做证的还有相关专家、学者等等。这些做证讲话都是公开的，并记录在案，美国的闭路电视 C—SPAN 现场直播。2010 年出了丰田汽车刹车故障、英国石油公司墨西哥湾漏油事件等，美国会要求两家公司的主管到国会听训，接受质询，大有为民做主的架势，而且整个过程都向全球直播。国际大公司的当家人丰田汽车总裁丰田章男，乖乖地飞到美国，在"正义凛然"的议员们厉声责问下，竟忍不住涕泗横流。而英国石油公司的老总海沃德则因受不了这种折腾，一怒之下挂冠归隐，不陪议员大佬们玩儿了。

众议院议长是众议院的最高职位，是由控制众议院多数席位的政党议员选举产生。众议长帮助设定立法议程，主持众议院辩论，此外，还要履行自己所属选区的日常代表责任。

每届国会议员中都有不少新面孔，他们的履历上从未有过从政经历，之前所从事的职业五花八门，与政治丝毫无关，但这似乎并不影响他们在国会山的工作。例如，2009 年 1 月 6 日宣誓就职的第 111 届国会的议员中，269 位过去是州或美国属地的立法议员，38 位市长，13 位州长，还有 16 位医生，6 位广播电视主持人及记者，还包括一些牧师、音乐家、登山向导甚至一位赌场发牌员。也许这说明，经验并非是唯一最重要的品质，实际上，如果不去经历的话，谁也不可能有经验。从这个意义上讲，国会山本身还具有培训"干部"之功能。

作为美国立法机构的国会参众两院，既管钱，又影响政府的人事任命，还负责通过议案，有立法权……因此成为轮流执政的共和、民主两党的必争之地。谁在参众两院占据了多数席位，谁就能在议案通过、立法、预算案等方面腰直胆壮，拔得头筹，反过来给另一党拆台下绊使阴招。从这个意义上说，国会山上的"大鲸鱼"们气场十足，权势可真不小。而这样的立法政治，也给党派之争、府院之争埋下祸根，更把党派利益与国家利益置于鲸鱼们的股掌之上。

伴随着 2008 年一场历史性选举，第 111 届美国国会让民主党打了一个翻身仗，获得了参、众两院的多数席位。正因如此，民主党人奥巴马总统才不顾一切，强行就医改法案投票，并获得通过，与共和党结下梁子，埋下争斗的祸根。

江山轮流坐。时隔短短两年，2011 年 1 月 5 日，美国第 112 届国会在国会山宣誓就职，这次共和党扬眉吐气，一举拿下众议院的多数席位，在参院也有不少斩获。在宣誓就职仪式上，上届众议长、民主党人佩洛西将象征议长权力的木槌，交给了本届众议长、共和党人博纳，61 岁的新议长忍不住老泪纵横，激动万分，不得不一再掏出手绢擦拭双眼。

共和党成为众议院多数党后，憋了好久的一口怨气终于可以出了，于是放出豪言，挑明了要在立法等事项上挑战奥巴马，优先议程就是废除奥巴马总统的政策，阻止他在 2012 年的总统选举中连任，让奥巴马成为"一届总统"。事实上，正因上述的分裂与怨恨交织，国会出现"逢奥必反"的现象，结果是奥巴马提前进入了"跛鸭期"，难有作为。这场战争的激烈细节容后再表。

驴象与狗

乍一看这个标题，也许你会觉得进了动物园，美国的政坛为什么总跟动物过不去，又是海里游的，又是地上跑的，还有家里养的？这可不是作者的杜撰，而是美国政治舞台上活跃着的几支重要力量。他们的出现，也增加了美国政治生活的娱乐性。

总统先生也好，国会山的鲸鱼们也好，都分属驴或象的阵营，某种程度上，他们只是驴或象的高级别代言人。二者之间或你进我退，或针尖对麦芒，实际上反映出两个政治党派各自代表的美国民意基础、不同美式价值观之间的激烈冲突。对政府与国家机器功能的不同理解，导致总统先生们、鲸鱼们、驴象与狗们，驾驭、利用甚至绑架美国的行政、立法机构以及民意，以实现各自的政治目标。所以，白宫与国会山之间的互相较劲、争斗，其实只能算是表象，深层次的原因是党派之争，是党派利益与国家利益如何取舍、各种政治主张和政治诉求如何平衡的博弈。

在 1787 年起草和审议《美国宪法》时，美利坚合众国的建国先驱们，并没有想到政党的作用。美国直至 1800 年组建了第一个初具规模的全国性政党，并开始通过选举，将政权从一党转到另一党手中。随后的选举权普及，也让政党羽翼日丰，能耐渐强。

在美国建国初期，只有拥有财产的男性才有选举权。19世纪初，由于移民、城市的发展以及美国向西部扩展等影响，这一限制被削弱。在随后的几十年里，随着对财产所有权、种族和性别等限制的取消，越来越多的成年人获得了选举权，政党逐渐把动员日益增加的选民作为获得权力的手段。为执行这一根本性的任务，政党的运作和管理日趋制度化。到了19世纪30年代，美国的政党已经打下稳固的根基。

美国有多个党派，诸如绿党、改革党等等，但在国内政治及社会生活中起重大作用的，是共和党和民主党。民主党的政治图腾是一头驴，共和党是一头大象。民主党的标志色是蓝色，共和党是红色。美国历史的发展轨迹，实际就是驴、象两种观念的互动和妥协。

美国历史上，两大党名称虽有所变化，但两党制衡的格局一直没有根本改变。今天，共和党和民主党仍主导着美国的政治进程，除极少的例外情况，总统、国会、州长和州议会都由两大政党控制。自1852年以来，历届总统不是共和党人就是民主党人；二次世界大战后，两大政党在总统大选中平均获得近95%的选票。在美国50个州中，民主党人或共和党人几乎垄断了州长的职位。国会或州议会的无党派或第三党派议员的人数凤毛麟角，生存空间受挤压。

目前，在政治光谱上，相对而言，民主党靠左，共和党靠右，不过两党内部因政治主张上的分歧，又都有中间派、极端派之分。虽然两大政党负责组建并主导了联邦、州及地方政府，但与很多民主国家的政党相比，它们往往缺少党内统一的意识形态和纲领规划。由于两大政党在政治理念上尽力适应美国的政治进程，务实主义逐渐占据主导地位。

最有意思的是，照我们的眼光来看，美国两党纪律涣散，无组织观念，更没忠诚的概念。两大党连自己有多少党员都说不清。虽然两大党都有自己的组织制度和机构，不过大家入党退党自由，也没有什么手续，也不用交党费，更不用交思想汇报、组织政治学习。当然，政党和候选人总是在恳请支持者捐款。

民众在选民登记时，标明自己是什么党，也许就算"入党"了，不标明党派，照样有选举资格。但在被选举资格上，某些州规定，只有事先注明是某党成员的选民，才有资格参加该党初选；而在有些州，平时以某党党员自居的选民，临时跳槽去参加另一党的初选，也没人阻拦。在大选时，以某党自居的选民投票支持另一党的候选人，也是司空见惯的事情。即使是民选的政治领袖，比如国会参议员，他可以在任上突然宣布脱离原来的政党，成为独立人士，甚至倒戈加入另一党。当然，对政治人物来说，脱党和跳槽要考虑到政治后果。要想赢得选举和推行自己的政治主张，必须有充足的人力财力，这时候，政治人物往往需要政党的集体力量。

有人批评说，美国的选举制度扼杀小党出头机会，让民众没有机会充分选择；但也有人说，这样可以避免党派林立、政坛混乱的局面。

美国总统选举是实行选举人票制度。也就是说，先由普通民众投票选出"选举人"，再由"选举人"组成"选举人团"，由"选举人团"投票选出总统。50个州和首都哥伦比亚特区的"选举人"票数是固定的。如美国首都华盛顿就只有三张选举人票。实际计票时，绝大多数州实行"赢者通吃"。某位候选人如果在某州得票最多，那么不管优势的大小，全州的选举人票最后都归其所有。在这种制度下，要想在全国范围取胜，必须依靠手握大把支持者的大党，小党难有作为。

同样，美国的国会选举制度也不利于第三党形成势力。一些民主国家的议会选举，实行比例制或者部分比例制，能够拿下一定比例选票的小党，在议会多少也有一席之地。而美国参议员每州两个席位，众议员每个选区设单一席位，选举时"赢者通吃"，得票第一者全胜，第二名哪怕只差一票，也与议席无缘，更不用说第三名了。

当然，第三党也不是全然悄无声息。目前，国会参议院有两名议员属于独立党派或无党籍人士。地方政府中的小党成员就更多了，但都只是点缀而已。

在选战中，第三党候选人虽然屡败屡战，但不时也引起公众和媒体注意，有时还起搅局的作用。1992年，以独立党派候选人资格竞选总统的罗斯·佩罗，赢得了超过18%的普选票。他的支持者成立的改革党，推出候选人杰西·文图拉，曾在1998年赢得明尼苏达州州长的职位。在2000年总统大选期间，绿党候选人拉夫·纳德虽然只获得2.7%的普选票，但是很多民主党支持者都大骂他成事不足，败事有余，挖走了民主党总统候选人戈尔的关键选票。

美国各地从极左到极右的形形色色大小政党为数不少，但是，在这种选举制度下，难以形成问鼎白宫和进军国会的声势。许多利益和理念与两大党不尽相同的人，为求最大公约数，或者加入民主党，或者投身共和党。正因为此，两大党内部也远不是铁板一块，所有党员在政治理念与主张上并不只发出一种声音、坚决地站在同一条战线上。共和与民主两党的党员又都因政治主张的不同，各自在党内拉帮结派。下面讲到的"狗狗"们，就是大党内的小派别。

"狗"在中文里通常是一个不受欢迎的词，但美国政坛里却有不少彩色的"狗"，还有"黄狗"和"蓝狗"之分。"黄狗民主党人"原指那些只投票支持民主党的南方选民，现在泛指民主党的忠诚党员，即那些在任何情况下都只把选票投给自己党派的民主党人。有趣的是，民主党的标志色不是蓝色吗，铁杆粉丝们却选择了黄色的"皮毛"。相反，"蓝狗民主党人"则是指"身在曹营心在汉"的"白眼儿狼"，即那些以民主党人身份当选、却越来越多地支持共和党政策的议员。所以又被称为"披着民主党外衣的共和党人"。

尽管"蓝狗"们在经济和社会政策上右倾，但常常是左右两极政策争取的对象。正因为有了立场不坚定的"蓝狗"，在国会就某些法案投票时就会出现摇摆票。所以他们还是民主党和共和党都竞相争取的香饽饽。2010 年该联盟有 54 名成员。当年的中期选举后，"蓝狗联盟"成员惨败，到第 112 届国会时，所占席位从上届的 54 席，大减为 26 席。也就是说，中间摇摆、左顾右盼不受欢迎，选边站队才是大势所趋。这是后面要讲到的美国政治极化倾向的迹象之一。

除黄狗蓝狗外，民主党内还有其他的分支，如"新民主党联盟""里根民主党人"等等。共和党内部也并不平静，就拿后面要讲的茶党来说，就有可能成为共和党内部的"蓝狗派"，共和党传统的右翼力量，已受到来自更加保守的茶党意识形态的挑战。

为实现自己的政治抱负或理想，这些亚党派纷纷宣传自己的主张，争取在立法程序上有所作为。例如 2009 年 7 月，部分"蓝狗议员"就成功地迟滞了众议院的医疗保险改革议案。正因为两党内各分支的政治主张都有所区别，导致美国政坛在极化政治的道路上越走越远。两大党内部的分歧、两党之间的隔阂、众议院内部的不和、参议院内部的纷争、国会与白宫之间的斗争，像一团乱麻，剪不断，理还乱。

虽然美国政坛从来就不平静，不论是党派之争还是府院之争，就像永不停播的肥皂剧，总与观众见面，但行政与立法部门总能就某些问题达成某种程度的一致，推进政策的制定和落实。在 20 世纪 80 年代里根入主白宫时期，尽管反对总统施政计划的民主党人控制着国会众议院，但里根总统还是成功地削减了税收，大幅增加了国防开支。在 20 世纪 90 年代，克林顿总统也设法和共和党人控制的国会合作，改革美国的福利项目。政治观察人士表示，对所有参与其中的人而言，政治妥协既有潜在的风险，也有回报。

但奥巴马上台后，美国政治的极化色彩有增无减，一开始是民主党控制参众两院；2010 年中期选举后，共和党夺回了众议院的控制权，民主党在参议院的多数席位也有所减少，使本届国会呈现一种分裂状态。要想使任何立法在一个分裂的立法机构获得通过，都需要相互妥协。但这在当下党派和意识形态鲜明对立的华盛顿，可是一件很难做到的事情。在新的"分裂政府"时代，民主、共和两党间的冲突将更加频繁，白宫与国会山的战争只会更加惨烈。

议员不买总统的账

2011 年 9 月 11 日，星期天，"9·11"事件十周年纪念日，总统先生奥巴马精心准备，打算做一次参众两院的联席演讲。这可是只在重大事件或纪念活动时才能听到的国家元首的"重要讲话"。除围绕"9·11"事件的追缅、激励等内容外，奥巴马演讲的要点，是如何解决当前民众的主要关切，增加就业，提出《就业方案》。

因为正好赶上星期天，大家都要过周末，奥巴马总统向国会提出，最好改在星期五即 9 月 9 日的晚上，向国会参众两院的大佬们发表讲话。哪想到，鲸鱼们根本不给总统面子，他的要求遭到断然拒绝。众议长博纳称，共和党内部要在当天举行一场辩论，没时间陪奥巴马玩儿，要总统另择佳期。奥巴马无奈之下只好让步，再提前一天，将演讲定于 9 月 8 日晚上。

这还不算完。通常情况下，总统先生如此重要的演讲应放在黄金时间，即美国东部时间晚上 9 点，但奥巴马这次的讲话却先提日期再提钟点，又被迫改到了9 月 8 日晚上的 7 点。这是因为当晚 8 点半是美国年度橄榄球赛的开幕式。虽然奥巴马多次大声疾呼，这不是搞"阶级斗争"，要国会马上通过就业方案，但很明显，国会山上的鲸鱼们兴趣不在于此，与就业方案相比，过周末和欣赏橄榄球比赛更重要。加之奥巴马当时的支持率只有 43%，由此，《华盛顿邮报》感叹道，国会并非对总统抱有特别的敌意，他们只是觉得总统越来越"无关紧要"罢了。[1]

可见，美国总统虽然看似威风凛凛，却并不能为所欲为，更非一言九鼎，连发表讲话的时间也不得不大费周章。这个小故事，从一个侧面折射了总统先生与国会山大鲸鱼们的紧张关系。

美国国会与总统的关系一直错综复杂，争权夺利的斗争有增无减。美国总统虽然贵为超级大国的国家元首、全世界最强军事力量的统帅，但美国的议员们是不同选区的民意代表，把为自己的选民发声谋利视作己任，个个炙手可热并踌躇满志，相信自己掌管神圣的立法大权，才是随时可以推波助澜的大鲸鱼。因此在华盛顿的政治圈内有这么一种说法，美国有 101 位总统和 436 位国务卿，因为100 名参议员都把自己当成"总统"，而 435 位众议员也都自认为是"国务卿"。这是美国政治图谱中最传奇的密码。

总统作为最高行政长官，为了让自己工作顺利，聪明的做法应当是与议员们套套近乎，做一些必要的沟通甚至交易，以便争取到更多的支持。这是由于国会在立法、预算审批等等方面出言如山，医保改革要钱，刺激市场要钱，打仗、买军火更要花银子，而这些都必须争取到国会议员们开金口。与议会交恶，无异于搬起石头砸自己的脚。考虑到目前共和、民主两党的利益重叠越来越少，党争不断，这一届即第 112 届国会的政治分野异常鲜明，总统先生奥巴马能不能争取、如何争取到鲸鱼们的支持，意义就更加特殊。反之，国会绝对能成事不足，败事有余。

在 2008 年当选总统之前，奥巴马本人就是国会山上一条东奔西游的鲸鱼——代表伊利诺伊州的参议员，他最清楚与国会交恶的后果。他当时曾竭力反对小布什总统发动的伊拉克战争，处处与小布什作对，如今他却不得不面临"充满敌意"的国会大鲸鱼们的冲撞、攻击与挑战，真是时空颠倒，此一时，彼一时。

美国总统先生不同的身世，会给其执政理念、执政风格打上烙印，也会让他在处理与国会的关系上，显示出不同的做派。比如，小布什从一上任起就口口声声要加强总统的权力。即使在支持率极低的时刻，他要当"战争总统"，并不太把国会放在眼里。"9·11"事件发生后，美国国会通过了《使用武力授权法》，其中授权美国总统可以"使用任何必要和适宜的力量"，以应对国家、团体或个

---

[1] Dana Milbank, "President Irrelevant", Washington Post, September 11, 2011

人发动的攻击，或预防攻击。这有如尚方宝剑，让小布什干起事来游刃有余。

与小布什不同，奥巴马的政治哲学更倾向于充当和事佬，弥合左右意识形态间的鸿沟。这种风格决定了他从一开始就热衷于走议会道路。有评论指出，华盛顿一下子变得像是欧洲议会政治的首都。奥巴马无论干什么，都期望国会两院先达成协议，然后自己再签字。国会一吵再吵，吵个没完，奥巴马也只是翻动其三寸不烂之舌，讲讲讲，不停地讲，然后静候佳音。幸好，演讲是奥巴马的强项。可事实证明，国会分裂，党争加剧，奥巴马很难等到签字文本，这让他十分沮丧。当然，他也有破釜沉舟、不顾两党纷争而采取行动的时候。

里根总统是演员出身，因此喜欢热闹与聚会。里根经常与国会议员见面，喝咖啡或茶叙。肯尼迪总统喜欢派对，再加上美丽、特别、时尚风向标般的夫人杰奎琳，夫妇二人与华盛顿的社交圈打成一片，有人称之为"卡米洛特时代"，或华盛顿"过去的美好时光"。

当奥巴马当选总统时，人们以为像他那样年轻、有活力、有明星般气质、随身携带黑莓手机、还有两个可爱的女儿、对时装颇有品位的夫人米歇尔，也会给华盛顿的社交圈带来一股新风，由此进入"卡米洛特2.0时代"。恰恰相反，来自美国普通中产阶级家庭、父母早亡的奥巴马是个工作狂，对应酬等社交活动并不感兴趣。因此，奥巴马执政的时代被称为"新的枯燥时光"。

这当然影响到奥巴马与国会议员的关系。美国国会议员来自全国各地，因为配偶都在当地有自由的工作，本人还需要在当地巩固地盘、争取更多的支持以便连选连任，当选之后，并不把家搬到华盛顿。于是议员们总是在周末回到家乡，与家人团圆。更重要的是，从政治上讲，这不仅可以与选区的选民保持联系，而且还有助于避免变质为"华盛顿圈内人"，或者"华盛顿化"。为了照顾议员们这种空中飞人的生活方式，国会一周只有三天会期。但这三天的日程排得极满，有时一天不得不工作10个小时以上，白天吃工作餐，晚上就睡办公室。

也许正因为国会山有不少单身议员，他们希望能匀到一点总统的宝贵时间，大家聚在一起吹吹牛，侃侃大山。这是一种建立人际关系的方式。克林顿总统就精于此道，而且帮助他赢得不少政敌的好感。加州前民主党人维克·法齐奥曾回忆说："克林顿与夫人希拉里通常与10个、15个或20个议员及其配偶餐叙。"当时的共和党多数党领袖洛特回忆说，克林顿经常给他打电话，"我们都是南方人，我们有共同语言"。

与此相比，民主党人奥巴马与共和党领袖从未有闲聊的时候，他也没有那种天然的闲谈感。奥巴马从芝加哥带来一帮朋友和顾问，整天像跟屁虫似地粘在奥巴马周围，其他外人很难找到靠近总统的机会。奥巴马在 2010 年的中期选举后很长时间，与共和党人、众议长博纳几乎没说过话。让人不可思议的是，奥巴马还缺席 2011 年 2 月华盛顿媒体、显贵大佬们举办的年度黑领结豪华晚宴，该活动是专门为奥巴马的顾问大卫·埃克斯洛举办的告别晚宴。奥巴马总统和夫人的这种社交冷淡，引起两党圈内人的抱怨。有人甚至称，总统夫妇根本不喜欢华盛顿。[1] 这使奥巴马与号称社交之都的华盛顿之间渐行渐远。

当然，奥巴马有自己的长处，他是演讲天才，被称为自肯尼迪总统以来最雄辩的演讲家。他本人对此也乐此不疲，简直就是美国政府的总发言人。据美国哥伦比亚广播公司 2011 年 1 月 3 日报道，上任不到两年时间，奥巴马共做了 883 次讲演、声明和谈话，仅 2010 年就演讲 491 次。有评论说，这也说明奥巴马的执政风格与前任不同，奥巴马政府的特点是一个人的政府。还有人说，奥巴马执政后，仍未从选举政治中摆脱出来，似乎还在选战中为拉票而大讲特讲。

本来，101 位总统与 436 位国务卿的自以为是、各自为政，白宫与国会山针锋相对，是美国历史上最稀松平常之事，是美国分权体制的产物。但自奥巴马这位巧舌如簧、口若悬河的"一个人的政府"上台以来，府院之争在最近几年越演越烈，体现了美国社会的分裂，从一个侧面折射出美国当前政治生态的三大现象，也是美国政府运作所面临的三大制约。

首先是选举综合征。由于美国领导人或议员都要千方百计地寻求连任，这种心态和目标影响了其行为规范，希望能从党争或其他政见之争中获得好处。共和党对民主党的政策方针频频施加压力，是为了迎合保守派选民的诉求。该党在 2010 年的中期选举中，就将削减预算作为一项重要的政治承诺，收获了不少保守派选民的支持。

第二是美国的极化政治已经为美国的国内政策涂上了一层厚厚的油彩。美国两党分歧甚深，这在如何解决创纪录的赤字和债务等公共政策问题上表现尤其明

---

[1] "Politics Culture", The Newsweek, March 21, 2011, p.48

显。共和党有意通过国会掌握财权之机，阻碍或拖延奥巴马政府的重要立法成果的实施，有媒体称之为要"饿死奥巴马"。奥巴马执政以来力推的两大改革，一是医疗保险，一是金融监管，虽然这些改革举措从长远讲有助于减少政府开支，但近期却不得不增加开支。共和党就死死捂住钱袋子，压迫联邦政府节衣缩食，专门针对奥巴马的医疗保险和金融监管改革法案。也就是说，你奥巴马要改革，就得要钱，我就掐住你的喉咙，偏不给你钱，看你还怎么改。

第三是美国的机制之累。美国的开国元勋们在设计政府的运作制度时，有意嵌入了相互制衡的机制，不会让任何一方完全掌控局势，或取得绝对的优势或控制权。换句话说，掌管国家好比开车，一只脚放在油门上，另一只脚必须放在刹车上。权力制衡是在防止权力被滥用，但权力制衡的另一端就是权力僵局与反噬。

美国国会从未放弃对总统权力的制约，历史上两者你争我夺的态势并未因进入21世纪而有所改变，反之，近来美国政坛极化政治的尖锐程度达到新高，101位总统与436位国务卿、国会与白宫的分歧加深，红蓝界限泾渭分明。

三、敢于说"不"是美国政治舞台上的"个人秀"

多年来，梦幻般的超强权力，一直让美国品尝着甜蜜蜜的甘饴滋味，然而，蜜糖也有保质期，随着时间的推移，权力滋生出了有害菌，逐渐啃噬着残余的快乐。

美国社会原本是典型的橄榄形，两头小肚子大。体现在社会阶层上，就是中产阶级占绝大多数，富翁和贫民相对不多。但因经济危机等多种原因，美国的中产阶级日子越来越不好过，形势所逼，不断由中间滑向两端，所占比例有缩小的趋势。

美国还是个多党派国家，只是长期以来共和（象）、民主（驴）两党占据绝对优势，轮流执政，虽各自有着不同政治主张，但不乏共同利益，美国的选票政治也逼迫两党求同存异，自觉向中间靠拢，以尽可能争取最多选民的支持。所以较长时间里，每届执政党都基本上能代表当时美国的多数民意。但随着国内外金融环境、政治气候出现新变化，"驴"与"象"的政治主张越来越不同，诉求分歧越来越大，相互看不顺眼的地方越来越多，掐架越来越频繁，缠斗的程度越来越恐怖。

不论是社会阶层还是政党派别和主张，都出现了两极分化倾向，圆润的、肚子大头尾小的橄榄形，在向小细腰大头脚的哑铃形转变。转变的过程和结果，就好像化学元素间相互作用，有那么个幽灵因此出现并徘徊在美国的上空，让美国国内的政治生态环境恶化，党争不断，进而严重影响其对内对外政策的出台和执行甚至决策方向，加剧了美国政党、国家和社会的裂变。

严格讲，极化政治的幽灵也是愤怒的美国的产物。因为对现状的愤愤不平，对未来缺乏信心，所以要变革；而变革就会分出阵营，有人要奔向美好的明天，有人却总想着回到温馨的过去，是恋旧还是创新，是向左转还是向右看，不同阵营的界限日渐分明，极化政治也就越演越烈，政党的利益和国家利益之间的鸿沟随即变得更加深阔难越。

"我同意"：美国政坛最难启齿的一句话

曾几何时，中国开始可以在国际舞台上说"不"了，并让我们充分地引以为豪，因为这代表着中国再不用昧着良心点头哈腰了，敢于理直气壮地亮出自己的不同观点了。

有趣的是，在今天的美国国内政治舞台上，敢于说"不"也是最时尚、最意气风发的"个人秀"，而"'我同意'已成了最难启齿的一句话"，2010年4月美国出版的《极化与美国民主》一书如是说。

美国自建国之初，就存在不同党派之间的角逐与争斗，很长一段时期内，党争都被视作美国政治体制的动力、创新和相互激励的源泉，是值得骄傲的"好事"：首都华盛顿的行为方式就该这样，不能只有一个声音。然而，一旦党派之间的分裂和争斗对国家的政体运作造成伤害，政客们拿着纳税人的钱，成天吵得唾沫四溅、掐得头破血流却不干实事，也就超出了民众的接受范围，"好事"瞬间成为天怒人怨的"坏事"。

如今美国政坛空前分裂，红蓝阵营即共和、民主两党之争，不再为求同存异，寻找双方利益的重叠部分，转而变质成为斗争而斗争、为反对而反对、"不是你死，就是我亡"的恶斗，两党都不约而同地将党派利益置于国家利益之上，折腾出美国的"第二次内战"。

驴象之争源于深层次的、美国政治思想文化中的"主义"之争。美国政治文化中有两大主义——保守主义和自由主义，相应地，其信众也就分成了保守派和自由派。既然是"主义"，内容绝对繁杂；在对政府的要求上，姑且粗略归纳为保守派要求少管、自由派希望多管，这正是两派分歧的核心。

那这两派与共和、民主两党之间又是何关系呢？分别对应、截然划分吗？不，只能根据两党内两派人数的多少，大体把共和党归入保守派，民主党划为自由派。

这就又引出一个问题：美国同一党派的党员，政治诉求居然能五花八门？完全正确！《白宫与国会山的秘密战争》一章对此已有涉及。美国的民主、共和两党，就像两盘散沙，没有严格的组织观念，党组织对党员的忠诚度不作任何要求，今年你说自己是民主党，明年你完全可以加入共和党。甚至，你可身在曹营心在汉，待在民主党但支持共和党的主张，反之亦然。这种漂移状态，正好似一幅幅沙画，描绘着美国政治生态环境的变迁流转。我的一位朋友以前是共和党人，但对小布什的表现实在看不下去了，就转向支持民主党。后来，对奥巴马也失望了，于是不再有任何参与政治活动的热情，不再去投票了。

也因为如此，不管是哪方阵营，都多样性突出、包容性甚强，能容纳各种持不同政见者，以追求吸纳更多的党员，倾听和反映多种政治诉求，尽可能代表美国社会的大多数。美国的选举政治也间接鼓励了这种党派界线的模糊化。大小官员为了当选，刻意避免非左即右的两极选择，有意与不同利益诉求的集团和社会组织保持联系，争取中间力量，以便拉来更多选票，因为得中间者得天下。

但现如今时代不同了，不论共和还是民主，党派内部的多样性都有所减少，意识形态的同质性增高，党内的不同声音渐渐消亡，选边站队的趋势日渐明显，极化政治的幽灵开始捣乱了。

有这么个晦涩难懂的政治术语，叫"非对称性极化"。"极化"好理解，就是你要么当保守派，要么做自由派，反正最好别说自己是立场摇摆的中间派。"非对称性"用大白话说，就是被比较、要打架的两方力量悬殊，就像拳击场上轻量级与重量级的选手，不是一个比赛级别。

有调查发现，目前美国的驴与象就不幸地"非对称性极化"了。有70%的共和党人自称保守派，而只有40%的民主党人承认自己为自由派。两相比较不难发现，共和党的同质性更高，振臂一呼应者众，更容易形成统一战线，想干什么都能聚集相当大的能量。民主党就惨了，党内的相对多数也只有四成，一个提议会招来多方反对，党内意见都很难统一，怎么联合起来一致对外？所以共和党人小布什的伊拉克战争，能争取到相当部分民主党人的支持；而共和党的阻击，几乎让民主党人奥巴马的医保改革胎死腹中。

极化政治的幽灵、"非对称性极化"局面的出现，很容易让美国国会陷入僵局，双方都以说"不"为荣而绝不妥协。因此才有以下的民意调查结果：本届国会，即第112届国会是美国历史上"最差劲的国会"，民众的支持率只有区区百分之十几。看来，即使是选出来的"人民的代表"也很难真正代表人民。

目前美国极化政治、热衷说"不"厉害到什么程度？共和党人公开表示"逢奥必反"，支持"两个凡是"：凡是奥巴马支持的，我们就反对；凡是民主党主张的，我们也反对！同样地，民主党也有"两个凡是"：凡是共和党提出的，我们都反对；凡是共和党反对的，我们都支持。双方在减少政府债务、平衡预算、社会保障体系、移民改革、金融监管改革、应对气候变化、结束伊拉克和阿富汗战争等等一系列问题上，互不让步，斗得昏天黑地。

极化政治不只出现在参加或关心选举的政府官员、政治精英之间，连政治分界不那么明确的美国民众，也比任何时候都表现得泾渭分明，左右两个极端明显扩大：黑人选民向民主党靠拢，让民主党旗帜下聚集了更多的少数民族；而共和党方面更加突出其白人的基督教认同和价值观。

由于极化政治越演越烈，任何一个政党都失去了代表整个国家表达其诉求的能力，失去代表中间选民进行有效竞争的能力，选举出来的美国总统的代表性也就越来越差。

当年艾森豪威尔、约翰逊甚至尼克松，都吸引了相当多的跨党派支持。但到小布什时期，"极化"的程度已十分惊人。如图1，从1984年的里根开始，两党对总统的认同差距直线上升。轮到小布什上台，共和党人欢呼雀跃，对布什的支

图1 美国总统所获两党支持率及差距

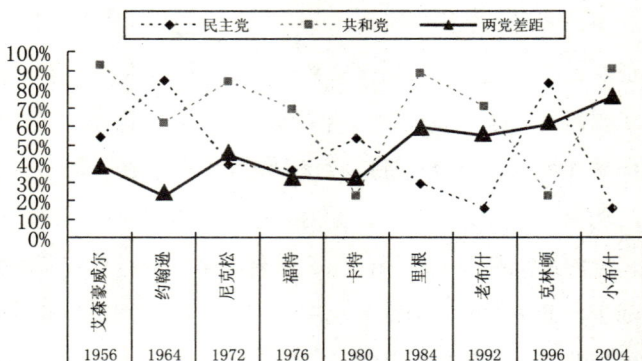

数据来源：2006年的盖洛普调查。

持率高达90.5%；而民主党人却对他嗤之以鼻，支持他的仅占15.2%。

那到了"创造历史"的奥巴马，情况是否柳暗花明？

2008年，奥巴马过五关斩六将，一路杀入白宫，意气风发，人们好似看到了新希望：不仅仅因为奥巴马是掌控世界上"最强大国家"的首位黑人，还因为他"看上去很美"：足智多谋、威严高贵、谈吐不凡、向往变革。正如他那著名的竞选口号"是的，我们能"一样，许多美国人都把他当成治愈国内创伤、重塑美国海外形象的"超人"，对他寄予厚望。奥巴马也信誓旦旦地表示要做一个团结的总统，要弥合美国左右分野，要超越"红色美国"与"蓝色美国"，倡导做"团结的美国人"。然而，其单边主义做派非但没能消灭那个极化政治的幽灵，反而沦为加剧美国政治分化的撕裂者，有评论甚至称之为极化政治的催化剂。

民主党人奥巴马以压倒性优势当选，也帮助民主党以绝对多数控制了参、众两院，斩获美国过半数的州长宝座，让共和党沦为无足轻重的在野党。而元气大伤的共和党一度溃不成军，在整个2009年士气低迷、愁云惨雾、内讧不断、整合乏力、缺乏领袖人物，在诸多问题上也就只好说"不"，被媒体讥讽为"只会说'不'的党"。

有些飘飘然的奥巴马，于是在参、众两院议事、立法甚至程序运作方面独断专行，如在推进医保改革、金融监管改革等重大立法行动上，几乎无视共和党的存在，没有争取到一个共和党议员的支持："反正参众两院都是我的天下，你们爱咋咋，拿我没辙。"而共和党也看不破红尘，誓言报复："你等着，有你好受的！"
双方不共戴天，一场场血腥的驴象格斗就此上演，围观者众。

多年来，美国社会大体保持在中间偏右状态，奥巴马左倾主义的进一步发展，
又与此主流民意背道而驰，伤及支持他的选民。那些在 2008 年总统大选中支持
他的非民主党、所谓独立选民，甚至部分民主党选民，也逐渐远离奥巴马，转而
支持共和党。

2010 年中期选举过后，卧薪尝胆后的共和党卷土重来，缩小了在参议院与
民主党的席位差距，还一举夺回了联邦众议院的控制权，随即放出狠话：要与奥
巴马的民主党决一死战！甚至连奋斗目标都设计好了：优先任务是阻止奥巴马连
任；还要利用自己在众议院占据多数席位的优势地位，为奥巴马的各种立法进程
设置"阻车桩"。

识时务者为俊杰。事过不久，信誓旦旦决不妥协的奥巴马总统意识到，他的
手脚日益被共和党人所捆绑，动弹不得，需要使用哀兵之计，以退为进，于是表
示要加倍努力向共和党人示好，以弥合两党分歧。

他说，华盛顿每天都是选举日，国人都厌烦了；在这个至关重要的时刻，美
国人民期待政治家"超越狭隘的政治纷争"。共和党人却对伸到眼皮下的橄榄枝
爱搭不理，矜持地继续保持着"原则"：要看华盛顿的民主党人，在税收、政府
开支、扩大政府在医保领域的作用等方面，是不是认真倾听意见了、改弦更张了，
而且还将一如既往地"反对华盛顿毫无节制地花钱，让政府量入为出"。

此时的美国处境不妙，一方面是国家面临国内外日益严重的政治、经济危机，
亟待解决的问题堆积成山，另一方面却是两大党拒不合作，弃国家利益于不顾，
把宝贵的精力和时间花去打口水仗，公说公有理，婆称婆正确，但谁都没本事拿
出能得到两党一致支持的、应对国内挑战的良方。于是乎，占据权力高位、兢兢
业业的奥巴马，成了众矢之的，万恶之源。

左翼人士说，奥巴马是一个懦弱的妥协者，推出的"再就业计划"不成熟，
没给支持他的选民带来多少好处，医疗和金融改革也已被特殊利益集团侵蚀。而
在许多右翼人士眼中，奥巴马是教条主义者，挥霍无度，将数万亿美元浪费在
了官僚机构上，寅吃卯粮，未能解决当下最紧迫的问题。原来支持奥巴马的中
间派也牢骚满腹，称奥巴马辜负了他们的期望，担任总统的能力远不及他竞选

时的口才。

奥巴马混得有点惨，被舆论戏称为"最具两极分化的总统"、"只代表一半美国的总统"。发展到后来，奥巴马的支持率一度跌破40%，这时，他连美国的一半都代表不了。

谁有宣战权

任何一个美国总统绝不会轻易被国会架空，放弃出兵权。这是多届总统与国会争夺宣战权的症结所在。在对利比亚开战的问题上，奥巴马与国会缠斗不休，似乎把府院之间的这一龃龉放到了显微镜下。

2011年3月19日，奥巴马总统下令对利比亚进行空中打击，这就是"奥德赛黎明"行动。同一天，奥巴马乘坐空军一号，如期开始对巴西、智利等国的南美访问。他万万没料到，这一开火命令带给自己的不是一场战争，而是三场：一是要对付利比亚的卡扎菲；二是要处理好美国与法国、英国及其他盟友的关系——由谁来"领导"这场战争？三是后院起火，奥巴马面临来自国会的强烈反弹，议员们无论来自共和党还是民主党，都对奥巴马的决策方式十分不满。不到一个星期，国会内的多个小组织如"和平核心组"、"你以为你是谁核心组"、"成本核心组"等等都对奥巴马总统发出怒吼，群起而攻之。于是一场关于总统与国会关系的争论如火山爆发，奥巴马处境被动。

奥巴马发动这场空袭后，受到的最多批评就是其一意孤行、单边行动，因为他事先没有征求国会的意见。本来，不少共和党议员和绝大多数民主党议员是公开支持对利比亚开战的，但在开战前几小时，白宫才通知国会，开战决定已经做出，然后奥巴马向着拉丁美洲绝尘而去，使立法机构茫然无措：战争谁来负责？谁是伙伴？美国打击的目标是什么？此次军事行动最终要实现什么目的？需要多长时间？对于上述这些问题，白宫均没能做出说明。[1] 共和党议员自不必说，一些和奥巴马总统同一党派的民主党议员也对他没有事先知会或与其商量，而颇感失落。

而白宫发言人卡利也愤愤不平，抱怨说是国会让打的，现在又反过来不认账。

有议员质疑奥巴马此种行为已涉嫌违宪。俄亥俄州民主党众议员库西尼奇甚

[1] Kimberley A. Strassel, "Obama, Libya and Congress", Wall Street Journal, March 25, 2011

至不留情面地指责奥巴马已经违反了宪法，够格被弹劾了。共和党人众议院议长博纳虽支持美国的军事行动，却专门发表一封致奥巴马总统的公开信，对奥巴马如此不把国会放在眼里大为光火。

作为回应，正在智利访问的奥巴马，于3月21日分别给博纳和参议院民主党领袖里德写信，解释此次军事行动的目的和任务，表示自己下令美军采取军事行动，符合国家安全和外交政策的利益，是依据宪法赋予他推进美国的外交关系和作为军队总司令与行政长官的权力。尽管他摇唇鼓舌地辩解，共和党人仍紧追不放。奥巴马意识到问题的严重性，不得不提前结束访问。其间还发生一件小插曲，总统回到官邸白宫，却吃了闭门羹，进不了前门，只好走了后门，心里十分憋屈。

应当说，美国总统作为三军总司令，有权下令采取军事行动。但为何这次会引发轩然大波呢？总统的行为被指违宪，那可不是小事。任何人、任何事，只要与美国的宪法扯上关系，麻烦就多了去啦！

这场辩论的焦点，是宣战权到底归谁。到底是国会还是总统说了算？这个问题打从1787年美国宪法诞生起，即埋下争论不休的火种，原因是宣战权的归属在宪法中有漏洞。美国宪法第一条第八款规定：国会有权宣战。但宪法第二条第二款又说：总统是美国陆海军最高统帅。既然是军队最高统帅，按理说总统就拥有宣战权，但国会并不认同这一看法，于是争论双方都抬出相关的宪法条款，你来我往吵个不休，但最后往往是手握兵权的白宫占据上风。

据统计，自1787年以来，国会对外宣战只有5次：1812年美英战争、1846年美墨战争、1898年美西（西班牙）战争、1917年介入第一次世界大战、1941年参与第二次世界大战。除这5场战争外，美国从1787年开始，至少有上百次的海外征战，从来就不正式宣战，这包括死伤惨重、影响极大的朝鲜战争与越南战争。国会未宣战，总统亦未宣战，反正出兵去打就是。

国会看到白宫权力太过膨胀，完全不把他们放在眼里，就于1973年越战渐入尾声之际，通过《战争权力决议案》，规定总统如未获国会批准而出兵介入敌对行动，必须在60天内撤军。炮制这一议案的目的，就是要制衡总统的权力。白宫则认为，所谓《战争权力决议案》是违宪的，只是从未当面锣对面鼓地驳斥过。

历任总统先生采取的策略是，当宣战的权力被国会限制和剥夺时，根本就别理国会，尽管放手去做，先斩后奏，只是尽可能不与国会正面交锋。这方面的例子如里根 1986 年轰炸利比亚总统卡扎菲、老布什 1989 年打巴拿马、克林顿 1992 年出兵索马里、1999 年打科索沃等，没有一桩请求过国会同意，或是在国会同意后才动手的。

沧海桑田，21 世纪的世界、21 世纪的美国与过去相比都有了太多的不同，战争的代价越来越大。利比亚战争中，尽管美国只当配角、北约当主角，但主要的战斗还是离不开美国。而美国发动的阿富汗和伊拉克战争已持续近十年，这两场战争把美国打怕了，花了 1 万多亿美元，死了 6000 人。目前经济又差，阿富汗战争一星期至少要花 20 亿美元，伊拉克战争仍然尾大不掉，再加上介入利比亚内乱，花销节节攀升，给了国会找碴说事的把柄。

负责监督美国外交政策的参院外委会，对奥巴马既未知会国会即介入利比亚内乱、又在介入后要求授权一事，颇为反感。他们想知道，奥巴马是不是根本无视《战争权力决议案》，即无视国会的存在。奥巴马派出国务院首席法律顾问、耶鲁大学前法学院院长高洪柱到参院外委会做说明。绝大部分参议员对他的说辞嗤之以鼻，反而冷嘲热讽，刁钻尖锐的提问一个接一个，害得这位一直想成为第一个亚裔最高法院大法官的韩裔移民后代，如坐针毡，被"考"得很惨。

美国耶鲁大学法学教授阿克曼在《纽约时报》发表名为《合法杂技，非法战争》的文章，对奥巴马未经国会授权，擅自发动对利比亚战争进行批评。他认为，奥巴马绕开国会一意孤行，将"树立一个恶劣的先例，使以后的继任者可以为所欲为"。[1] 虽然奥巴马依据《战争权力决议案》，在发动战争之后的 48 小时内通知了国会，但事先和事后都没有获得国会的授权。根据该法案的规定，任何军事行动必须在 60 天内征得国会的同意，如果没有成功，那么还可以有 30 天的缓冲期，以停止所有的"敌对行动"。自奥巴马 3 月 19 日发动对利比亚的战争以来，到 6 月 19 日就已经 90 天了，但奥巴马并未停止军事行动。舆论感叹说，连哈佛大学法学院毕业的总统都如此这般，恐怕下一位总统既不可能有如此深厚的法律背景，也不太可能会"照章办事"，在宣战权上与国会商量着来。

宣战权之争，白宫好似赢得了最新回合。但总统先生就此与国会交恶，矛盾加深，后果已经立竿见影，反叛之声充斥国会山。奥巴马总统班子的最大失误，

---

[1] Bruce Ackerman, "Legal Acrobatics, Illegal War", New York Times, June 21, 2011

就是这种做法导致其支持流失，让那些本来支持对利开战的议员也连忙与奥巴马撇清关系，继而分道扬镳。

当年 6 月 24 日，美国众议院投票，以 295：123 的计票结果，否决了一项授予奥巴马权力、继续参与利比亚行动的决议，民主党人奥巴马在投票中失去了 70 名民主党党内人士的支持。这是自 1999 年以来，众议院首次投票反对授权总统发动军事行动。众议院上一次行使这样的权力，是限制前总统克林顿在科索沃使用地面部队的权力。众议院议长博纳表示，支持奥巴马作为总司令的权力，但当总统选择挑战国会权威时，作为众院议长，他将会捍卫立法的宪法权力。

国会野餐暗藏恶斗

进入 2011 年 4 月，华盛顿的气温上升很快，春天转瞬即逝。在华盛顿与其他国家的外交官聊天时，大家都会不自觉地提及当下最"时髦"、最惹人关注的话题，即由于预算上限案僵持不下，堂堂世界超级大国，美国政府却因为没钱，面临关门的危险。

所谓的债务上限，指的是美国联邦政府债务总量的最高限额。1917 年起美国从法律上确定了债务上限。根据现行美国宪法，当联邦债务接近上限时，政府就必须与国会达成提高上限协议，以防当届政府出现过度透支，也约束下届政府不负责任的行为。如果不能通过立法再次提高债务上限，等米下锅的政府无钱运转，就只好关门歇业。

自 1960 年起，美国债务上限已上调过近 80 次，平均每 8 个月就上调一次。2001 年以来，债务上限已上调 10 次。自 2007 年金融危机爆发到 2010 年底，调高了 6 次；仅奥巴马就任总统以来就已上调了 3 次，上调总额近 3 万亿美元之巨。目前政府负债已近 14.2 万亿美元。

每次提高债务上限，都是一场激烈的政治斗争，是国会打压总统的天赐良机。原因有二：一是因为债务上限与政府的财政预算案紧密相连。美国已是名副其实的"债务帝国"，靠借钱过日子，债务上限调高了，政府可以多借钱了，当年的预算案就宽松些，大家的日子就好过些；否则，只能削减开支，勒紧裤腰带，把手里的钱省着点花，甚至再无钱花，最后关门大吉。

二是因为预算案牵涉各方利益，复杂程度难以想象。白宫要花钱、要多少钱、这些钱怎么花，一年的经费到底如何开支，即是政府的财政预算案。它就像一个美味至极的大蛋糕，摆在众多眼冒绿光的饿汉面前，为了争到一块、争到最大的那块，谁都殚精竭虑、挖空心思、机关算尽。众多利益集团、游说集团、政客，围绕它展开的明争暗斗，凶险残忍，更是把党派与府院之争推向一个又一个高潮。

债务上限与预算案审议通过权，都牢牢地攥在国会手里，是它的一张王牌。一旦鲸鱼们与总统先生意见相左，各方的利益分配不均，共和、民主两党各自为阵，达不成妥协，预算大战也就不可避免。它的本质就是府院之争、党派之争、各方政策理念、政治利益与经济利益之争。

所以，共和、民主两党都早早地磨刀霍霍，明晃晃的刀刃同时挥向对方的心头肉。联邦政府的开支中，国防经费占近20%，包括社会保障计划、医疗保险照顾计划等在内的社会福利支出占40%以上。占据众议院多数席位的共和党要求政府大幅删减医保、社保等支出，这些正是民主党力保的开支；而民主党要求减少国防等共和党死死捍卫的经费支出。由于两党各划出一条不可逾越的红线，双方都祭出走边缘政策，摆明了死磕到底，那就围绕到底拿谁开刀、削减哪一部分斗他个头破血流，没完没了。

于是，华盛顿充斥着各种关于政府关门的传闻和恐慌。那政府关张到底是个什么情况？它意味着从2011年4月份起，800万非必要的政府雇员不能上班，而且在预算案尘埃落定之前没有薪水。国家安全部门不受影响，但国家公园会关门，签证和护照服务也将停止。除华盛顿特区外，北弗吉尼亚和马里兰州都有众多的联邦政府机构，吃"政府饭"的人员众多，而当下经济本不景气，政府再一关门，大量政府雇员无班可上，无薪可领，将情何以堪？3月中至4月，又适逢华盛顿的樱花节，每年都会涌来上百万旅游者，让华盛顿市捞上一大笔。与出行、旅游观光相关的政府部门不办公，势必影响樱花节的举办，惹来民怨。甚至出现这样的广告：想旅行吗？请尽快办理护照，政府关门后你的休假计划可能泡汤。

其实，美国两党关于预算案的角力，由来已久，政府关门早已不是什么新鲜事。仅在1977至1980财年期间，美国政府就关门6次；1981至1996财年期间共关门9次。最近的关门事件，发生在1995年底和1996年初。当时的克林顿政府也因共和党控制的参众两院前后夹击，预算过不了关，不得不于1995年11月间关闭5天，12月到来年1月又关闭21天。前后两次分别有80万、284万联邦雇员受影响。

此次的情况与克林顿时期差异太大。一是由于 2010 年联邦政府的支出额高达 5350 亿美元，已经大大超过 20 世纪 90 年代，这意味着政府关门会让更多的人受影响。二是上次的政府关门事件，民意几乎一边倒地指责共和党，克林顿总统心中窃喜，轻松赢得连任；但这次民意平分秋色，对谁需要为政府关门承担责任的民调显示，民主党与共和党应该各打 50 大板。

后来，双方几经折中，达成一个又一个临时安排，将预算案的最终通过期延了又延，并要求把预算支出再削减 120 亿美元。总统奥巴马耐心渐失，表示决不再接受任何临时性安排。而在 2006 年，当民主党人奥巴马还是联邦参议员时，曾投票反对共和党人小布什领导的政府提高全国债务上限的决定，但得益于当时绝大多数共和党议员的支持，该议案最终获得通过。看来，真可谓不当家不知柴米贵啊。

白宫与国会山就各出高招，斗来斗去，就在零点大限到来之际，2011 年 4 月 8 日晚上 11 点左右，国会山终于传出人们期待已久的消息：参众两院达成最终协议，避免了政府关门的尴尬局面。

虽然 2011 年的预算案涉险过关，但 2012 财年的预算大战又接踵而至。按照美国预算法的规定，4 月份国会需要完成 2012 财年预算决议案，5 月 15 日众议院将开审 2012 财政年度的拨款案。为此，国会众议院共和党人已于 4 月 5 日提出了一项全面调整联邦预算的计划，将在 2012 年把联邦赤字从目前的 14 万亿美元，削减至 9950 亿美元，2018 年进一步减少至 3790 亿美元，为目前的四分之一还多。该计划主要通过削减支出的方式来减少赤字，但谁的肉割起来都疼，所以具体"割"谁，怎么"割"，少不了打个鸡飞狗跳。

可以肯定的是，下一年度的预算案将重燃战火，而奥巴马 2012 年的巨额社会福利开支，就是共和党打压的主要目标。有媒体分析说，共和党也想利用预算之争，将奥巴马政府绑在预算议题上，使其无暇他顾，更难推进其他立法议程。

这场恶斗让奥巴马认识到，与鲸鱼们搞好关系很重要，他开始改变风格，与大佬们拉关系、套近乎，所用手段有野餐外交、高尔夫球外交等等。

2011 年 6 月 15 日晚，白宫南草坪，一年一度的国会野餐上，总统先生和国会议员们轻松相聚，在音乐、草地、热狗、冰激凌及其他美食的陪伴下，气氛相当融洽。奥巴马说："我希望今天展现出来的这种社区精神能够延续到每一天。今天这里有民主党人，有共和党人，我们每时每刻在不同的问题上都存在分歧，但重要的是我们每天都要提醒自己我们是美国人，我们是美国大家庭中的一员。"他还大方表态："希望你们尽情地享受，尽情地吃喝，直到吃不动为止。"

紧接着，奥巴马总统还在周末和众议长博纳一起，破天荒举行了"高尔夫球峰会"。

2011年6月18日，星期六，正值美国高尔夫球公开赛之际，奥巴马和博纳暂且抛下两党在减赤及政府债务上限等问题上的隔阂，合组拍档，与副总统拜登与俄亥俄州州长、共和党人卡西奇，跑到马里兰州安德鲁斯空军基地切磋高尔夫球球艺，营造跨党合作气氛。结果奥巴马与博纳携手胜出，各赢了两美元"奖金"。看来，官阶越高，球技也越高，古今中外，概莫能外。

在美国政坛，高尔夫球向来就含有较浓的政治意义，可以说，政客们玩儿的不是球，而是政治。自1909年就任美国总统的塔夫脱以来，只有胡佛、杜鲁门和卡特不打高尔夫球。小罗斯福在20世纪30年代大萧条时提出的新政，推动美国兴建了逾300个高尔夫球场。多位前总统都利用高尔夫球，更好地与友人或政敌打交道。例如约翰逊1964年透过高尔夫球争取通过民权法案，克林顿则经常在高尔夫球场上与各路人马商谈。

奥巴马上任以来，打过逾60次高尔夫球，但几乎都是与助手或朋友切磋，鲜与政治对手过招。因民主党近期就调高债务上限、削减财政赤字、美军未经国会授权出兵利比亚等问题与共和党争拗，副总统拜登虽球技高超，但协调未果，这才不得不搬出奥巴马来救场。

然而，上述亲密接触并没有消除奥巴马对国会的不满。向来冷静的他在2011年6月29日一反常态，火力全开痛批对手。连串施政挫折，使他修补华府分歧的承诺成过眼云烟。奥巴马在白宫记者会上冷嘲热讽，或许透露出施政方针被共和党耽搁的不满，也许还有对共和党挑明的阻挠其连任的愤懑。奥巴马说，就连他女儿都比国会上进，他痛骂议员休假太多，针对美国空袭利比亚"大做文章"、"兴风作浪"。

8月15日，奥巴马展开为期三天的中西部巴士之旅，为2012年总统大选拉票。途中他在一个小镇发表演说，称华盛顿的政治斗争，阻碍了美国经济的复苏，教训共和党应"以国为先"而非只着眼于党派利益，呼吁民众说，"应该告诉国会游戏该结束了"，现在必须将国家利益放在首位。

凭心而论，奥巴马一针见血点出了美国两党政治恶斗的弊端及其根源，那就是将党派利益置于国家利益之上，这也是当前美国极化政治的症结。

民主党方面将削减财政赤字看作是重要而非优先的目标。因为如果奥巴马要获得连任，搞好经济远比削减赤字更得人心。绝大多数民调结果均显示，美国民众对经济前景和就业的关注，远远高于对政府赤字的关注。由于经济恢复的前景不确定，美国私营机构或公司的投资和消费不旺，在此情况下，需要靠政府的公共开支来拉动经济的增长。那政府的预算费用就得增加，以刺激经济增长，增加就业机会。然而，共和党历来反对大政府，对奥巴马加强政府的作用、试图通过扩大政府资源来获取政治好处洞若观火，层层设障。我做不成的事，也不会让你做成。就在债务上限谈判之后，奥巴马明显提升了对共和党攻击的调门，他说，共和党为了党派利益，不惜牺牲国家利益。此话一语中的。

这场两党的大博弈也留给人们一些严肃的思考：美国宪政体制是否运转失灵？美国是否应当进行"政治改革"？被奉为金科玉律的美国宪政是否失去了光环？

美国的革命前辈占领华尔街

一次与美国朋友闲聊，他问：假如有这么一群人，男性，白人，45岁以上，已婚，通常来自南方，宗教意识强，受过良好教育，收入较高，生活较殷实，主张小政府，要求政府削减开支，独尊英语，反对移民，反对精英政治的权力集中等等，大都有怀旧情绪，大谈要找回美国的根本，要"夺回"自己的国家，你说这会是一群什么样的人？我问要不要考虑他们的党派倾向，他说不用。我还未给出答案，他已脱口而出：这就是"茶党"。他们中的大部分对政府及主要政治党派心存不满，其中大部分是极右派的共和党人，还有一些民主党人和独立选民。

何谓茶党？其实，现如今美国的茶党并不是一个政党，而是一锅大杂烩，一个美国草根民众的松散组织。它还有一个温馨别致的名字，叫"政治流浪者的家园"。这些人为了共同的目标走到一起，为了说"不"而抱成团，好让自己反对的声音更洪亮、更有气势。

那为什么又取个茶党的名字？

这是典型的旧瓶装新酒。连中国的中学生都知道美国历史上著名的波士顿倾茶事件。在 1773 年 12 月 16 日，英国殖民地政府及英王乔治三世征收茶叶进口税，每磅高达三便士，一群波士顿人起来反抗，把英国东印度公司 3 条船上的 342 箱茶叶，全部倒进波士顿海湾，这群人被称为茶党。之后，在南卡罗莱纳的查尔斯顿、费城等地也有类似事件，由此拉开了美国独立战争的序幕。从此茶党成了革命的代名词。因认为今天面临的苛捐杂税与当时的情况不相上下，上述草根们就斗胆借用了"革命前辈"的称号。这是说法之一。

说法之二，根据茶党网站（teaparty.com）的注释，茶党的英文名字（tea）正好是"税赋太多"（Tax Enough Already）的英语首字母缩写，恰好体现了他们要反对的主要内容：高税收、高支出和医保改革，政府机构臃肿。

不过，茶党活动还真与"茶"扯上了关系，参加某些示威活动时，大家除了手举反对奥巴马政府巨额开支计划的标语，还要揣上茶包，以表明自己的茶党身份。有些茶党人士在华盛顿抗议时，也不忘携茶为标志。

既然是"新酒"，又是什么时候酿成的？ 2009 年是美国新茶党元年。

据美国媒体的报道，茶党运动的直接导火索，是奥巴马政府《2009 年复苏与投资法案》等一系列刺激经济措施和后来的医保改革法案。2009 年 2 月 19 日，记者桑特利批评"购房者支付能力及稳定性计划"，同时呼吁再现茶党以示抗议。此番言论很快在互联网上传播，积怨已久的民众迅速联络，影响大增，很快就有人开始谋划并成立新茶党，以区别于历史上的茶党。当年 4 月 15 日，是美国纳税年个人所得税的缴纳截止日期，全美各地爆发了大约 5000 场茶党示威游行，据说波及 300 个城市，上百万人参与，由此拉开了轰轰烈烈的茶党运动的序幕。

2009 年，600 余名茶党代表，从美国各地积聚田纳西州，召开了茶党重生后的首次全国大会。此后，茶党势头更健。截至 2010 年 1 月底，全美茶党分支有 1134 个，每个分支成员人数不等，多的数百人，少的三五个。

茶党运动在美国有多受欢迎？据 2009 年 12 月《华尔街日报》的民调结果，民众对它的支持率达到 41%，高于对民主、共和两党的支持率。《纽约时报》的调查数据更加惊人，全美有 18% 的人是茶党的支持者，即 5400 万。对人口 3 亿多的美国来说，这可不是个小数。

茶党的群众基础这般雄厚，必然会乘胜追击，杀入政坛攻城略地。2010 年初，茶党开始在多个州"秀肌肉"。数十年来马萨诸塞州参议员席位一直由民主党垄断，由于爱德华·肯尼迪去逝，此席位空缺补选。1月，被得到茶党支持的布朗一举拿下，使茶党士气大增。9月，民主、共和两党在美国6个州、首都华盛顿举行党内初选，有茶党支持的候选人强势胜出，震动政坛。同年11月的国会中期选举，茶党表现甚佳，将数十个"自己人"送进了国会山，在参议院获得4席，众议院收获约30席，也帮共和党打了一个翻身仗。

气势如虹的茶党并不满足在国会取得的成就，开始把目光投向白宫，觊觎美国总统的宝座。2011年6月27日，有"茶党女王"之称的共和党籍明尼苏达州联邦众议员巴赫曼，宣布参加2012年总统大选角逐，争夺共和党党内的总统候选人提名。同年8月13日，在美国中西部的爱荷华州，共和党人自己举行的一次测试性投票中，巴赫曼赢得了4832张选票，名列第一，把马萨诸塞州前州长罗姆尼、得克萨斯州现任州长佩里都甩在了后面。

这位生了5个、另外还收养了23个孩子的母亲，一向以"铁嘴"著称，她曾抨击奥巴马政府是"土匪政府"，称奥巴马推动的医改法案是"职场杀手"，此番宏论在美国国内曾引发不小争议。巴赫曼以前是民主党人，参加过卡特的竞选运动。由于对卡特的失望，她在1980年大选的时候转投共和党里根的阵营，从此成为地方共和党的中坚人物。不过，巴赫曼在进军白宫的路上走得并不远，早就被抛弃了。

除"女王"外，茶党的代表人物还有"教母"佩林和"精神领袖"保罗。佩林女士也是一位名人，头衔有美国阿拉斯加州历史上第一位女州长和最年轻的州长、2008年美国共和党总统候选人麦凯恩的竞选搭档。

茶党的威力如此威猛，短时间内就在全美国遍地开花，有没有什么深层次的文化、政治背景？如要从思想根源上探寻茶党得势的原因，还要"上纲上线"，那就得找上民粹主义了。这个属社会科学范畴的术语没有精确的定义，我们可以根据其反义词"精英主义"来理解它，泛指民众反对精英，宁可相信自己，也不把希望寄托在腐化、堕落的精英统治集团身上。有的美国民主党人将茶党称为共和党内的"塔利班"。

美国历史上有好几个版本的民粹主义政党，如19世纪90年代的人民党。那时候也是民粹主义在美国的初发阶段，始作俑者是中南部那些害怕失去土地的小农场主们。1892 至 1896 年，民粹运动曾两度建立全国总部，参与全国选举。此后的 100 多年中，每当社会转型，民粹主义就会春风吹又生。

今天美国社会的草根们与当年的小农场主境况有相近之处，经济衰退、生计恶化，而奥巴马却要增税，拿纳税人的钱救华尔街的金融资本家；政界精英、权威们为了照顾穷人、少数族裔和移民等的利益，却要损害众多中产阶级纳税人的利益；奥巴马还有大政府倾向，这意味着要牺牲更多的个人自由与权利；其中一些反对奥巴马的人还受到种族因素的驱使，四分之一的茶党人认为，奥巴马的政策有利于黑人。所以对社会现状不满、反对精英政治的茶党们，可算找着了活靶子，位于权力巅峰的美国总统奥巴马，自然成了最显眼、最容易攻击的目标。

俗话说福无双至，祸不单行。奥巴马以高票当选入主白宫，却偏偏遇上席卷全球的世界经济危机，华尔街上的股价一泻千里。为刺激经济增长，丢小芝麻捡大西瓜，奥巴马大手笔推出一系列经济救助和刺激计划，推高美国财政赤字，毫无悬念地遭到茶党的反对。第一任期快结束时，奥巴马政府的信任度只比银行、金融机构、大公司和律师事务所稍高一点。

奥巴马政府以及所属阵营民主党的困境，正是其对手共和党所乐于见到的。因茶党的绝大部分属共和党的极右派，共和党的一些领导人便以为，他们能驾驭茶党，并利用这一天赐良机，从茶党对民主党总统奥巴马的愤怒和抵制中获益。这必然加剧共和、民主两党的争斗，让极化政治的幽灵笑得更欢，让两党之间本就存在的鸿沟变得更宽。

茶党的蓬勃发展已经伤害到共和党的实力：茶党的熊熊怒火让共和党的一些支持者无法忍受，从而分流出去，直接造成选票的流失，不利于共和党今后的选举。茶党对共和党的温和派同样不留情面，其激进势头也可能误伤原来同一战壕的战友，使共和党分裂为"更纯洁的保守主义"与"温和的保守主义"。共和党内有声音表示，共和党应回归主流，不能任由茶党所劫持。下阶段茶党与共和党之间如何整合，将关系到共和党的未来走向，以及在大选中的表现。

对民主党而言，虽说对手共和党的分裂、政治力量遭受削弱正中下怀，但"奥巴马专列"频频被茶党这根阻车桩拦路堵截，进退失据、左右为难，也实在不是什么好事，再说了，共和党内部的"极化"，民主党原来的大对手很可能因此分裂成更多的小对手，共和党内部的意见越来越难统一，民主、共和两党之间就更难找到利益重叠，更难达成妥协。最后就剩吵吵吵，吵个没完没了。

换句话说，茶党就是美国极化政治的催化剂，它加剧了美国国会、美国政党及其他政治机构的分裂，是美国政界多年来最具争议和戏剧化的发展变化，对美国政治及文化都有着不小的冲击。

在当下美国的政治生态中，茶党异军突起有其必然性，即使没有茶党运动，仍会有其他取而代之。美国民间政治运动思潮在经济不景气时更加起伏，谋求自下而上改变现状的冲动有增无减。如果经济状况继续恶化，可能为茶党拓展影响提供更大机会，茶党运动也可能会在美国政治生态演变中留下更深的烙印。作为一股新兴的政治势力，茶党有着初生牛犊不怕虎的生猛势头，但其羽翼未丰，还不能主导大众舆论。茶党组织松散，欠缺领袖人物、政治纲领及战略目标，至今没有真正的领导人，各分会之间意见不一，还面临资金不足的挑战。茶党到底能走多远还需拭目以待。

对美国政治观察者而言，茶党提供了一个美国向右转的视角，而随后崛起的"占领华尔街"运动则显示出美国向左转的信号。茶党与"占领华尔街"运动有何不同？简而言之，茶党认为政府是问题，而"占领华尔街"则将政府视为问题的解决者。尽管如此，一右一左正好从两个不同的层面折射出美国中间地带塌陷的现实。

就在华尔街的百年投行雷曼兄弟轰然倒下两年之际，即 2011 年 9 月 17 日，大约 700 名抗议者通过社交网站推特、脸书，组织所谓"占领华尔街"运动。群情激昂的示威者高喊的口号有"现在就革命"、"要工作"、"我们是 99%"、"停止战争"、"终结资本主义制度"等。

"占领华尔街"示威运动主要是为反对华尔街的金融腐败，反对大公司滥用金钱施加政治影响，反对奥巴马向银行机构提供大规模的援助，反对由 1% 的人来决定 99% 的人的命运。

针对这一运动，一位美国朋友对我说，美国虽然是世界上最强大的民主国家，民众可以选总统，却不可能选大公司的老板。这些"肥猫"凭借雄厚的资源与深广的人脉关系，在政界、商界纵横捭阖，大肆聚敛财富，永远欲壑难填。

美国约 98% 的家庭年收入在 25 万美元以下。长期以来，得益于较好的社会福利与保障制度，美国人大都能以平常心面对不平等的现实，不嫉妒别人比自己

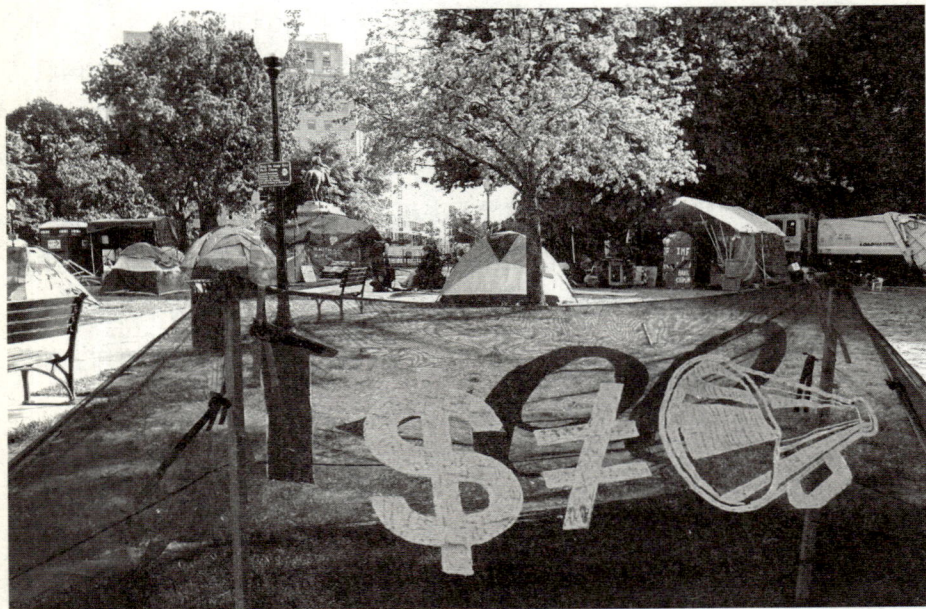

"占领华盛顿"营地，帐篷背面写着"99大于1"

富有。但在经济吃紧、失业率居高不下的情况下，越来越多的人为下一代失去平等的竞争机会而产生挫折感。不仅如此，民众还认为商界与富人受到政府的优待，他们做错了事，不仅不受责罚，还能得到政府的救助；而政府拿出的钱，正是民众的血汗钱、纳税钱，这加剧了民众的不满，引发了社会的仇富情绪，撕开了又一道社会裂痕。

"占领华尔街"示威运动喊出的一系列口号，引起了广大民众的共鸣，点燃了长久以来积蓄于心中的怒火，抗议活动迅速延烧到全国。10月6日，"占领华盛顿"运动正式登场美国首都，工人、学生、专业人士等纷纷加入其中。美国著名左派、纪录片《资本主义：一个爱情故事》的导演迈克尔·摩尔还到示威者阵营探访，以示声援。

华盛顿市中心区的自由公园，就是"占领华盛顿"运动安营扎寨的根据地之一。参与抗议的男女老少均称自己是99%，加之吃穿用都有人捐献，也就在公园搭上帐篷，周围拉上抗议标语，准备长期作战。

美国的民主虽然历经二百多年，号称是世界上最古老的民主，但其潜在的隐患仍然难以消除，弊端时隐时现。事实上，任何政治体制都难以做到完美无缺，美国的民主也不例外。

还记得一次和亚洲国家的外交官交流，谈到美国行政、立法机构的办事效率低下，两党相互攻讦，扯后腿，内耗严重。他的观点让我哑然失笑：也许美国才需要进行"政治改革"。后来，我与一位资深的美国学者、前政府官员谈到这一话题，转述了上述看法。他不假思索、愤愤不平地回击说，美国现在的问题不是体制，而是人；美国的政治体制并没有坏，只是出了一些不负责的坏人。而我却在想，有什么样的体制，就会有什么样的人，这叫种豆得豆，种瓜得瓜，难道不是吗？或许美国的转基因技术运用到了政治舞台，种豆能得瓜？

四、钝化的"美刀"

美元是美国这个世界霸主的供血机，是美国超级大国的顶梁柱，没有美元的国际货币地位，就没有美国的霸主地位。

曾几何时，改革开放后的中国老百姓，热衷于把手里的人民币兑换成美元，这种绿色的钞票，在他们眼里非常值钱，曾经要近十元人民币，才能兑换一块美元。所以，在谈到美元时，中国人习惯用量词"个"而不是"元"或"块"，以突出其沉甸甸的分量。人们又综合其英文发音，给了它一个形象的名称"美刀"，戏指花它时的心疼和无奈，好像锋利的刀子在割自己的肉。

和中国老百姓的感受相似，全世界人民都把美元当做"好东西"，因为它是堪比黄金的全球硬通货、世界储蓄货币；美元的"值钱"与"不值钱"，直接影响全球的经济状况。正因为此，曾经锋利无比的美刀，给了操纵它的人无限广阔的挥舞空间，肆无忌惮地割着全球人的肉，用他人的血汗过着挥金如土的生活。

"贪婪是个好东西！"知道这句话吗？这是美国经典影片《华尔街》中的主人公、银行家戈登·盖柯引以为豪的名言。贪婪使华尔街流光溢彩，纸醉金迷，贪婪也使许多追梦者倾家荡产，招致灭顶之灾。华尔街上成群结队的"肥猫"在为自己觅食时，变成了眼露凶光、吃人不吐骨头的狼群，在赚取高额薪酬的时候，早已将芸芸众生的利益抛于九霄云外。

然而再坚硬锋利的刀刃也会钝化卷曲。发端于华尔街的金融风暴及美国接下来的一系列金融行为，让美元的世界货币地位受到质疑与挑战，也让部分美国人心中那把怒火烧得更旺了。美国要当老大，就不能只知道享受权力的滋味，也要承担责任，靠美元贬值损他人利自己，不是长久之计，也不符合美国的长远利益。面对钝化的美刀，面对国际社会对美元的信心渐失、"去美元化"的倾向，美国会做何反应呢？

参观华盛顿市的美元铸币厂

咱们先去看看"美国梦"开始的地方。

在美国首都华盛顿市西南区14街和C街交界处，有一幢很不起眼的灰色建筑，但它制造出来的产品却是美国实力的支柱之一。这就是美国的联邦铸印局，即打造"美刀"的地方。它一年365天，一天24小时，不停地施展着点石成金的魔术，白纸进去，美元出来，轰轰作响的流水线任劳任怨地制造着金元帝国的血液，再接连不断地输进美国这个庞然大物的身躯中。

该铸币厂每星期一到星期五、上午8点半至下午3点半免费向公众开放，参观时长约40分钟，每15分钟准入一批。游客先在大厅观看电视背景短片，然后

美国铸币局参观入口

在专业导游的带领下，按指定路线参观，你可以提各种问题，导游会为你解疑释惑。访客一到入口处的门厅，立即置身金元世界，被美元团团包围：墙上、地上、凳子上，眼光所及全是美元图案的装饰，这种感官刺激颇有冲击力。在参观印制车间时，游客可以清楚地看到美元是如何"变"出来的：这边是一沓沓经过高科技处理的大张白纸，那边是堆积如山、切好捆好包好的崭新美元。所有流程全是机器操作，偶尔有一两位工人在做抽样检查。

这家铸印厂印制美元可追溯到 1861 年，在 1914 年搬到了现在的 14 街。它负责联邦储备局所有纸币的印制。1991 年起联邦铸印局与得克萨斯州福特沃斯的铸印厂共同担当此责，每年要印制数十亿美元。

走出这间铸印厂，回到现实世界，转眼就看到与这家美金工厂相邻的庞大建筑——有名的大屠杀纪念馆，它是为纪念二战时被德国纳粹杀害的数百万犹太人而专门修建的。不知为何，这两件东西凑在一起，就会让人产生联想：美国的印钞机周而复始地转个不停，难道美元不是在制造另一场血腥的世界金融"大屠杀"吗？

再抬眼望去，不远处竟是呼风唤雨的美国联邦储备委员会，你会猛然发觉，美国的美梦一定意义上是其他国家的噩梦：开动印钞机，美国得到了美元、超级霸主的地位、舒适的生活，其他国家得到的却是金融上的相对劣势。说到底，绿色的美元不过是一堆花花绿绿、充斥高科技的纸质印刷品，或是沉睡在人们银行账本上的存款数字罢了。但人们为何还忍不住对它趋之若鹜？很多国家和地区，竞相把凝聚着本国人民辛勤汗水和心血的商品与服务，把本国宝贵的矿产和生物资源，送去换取这种纸上富贵——美联储发行的美元符号。美国这种"精神控制"的能力，又是如何炼成的？

美国有一句至理名言：钱能说话！为了能说话，能大声地说话，说的话大家都得听，美国竭尽全力，在二战后把美元变成了美刀，从自己本国的货币变成全世界人民的货币，变成美国全球金融霸权的支柱。

这个过程与其间的斗争当然是相当复杂、漫长的，且容我简单地归纳如下：1944 年，在美国新罕布什尔州的布雷顿森林，召开了有 44 个国家参加的国际金融会议，通过了《国际货币协定》等多项协议，国际多边经济制度宣告诞生，统称为"布雷顿森林体系"。各国的经贸往来本以黄金结算，这一货币体系也就以黄金为基础。因美国在战后的盟主地位和黄金储备充足，美元就直接与黄金挂钩，

美国联邦储备委员会

各国货币则与美元挂钩，并可按 35 美元一盎司的官价向美国兑换黄金；世界各国的贸易都用美元来结算，美元完成了可与黄金比肩的华丽转身。布雷顿森林体系虽于 1973 年宣告解体，但美元逐渐代替黄金，成为了世界唯一储备货币。

美元成为世界储备货币后，即从脆弱的纸，变成了锋利的刀。它给美国带来了无限的资源和权力，是它对外扩张和掠夺的利器。首先，世界各国都必须拿自己手里的真金，去换美国的纸币美元，进行对外贸易，还得储备一定的美元以便救急，增加了对美元的需求量。但美国却不同，中心货币的特权，使它可以通过发行纸币而不动用黄金，直接进行对外支付和资本输出。只要开动印钞机，美国就能应付开支、从别国购买产品、到他国投资。而当其他国家持有的美元储备过多时，它则可以通过让美元贬值、让对方的储备缩水来逃避债务。比如近年来美国想方设法逼人民币升值，就是一例。

美元继续作为最主要的国际储备货币，是以美国信用和实力做担保，以强大的经济实力做后盾。美国经济从 19 世纪末超越英国跃居世界首位，经过两次世界大战，美国经济实力急剧增长，成为世界最大债权国，黄金储备占全世界的60%，正是依靠庞大的黄金储备，美元才顺势扮演了世界货币的角色。

在布雷顿森林体系解体、金本位制退出世界舞台之后，各国货币制度逐渐过渡到不兑现黄金、取消黄金保证、凭借国家信用发行和流通的货币制度。换句话说，此时的货币不过是货币发行国打给货币持有者的一张借条，你相信美国，你手里持有大量美元，把它当储蓄货币，实际上等于你借钱给美国花，美元就是美国给你的借条；美国要是翻脸不认人，撕破脸不顾自己的信誉，或者搞点小动作，就会变相逃债，转嫁危机，你手里的那些借条也就贬值缩水甚至成为一张张废纸。

作为当今世界的核心货币，美元的发行权却掌握在美国手中，美联储可以不受任何约束无限制发行美元。纵观美国政府和美联储的所作所为，可以发现，美国这个世界债务人，为了自身利益，不顾美元的世界货币地位，不顾美国广大债权人的利益，耍弄各种手腕，"合法"摆脱所欠全世界的所有债务，这就是所谓的凤凰涅槃，死而复生。

奥巴马面对经济衰退，拿出他打球时扣篮的看家本领，摆出不惜血本救市的架势，频频发债。谁来购买这些国债？美国的欧洲盟友？美国目前的最大债主中国？指望遭受经济危机重创后的世界各国把它们全部吃下，恐怕不太现实；如果卖不出去，就要由发行这些国债的美联储，自己再掏钱买回去，这叫自产自销。其后果无疑加剧了外界的担忧：美国是否会举债过度，赤字膨胀，甚至故意开动印钞机，大量发行货币，导致美元大跌？

由于美元是世界储备货币，过量发钞就像市场上涌入大量注水肉，卖家信誉受损，损耗或透支着人们对美元的信心，和美元一直竭力维护的信誉，导致美元信用的不断下降。世人已经对美元霸权提出了质疑，美元的中心地位受到前所未有的挑战。

另一方面，随着金融危机的爆发、美国财政恶化，美元不断被注水，已渐失作为国际货币核心应有的稳定和坚挺，动摇了国际货币体系的根基。美国倒是可以光明正大地赖账了，但这必然影响到购买了美国几万亿债券投资的其他国家，当然，这是以美国的国家经济崩溃和国家信用破产为代价的，是自戕声誉，为美元自掘坟墓的开始。美国的最大债主中国也会遭受巨大损失，中国总理温家宝担忧中国在美资产安全性和周小川行长的新建议，正反映了这种担忧的合理性。

2009年，中国央行行长周小川一篇文章引起美国人的关注。周小川在文章中呼吁建立国际储备货币的言论，正好触痛了美国软肋。一石激起千层浪，美国舆论开始发挥想象和拼图的本事，猜测中国到底想干什么。有人将中国此举视为在金融危机中要增加话语权的迹象，有人则对美元或将失去在国际货币体系中的主导地位而忧心忡忡。其实，其他国家也认识到，也许可以通过建立国际储备货币的行动，来倒逼美国在货币政策上采取负责的态度。

不过，美元体系在可见的将来仍将"大而不倒"，美元的霸权还未到崩溃之时，因为现在还没有哪个国家或经济体的实力能够超越美国，无论欧盟还是中国，均无力终结美元的霸主地位。要看美元的主导地位是否巩固，相当程度上还取决于其他货币的成长情况。欧洲债务危机使欧元遭受重创，日本失去的二十年使日元的国际化道路更加漫长，而人民币尚未正式登场，地位不能与美元相提并论。

目前，世界各国普遍储备大量的美元资产，美元占世界储备货币的64%，国际清算货币的50%，在大宗商品计价中也占据着绝对优势。在全球外汇市场中，90%以上的交易与美元相关。美刀虽有些钝化，不如以前锋利，但仍旧是刀，仍旧是割肉的工具。

华尔街惹出大麻烦

有一次参加晚宴，邻座是美国一位资深的银行家和金融专家，话题自然就转到美国的金融危机上来。这位老兄圆乎乎的脸蛋，和善讲礼，鼻尖上渗出点点细汗，眼睛不大却很有神，特别健谈，说起话来手舞足蹈，让人怎么看都觉得他就是一只华尔街的"肥猫"。他打趣说，你瞧，我是希腊后裔，现在是美国人，娶了一个爱尔兰人当老婆，我一人就代表了3个快破产的国家！说这话时，我能感觉到他犀利的目光仿佛穿透厚厚的镜片，洞察别人的内心反应。

对这么一个艰深的问题我正感兴趣，于是赶紧请教引发美国金融危机的"主要原因"。他故作神秘地说，原因很多，不一而足。如果必须要说出一个答案的话，那就是华尔街不负责任的金融衍生扩张，道德沦丧。其后果是利益私有化、损失社会化。换句话说，他们一直在用别人的钱狂欢，像一场"盖茨比派对"。他说的是名著《伟大的盖茨比》中主人公盖茨比的做派，铺张浪费，无节制地大把花钱。酒足饭饱后，他还不忘挤挤小眼睛，刻薄地调侃一句：今后中国埋单的机会将越来越多。

华尔街开派对的钱从何而来？除通过上述美元变美刀后大肆掠夺、赚取之外，

华尔街的纽约股票交易所

华尔街聚集了大量美国最聪明、最有才华的知识精英，他们善于空手套白狼，把债务这个魔鬼梳妆打扮成各式美貌如花的新娘，再一次次风光地嫁出去，从中赚取高额利润。这就叫金融衍生扩张。其中，与房贷相关的金融产品带来的损害最大。

　　房市对拉动美国经济至关重要，尤其体现在串联上下游各种产业、提供大量工作岗位上，而且房价变化对金融市场的产品定价起到重要参照作用。美国的房价原本很便宜，普通人存几年钱，就能买房。但为了刺激消费，鼓励人们花没有的钱，美国银行放松信贷，怂恿人们借钱买房。于是毫无能力购房的低收入者、信用等级较差的举债者，也贷款买房；而中高收入者看到房价不断上涨、有利可图，争相加入炒房的大军，用旧房抵押贷款购买新房。这种贷款因对贷款者信用记录和还款能力要求不高，利率相应地会比一般抵押贷款高很多，这就是次级按揭贷款。当房价高涨时，贷款者即便没钱还贷，也可以通过房产增值、再次抵押贷款来还账，银行不担心会亏钱，这时候的次贷生意兴隆，银行大把挣钱。

　　美国人今天花明天的钱已成恶习，消费对 GDP 的贡献率已近 80%。就连总统奥巴马都说，这些年美国人已经将子孙的钱都花完了。当"消费至上"被推到极致时，就意味着风暴将至。果不其然，在这种消费、借贷方式的刺激下，美国的房价开始攀升，贷款金额暴涨。银行手握一大堆借据，除赚取贷款利息外，还想方设法与保险公司、债券投资商等等联手，把这些借据变成商品、变成各种证券，拿到市场上流通、买卖，这就是消费信贷证券化。正是 20 世纪 90 年代以来的住房次级按揭贷款和消费信贷证券化，像传染病一样疯狂扩散，让那些原本不具备支付能力的客户获得了房屋贷款，结果吹起虚拟需求的疯狂泡沫，而由消费信贷衍生出来的种种证券在金融市场大肆流通交易，形成了脆弱的债务链，埋下了随时会断裂的危险。

房价上涨是有一定限度的，一旦停涨或下跌，贷款者还不出钱，银行坏账的窟窿越捅越大，终至倒闭或破产，已被转手多次、面目全非的信贷证券变成一堆废纸，相关联的所有金融机构也就相继遭殃。在经历了多年阳光灿烂的繁荣之后，2007 年 7 月，美国次级房贷危机爆发，点燃了百年罕见的金融危机大火，火借风势，顿时横扫全球。2008 年 9 月 15 日，具有 158 年历史的美国第四大投资银行雷曼兄弟公司宣告倒闭，多家金融机构接连破产、被兼并或由政府接管，美国次贷危机迅速升级，演变成大萧条以来最严重的国际金融危机。投资公司贝尔斯登 72 小时之内被吞并，证券公司美林在 48 小时内被收购，美国两大房贷巨头房利美和房地美摇摇欲坠。疯狂的市场瞬间犹如脱缰的野马一路狂奔，踩踏了全球金融市场的绿地。

美国金融的冬天在 2008 年不期而遇。许多大银行的亏损坏账如天文数字，各金融机构大幅度收缩贷借，出现信用紧张的局面。这场席卷全球的灾难，是典型的"华尔街制造"。一直以来，华尔街就在进行着一场豪赌，赌这个国家最具风险的抵押贷款会变成最赚钱的投资。资本的逐利性使得虚拟经济迅速膨胀，大量资金涌向短期可带来暴利的金融衍生产品。华尔街的经纪商们在创造卖空买空的"非理性狂欢"、盖茨比派对的同时，也催生了美国式自由市场经济的轻狂与傲慢。

美国财政部 2009 年 10 月 16 日公布的 2009 财政年度赤字，已上升为 1.42 万亿美元，相当于美国国内生产总值 GDP 的 10%，创第二次世界大战结束以来最高纪录。1.42 万亿美元是什么概念？这比美国建国头 200 年所有国债加在一起还多，超过印度经济总量，相当于全美国每人负债 4700 美元。时至今日，美国的财政赤字更高。

金融危机袭来，在华尔街的肥猫们脑满肠肥的同时，更多美国人需要靠政府配发的食品券维持生计。美国联邦人口普查局 2011 年 9 月 13 日公布的一份报告显示，大约有 4620 万人生活在贫困线以下，贫困人口在全国总人口中所占的比例上升到 15.1%，为 1983 年以来的最高水平，即每 6 个人中就有一个穷人，需要得到政府的救助。

当然，美国的穷人与中国的穷人概念并不相同。美国联邦政府 2010 年所划的贫困标准，为 4 口之家年收入低于 2.2314 万美元，个人年收入低于 1.1139 万美元。还需要提一句，美国联邦管理局和预算办公室每年都会根据通货膨胀率，重新确定贫困线的标准，其人性化程度比较高。有报告还显示，2010 年，全美国没有医疗保险的人数为 4990 万，比上年增加了 90 万人，占全国人口的 16.3%，这些人的健康状况无人过问。

受经济危机的影响，美国房产价格和股票价格均大幅跳水，家庭资产净值下降在所难免。资产净值指全部资产减去全部负债后的净额。美国联邦储备委员会 2009 年 2 月表示，从 2007 年 12 月经济衰退开始算起，美国家庭资产净值平均缩水达 22.7%，四分之一美国人担心还不起月供。据美国朋友讲，美国的"中产阶级"一般指家庭年收入在 4 万至 10 万美元之间的群体，该群体的人数占到美国总人口的 53%，是美国社会稳定之基。"一幢房子两辆车，一条狗和两个孩子"，是美国传统的中产阶级"美国梦"。但在上述背景下，美国中产阶级对个人生活水平在短期内提高的期望度，降至近 50 年以来的最低水平，"中产阶级塌陷"现象使社会稳定的主心骨遭受重挫。

美国金融危机持续多时，经济衰退迟迟不见好转，其源头之一，就是持续不振的美国房地产市场。过去美国的住房投资无疑是拉动经济、摆脱衰退的引擎。在住房泡沫高峰期，住房投资对国内生产总值的贡献率达到 6.34%；但在 2011 年第一季度，这一数字仅为 2.21%。随着房地产泡沫破灭，许多人被迫改变消费习惯，宁愿放弃继续供款，将房子归还银行，住屋自有率创新低。考虑到房产市场的庞大规模和巨大产值，如这一市场迟迟得不到恢复，美国经济将被房市绑架。

2011 年 9 月 17 日，就在华尔街爆发金融危机 3 周年之际，出现大规模示威活动，民众将抗议矛头主要指向华尔街的贪婪。"占领华尔街"就是一场草根反抗运动，有评论一针见血地指出，从"占领华尔街"运动到奥巴马政府推行"巴菲特条款",打算向富人加税,笃信资本主义的美国社会,从上到下掀起一阵阵仇富浪潮。

那么究竟是谁在操控美国呢?按美国著名导演摩尔的电影《资本主义:一个爱情故事》所说,美国的财政部实际上是"华尔街的财政部",早已被华尔街绑架了。克林顿政府的财政部长鲁宾、小布什政府的财政部长保尔森、奥巴马政府国家经济委员会主任萨默斯等等权倾一时的风云人物,过去都是高盛等投资银行的高管或金主,他们在大选期间都献上过大礼。高盛在奥巴马竞选总统期间就捐资百万美元。这些人从华尔街到华盛顿,从公司到政府,从公职上退下来后再进华尔街,这种美国式的政商界"旋转门"现象,背后所包含的利益关系复杂得令人难以想象。一定意义上,美国的强大就是华尔街的强大,而华尔街的强大,又是用虚拟的金融产品装扮出来的,在这种繁华的面纱之下,却是放纵的衍生财富,无论是华盛顿还是华尔街,都在盖茨比派对上心照不宣地尽情狂欢。

华尔街信誉神话的破灭是金融泡沫的恶果,美国政府为挽救金融危机下的美国经济,不惜财政血本,不断冲高的财政赤字和美国国债又把美国经济由金融泡沫转向财政泡沫,并引发一场又一场的债务危机。

华尔街惹出滔天大祸以来,美国启动了现代史上最大规模的财政和货币刺激计划,经济依然不见起色,泡沫信用崩溃的后遗症难以消除。往后看,美国历史上有大战后必大发展的神话,但目前的事实表明,神话好像真的只是个传说;往前看,新十年的前景又一片迷茫:贝尔斯登、雷曼兄弟、美林和美联银行这些名扬世界的老牌金融巨头、天之骄子,要么破产,要么被收购,要么被政府"招安",大衰退接踵而至,这些都极大地动摇了世界对美国自由市场的信心。

为搞清楚问题到底出在何处,2009年5月,美国组成10人调查委员会,民主党与共和党各派5人参与。该委员会曾举行过19天的听证会,访问了700多人,查阅了无数文件。直至2011年1月27日,人们期盼已久的调查报告终于出炉,厚达545页。报告指责布什和克林顿两个政府、联邦储备主席格林斯潘和伯南克,以及其他监管人员,让各种重大错误发生;华尔街上的"金融主管"、全美各地的银行、信用评级机构,也在危机的爆发中扮演了重要角色。其结果是:2008年金融危机实乃人祸,而非天灾,原本是"可以避免的"。对此,深受其害的人们唯有一声叹息。

该报告还指出，谁能保证这样的危机不会再次重演？《纽约时报》说，该报告并未触及问题的底线。因此，真正的问题不是这样的危机将来会否发生，而是何时发生。[1]

这让我想起一个惊悚故事。1971 年 8 月 15 日，美国总统尼克松突然单方面宣布，美元不再和黄金挂钩，这让世界目瞪口呆。当时的美国财政部长约翰·康纳利还索性撂下这么一句无厘头的话："美元是我们的，但问题是你们的。"

美国在搞社会主义？

"美刀"的钝化和华尔街肆无忌惮的金融狂欢，让创造历史的新总统奥巴马一上台就得医治疑难杂症。新一届政府开出的药方，是已被束之高阁多年的政府调控这只"有形之手"。

这里再次涉及美国共和、民主两党在市场经济政策上的一个根本分歧。简言之，共和党主张政府少管，民主党认为政府要多管。自 20 世纪 80 年代初以来，里根政府崇尚的自由放纵的资本主义已在美国盛行了 30 年，经济上的事，尽量由市场这只"无形的手"去调节，政府作为不多。但金融危机后，有人急忙出来宣告这只"无形的手"不灵了，自由资本主义失败了，需要再次借助、依靠政府的"有形之手"，对市场加以管控和调剂。连宣扬"无形之手"的共和党小布什政府，都不得不先向美国老百姓发放退税支票，以刺激消费，再将上述即将倒闭的美国两大房贷巨头房利美和房地美收归国有，紧接着推出 7000 多亿美元的救市计划……到新总统奥巴马上台，面对一蹶不振的美国经济，也只好加强政府的作用。

于是"奥巴马在搞社会主义"成为舆论对他救助计划和金融监管改革的普遍反映。

奥巴马效仿富兰克林·罗斯福推行"新政"，其理论基础就是主张国家采用扩张性的经济政策，通过增加需求促进经济增长。2009 年 2 月 17 日，奥巴马签署总额为 7870 亿美元的经济刺激计划，这是第二次世界大战以来美国政府最庞大的开支计划，标志着奥巴马新政正式启航。2010 年 9 月，奥巴马推出又一轮

---

[1] "Inquiry Is Missing Bottom Line", New York Times, January 29, 2011

500 亿美元、投资基础设施的经济刺激政策。

为解赤字之困，出路之一就是采取扩张性政策以刺激增长。这需要耗费巨额资金，而疲弱不振的美国经济和金融危机无力提供这笔巨额资金，只好大量举债。本为刺激经济增长、缓解经济危机带来的种种困境才出台的这些政策，反过来使美国债台高筑，政府还债无力，导致新的危机。

与此同时，被华尔街"绑架"了的美国财政部，不会眼睁睁看着美国自由资本主义的典范被自己的贪婪和欲壑所吞噬，出身旋转门的政府官员与各大金融机构本就有着千丝万缕的血缘关系。因此，美国"财政部不良资产救助计划"高达7000 亿美元，不停地为华尔街输血。当时的财政部长保尔森，甚至向当时的众议长佩洛西单膝跪地，苦苦哀求国会救助，小布什总统也称如不立即采取行动，更大的雪崩就将来临。没错，这是在救助美国的金融市场，但金融市场的主力是谁？就是华尔街的大佬们。

2009 年，华尔街靠政府救助缓过气来，刚刚咸鱼翻身，贪婪入骨的本性就再也掩藏不住，开始派发丰厚红包，一些牛人的奖金高达 8 位数。消息一出，天怒人怨。比如美国国际集团 AIG，一个牛气十足的公司，代表的是一批大而不倒的华尔街金融巨鳄。他们一手拿了政府巨额救助，另一手就转分给高管们。奥巴马面对 AIG 的高额分红丑闻，愤怒痛骂，称华尔街"肥猫"的高薪是"可耻的"。党派之争在此时更加显露无疑，以奥巴马为首的民主党要唱白脸，要狠批，共和党便偏要唱红脸，要安抚。他们趁机跟进，称民主党对华尔街的打压，将伤害到美国大型金融公司的底线，以争取华尔街对共和党的支持。

奥巴马看到了问题的严重性，决定改变华尔街的运营方式，痛下决心加强金融监管。他 2010 年 4 月 22 日在华尔街发表讲话说，金融崩溃的代价是丧失几百万个工作机会，数千亿美元的损失和美国人、美国小公司梦想的破灭。美国必须制定更好的金融系统监管规定，否则会重蹈覆辙。改革必须包括保护消费者，限制银行的规模和风险，改变高管薪酬方式，用有序的方式处理将要倒闭的金融机构。如不进行改革，现行的规定使金融衍生产品的交易成为赌博，这是导致这场危机的原因之一。奥巴马还特意敦促听众中主要金融机构的高管停止游说国会、阻止改革。

2010 年 7 月 15 日，美国国会参议院以 60 票赞成、39 票反对，通过最终版本的金融监管改革法案。那60张赞成票全是民主党人投的。鉴于众议院在6月30日以237票赞成、192票反对通过了该法案，参议院表决结果为该议案成为法律清除了障碍，美国总统奥巴马立即签署后生效。根据该法案，美国金融监管体系将全面重塑，原先金融企业大而不倒的状况将得到有效改善，金融机构过度投机行为会得到有效遏制。

新法案被认为是"大萧条"以来最严厉的金融改革法案，将成为与"格拉斯－斯蒂格尔法案"，即《1933年银行法案》比肩的又一块金融监管基石，并为全球金融监管改革树立新的标尺。

奥巴马对华尔街的金融监管狠下猛药，引起人们对奥巴马价值观的兴趣，甚至提出应了解其父亲老奥巴马的价值观。《华盛顿邮报》说，奥巴马继承了他父亲的认同和意识形态。老奥巴马虽然出现在奥巴马生活中的时间甚少，却对奥巴马影响至深。这从奥巴马的自传《父亲的梦想》中可窥见一斑。他这样写道："我父亲的形象——黑人、非洲之子，已经深深地烙在我身上。"

有人认为奥巴马是通常所说的自由派人士，自由派人士最关注的是贫困和社会公平，奥巴马谈得最多的是反对贪婪的大公司。有人说，这与其父亲反殖民主义思想一脉相承。其观点是，富国之所以富是因为掠夺穷国，而在富国，大公司精英剥削普通百姓。老奥巴马在1965年曾发表一篇文章《我们社会主义所面临的问题》，指出社会主义才能拯救和维护国家自治。[1] 这与奥巴马重拳整治华尔街不无关联。

奥巴马"反华尔街"举措，引起美国金融业的强烈反弹。他们斥巨资展开一场声势浩大的游说活动，反对"监管过度"，试图对有关监管细则的制定施加影响，并使华尔街的政治献金从民主党向共和党倾斜。有舆论指责监管法则违背了资本主义。《华尔街日报》2010年1月27日指责奥巴马向华尔街宣战是在摧毁美国精神。文章说，美国正变得这么毁己不倦吗？在美国需要人们齐心协力之时，却沉迷于民粹主义分歧不能自拔；美国需要数以百万的工作岗位，却在扼杀激励机制，瓦解创造就业所需资本。这使奥巴马与华尔街之间的结构性矛盾更加突出：民主党希望借助华尔街政治献金的支持，保住在白宫和国会山的地位，同时又有意要

---

[1] Dinesh D'Souza, "The Dreams form his father", Washington Post, October 8, 2010

与引起公愤的、贪婪的华尔街拉开距离。

事实证明，华尔街在这场权力博弈中并未输给白宫。奥巴马执政两年之际，就不得不对华尔街伸出橄榄枝。他任命与企业关系密切的戴利为其白宫办公厅主任，并任命通用公司的总裁杰弗里·伊曼纽特为就业与竞争理事会主席。此举被广泛理解为奥巴马要重建与华尔街的关系。为此《纽约时报》发表题为《奥巴马与企业美国》的社论说，放松一些"愚蠢"的监管是必要的，大公司的利益并不一定代表公众的利益。[1]

故事远没有结束。华尔街的未来仍充满悬念和忧虑，衍生品的高杠杆作用只是金融危机的直接表现，更深层的原因则是贪婪。这种贪婪，一定意义上就建立在美国的民主体系之上，因为华尔街毕竟是美国民主的最大股东。

摩尔在其电影《资本主义：一个爱情故事》中有一段细节描述，给我留下深刻印象。他为了弄清楚何为金融衍生品，四处请教行家里手。在华尔街向那些业内精英寻求答案时，屡遭拒绝，后来终于找到一位肯赐教的王牌大学教授。教授一开始信心十足，几句话后口齿不清，语无伦次，接着讲了一堆晦涩难懂、佶屈聱牙的公式和术语。看来，金融衍生品的确太深奥了，就连专家都说不清，却是华尔街的精英们运用自如、巧取豪夺的灵丹妙药。

五、美国雄心的陷阱

2011 年 6 月 22 日，奥巴马总统发表关于美国从阿富汗撤军的电视讲话。他特地解释了美国的"例外"：美国与众不同之处并不仅仅在于我们的实力，而是在于我们合众国的立国原则。我们是这样一个国家：我们让敌人受到正义的惩罚，同时又信守法治，尊重所有公民的权利。我们通过惠及他人来保护我们自己的自

---

[1] "Obama and Corporate America", New York Times, January 28, 2011

由与繁荣。我们不支持帝国，而是支持民族自决。

奥巴马在为美国轰炸利比亚的决定做解释时说，鉴于卡扎菲威胁、屠杀他本国的人民，美国有义务采取行动保护人类同胞。假如坐视不管，就等于违背了美国的本性。他特别强调美国与众不同，对其他国家发生的各种暴行不能熟视无睹。上述讲话被一些专家解读为美国例外主义原则的体现。

美国向来坚信自己的东西是最好的，而且肩负着将其传播和推广到世界每个角落的不可推卸的责任；其内心充满着一种按照美国模式塑造世界的雄心与冲动。宗教情感与固有的爱国主义和民族优越感相结合，美国就成了"山巅之城"和"世界灯塔"，成了世人仰望的指路明灯和政治楷模。美国至上的例外主义，是美国外交政策的基石之一。然而，正是这个引以为豪的例外主义，也使美国言行不一，自相矛盾。

"独行侠"情结

我曾去美国西部一所大学参加中美关系的研讨会，会场大厅座无虚席。会前，一位中年女士得知我是发言嘉宾，便主动走过来打招呼，顺便聊起来。

她意味深长地对我说，美国有一种"旷野骑士"精神，过分突出美国人的个人英雄主义。但是，今天的世界已经不同于以往，美国面临的问题不是美国一家所能独自解决的，美国更应学会如何与其他国家相处、合作，不能再像过去那样单打独斗。她还说，自己以前对美国以外的世界并不关心，因为美国并不需要世界，什么都有，什么都不缺，而且什么都能做，但近来她觉得美国变了，美国越来越需要世界了。

这位女士不过是当地政府的一名普通工作人员，但仅凭以上认识，就足以说明她并非等闲之辈。因为不少身居高位的政治家和决策者终其一生，也没想通美国需要或者越来越需要世界这个道理。

是的，小到一个个美国人，大到整个美国，都有一种特殊的独行侠情结。美国的文学作品、电影电视中充斥着这种对个人英雄主义的崇拜。主人公出没在蛮荒旷野，或茫茫大海，或边陲山谷，英雄所到之处总是恶霸横行，民不聊生，但也总会因他们的到来而得以改变。卓尔不群的西部牛仔形象，就是美国独创的一种最具神话色彩的个人英雄，他会毫不犹豫地一次又一次拯救不属于自己的社会。

说白了，主人公与社会若即若离，而社会却热切盼望他们这样的救星。这些独孤游侠总是迎着夕阳挥鞭而来，一人一马一枪，英俊潇洒，武艺高强，正义凛然，除暴安良，惩恶扬善，行踪飘忽不定。他们是正义的化身，总能赢得人们的尊敬；但又是那么孤傲，当人们举杯相庆时，他们已扬鞭策马，在滚滚红尘中消失于遥远的天际。

这种对旷野骑士的崇拜，除浓厚的英雄主义情结外，更折射出美国人除了自己、谁也不信的"泛怀疑"心理信念。在他们看来，政府解决不了问题，一切都要靠个体。美国人也用自己开疆拓土的历史证明了这一点。

美国开国之初，那些骄傲的自耕农远渡重洋，从地狭人稠的国家来到新大陆这一荒郊野地安家落户，因环境所致，生活方式不得不变成以个人为重。同时，他们也希望尽可能少跟政府打交道，甚至躲着政府，对政府批评有加。让好莱坞大明星布拉德·皮特一战成名的电影《燃情岁月》中，带着三个儿子避世荒野的父亲，就公然抨击说"政府就是大粪"。对拓疆者来说，以自己愿意的方式去创造生活，这才是远离旧大陆所追求的、最根本的自由和权利。"自己生活也让人生活"是他们这种个人主义的座右铭。

另一方面，作为欧洲移民，早期的新教徒往往作为一个个孤独的个体，独自面对永恒的上帝预定的命运，个人信仰成为唯一得救的手段。据说不管发生什么，他们首先求助上帝。一切均靠自己，塑造了新教徒独立自主的个人奋斗意识形态。在依赖自己、个人主义上，美国人是独特的。他们相信，如果一个人思想自由，幻想自由，想象自由，那么不自由的东西就绝不会长期存在。

个人主义深深植根于美国的社会历史之中，是社会发展过程中不断再现的永恒主题。法国人托克维尔18世纪30年代初在美国访问时，就注意到这一点。他说，自私自利是"一种强烈而夸张的自爱，它使一个人把每件事都和自己联系起来，要把'自己'放在世上每件事之上"。可以说，正是美国的个人主义传统激励了个人的奋斗精神，促进了美国社会经济的大发展。

美国人生活中、自我表现上的个人主义、自由主义，又被称为"心灵的习性"，在美国文化中获得了主导性的地位。直到今天，皮尤调查发现，只有1/3的美国人相信，人生的成功被自己之外的力量所控制。

美国的开国元勋、第三任总统杰弗逊被视为美国个人主义的杰出代表，在他

杰弗逊墓碑，上刻其希望后人记住的三
大功绩：美国独立宣言和弗吉尼亚宗教
自由法案起草人，弗吉尼亚大学之父

执笔的《独立宣言》里，强调的是个人的权利，包括生命权、自由权和追求幸福
的权利等。杰弗逊的政治思想主要来源于自然权论、社会契约；通过宪法这一根
本契约，公民个人将自己天赋人权的一部分交给政府，以换取政府对他其他权利
的保护。

　　我在参观杰弗逊的蒙提切诺庄园时，对此也深有感触。他为了将这一思想代
代相传，下决心创办弗吉尼亚大学，而且就选在离自己庄园约 5 英里之处，这样
每天都可以通过望远镜监督施工情况。那时，他已经从总统职位上退休，靠自己
千辛万苦地筹措资金，因为他深信限制政府权力的必要性，深信个人奋斗。今天
的弗吉尼亚大学是美国公立大学中的一朵奇葩，吸引着众多来自世界各地、充满
理想的莘莘学子。

　　自由主义传统同样是构成美国政治文化的基本要素。传统的自由主义强调个
体的尊严、个体掌控自身命运的理性能力，是美国政治文化的核心所在。它源于
反对欧洲封建主义的启蒙运动时期的思想家洛克、卢梭和亚当·斯密等。洛克强
调天赋人权、有限政府；卢梭强调社会契约而非神权；亚当·斯密强调资本主义
的自由市场。

　　总之，美国人对政府充满矛盾。一方面，美国人对政府不屑一顾，不仅因为出自个人主义思想、对政府作用有限或根本没用的看法，更因为美国人认为个人自由最为重要，政府管东管西，是对个人自由和权利的干涉。另一方面，美国人又希望政府保护他们的自由和权益，提供养老、医疗等社会保障制度。美国人对中央权威的遵从和信任度远比其他国家要小，他们宁愿相信自己。他们理想中的政府，是一个对个人生活有帮助、从属性的，而非妄自尊大、强有力的政府。

　　所以美国政府往往成为被批评而不是感恩戴德的对象，成为垃圾桶，民众的任何怨言和不满都可以毫无顾忌地向政府发泄。面对和接受民众的批评与指责是政府的责任之一。

　　多年来，美国选民在民主、共和两党可能威胁到其基本的适度感时，就做出应有的反应。如人们反对自由主义扩大政府的企图，也反对保守主义肢解政府的企图。这在相当程度上使美国人与政府的关系形成某种平衡。

　　正因如此，美国信条具有双重人格：它鼓励自私自利行为、以自我为核心和对公共物品的忽视，尽管它培养了高度的个人责任感、独立的主动性和自愿主义。更具体而言，它所强调的个人主义，威胁到传统的社会道德，历史性地扩散了贪婪行为的有毒菌株。同时，它却代表着一个巨大的资产，鼓励负责任的自我反省，增强爱国主义等。[1]

　　美国对个人权利的重视和宪政的分权规定，使律师在美国有得天独厚的地位与权力，这使美国成为律师的天堂，美国人是最喜欢打官司的人。不仅如此，律师就业路途广阔，选择甚多，可谓百业通吃。学习法律成为不少年轻人的不二选择，这也许应验了美国这样一种说法，"只有法律才是最神圣的"。实际上，它的深层次原因，是美国人骨子里对旷野骑士精神的崇拜，个人主义和自由主义被放到了神圣不可侵犯的崇高地位。

　　该现象说明，美国制度就建立在个人崇拜的基础之上。别以为只有悠久封建传统的国家才有个人崇拜，建国200多年的美国也一直在制造英雄，成为当今世界最大的英雄梦工厂。竞选制度就建立在个人崇拜的营造和宣传上。如果没有个人崇拜，没有粉丝，选举的票数根本就无法集中，有可能是几十个候选人选举多

---

[1] Seymour Martin Lipset, American Exceptionalism: A Double-Edged Sword, p.268

次,谁也过不了半数。美国人还最喜欢以总统的名字命名任意物件。如肯尼迪死后,美国掀起了纪念肯尼迪的狂潮,许多地名、机场名、路名、建筑名、学校名都改成了"肯尼迪",出现了肯尼迪大道、肯尼迪机场等等。以林肯、里根为名的学校、道路、地名、军舰等比比皆是。

美国这种独特的文化理念也表现在了对外关系上。美国只相信自己,对其他国家包括其盟国也很难相信;而其他国家与美结交,一是慑于其强大,二是基于利益,以便获得某种保护和好处,但同时,内心对美国的不满和担心从来没有停止过。虽然他们之间还可能有条约或协定,或许可以满足一定的心理需求,但是有旷野骑士精神的美国对于这些纸上的东西,从来都是以实用主义的态度来取舍,只约束别人,而不会受此约束,也不能改变美国的"利己"主义本质,更不能保证美国会出现毫不利己、专门利人的奇迹,关键时刻盟友是可以相互出卖的。当西亚北非的烽火烧到埃及时,政权风雨飘摇、岌岌可危的穆巴拉克被美国一脚踢开,数十年的友谊与准盟友关系原来竟建立在了沙滩之上,经不住海浪的拍打。

美国这种深埋在骨子里的独行侠崇拜,使美国很难平等地与其他国家相处。

美国人的性格

有人说,假如法国散了,法国人还是法国人;假如美国散了,美国人就不再是美国人了。

美国是历史最短的大国,缺乏深厚的文化积淀。从 1620 年 11 月 11 日"五月花号"邮船从普利茅斯登陆算起,截止到 2012 年,美国历史只有 392 年。从 1776 年 7 月 4 日大陆会议通过《独立宣言》、宣告美利坚合众国诞生算起,美国的历史更短,只有 236 年。

我参观过弗吉尼亚州东南部的"历史三角"。1607 年,一个约 100 人的殖民团体,在乞沙比克海滩建立了詹姆斯镇,这是英国在北美所建的第一个永久性殖民地。后来,陆续涌来许多殖民者,定居于沿岸地区。他们中的大多数来自英国,也有一部分来自法、德、荷兰、爱尔兰等其他国家。18 世纪中叶,13 个英国殖民地逐渐形成,他们在英国的最高主权下有各自的政府和议会。

从 1776 年到 1783 年,独立战争使这 13 个殖民地从英帝国的统治中独立出来,成为美利坚合众国。1788 年,美国宪法问世,实行行政、立法和司法三权分立制

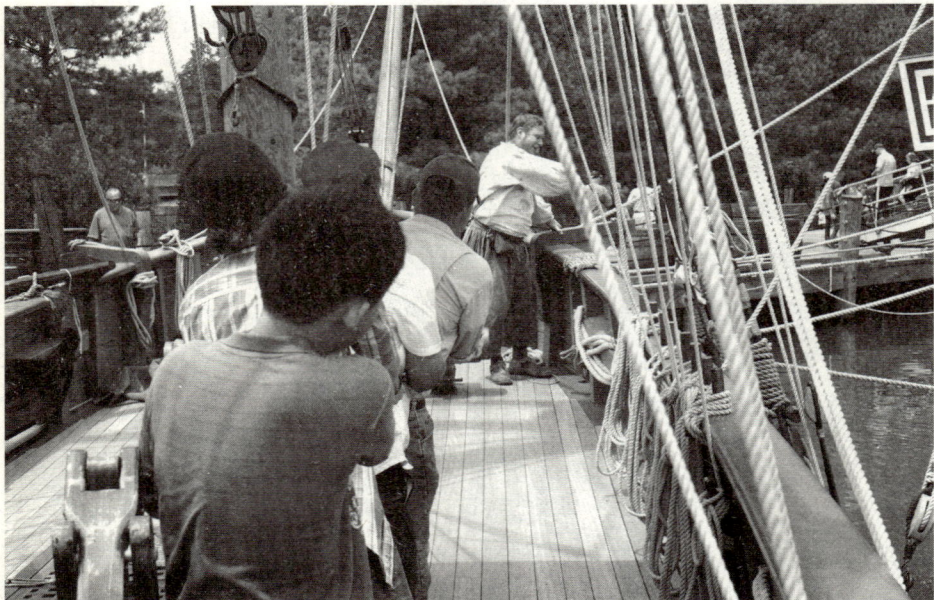

美国"历史三角"詹姆斯镇的教育基地

度,三者相互制衡。

美国文化的根基是从英国移植的,立足于300多字的《五月花号公约》和《独立宣言》,本质上属于英国文化体系;在美国经历二三百年的发展,又在市场语境下混杂了诸如流浪、冒险、草根、牛仔、快餐、政治的、商业的、科技的、宗教的、体育的和意识形态的等等因素,再经化学作用的冶炼,便形成了独一无二的美国社会文化和特性。

但从另一角度看,美国文化又是世界文化的缩影,因为创造这一文化的人来自世界的每一个角落。世界各色人等带着各自不同的诉求、各自的才艺与智慧投身新大陆,美国因而成了各民族文化的大熔炉。直到今天,移民也是美国人口增加的一个重要因素,每年有成千上万的人从世界各地移居美国。正因为美国文化是具有多样性的移民文化,各民族间极易形成互相隔绝的文化板块,文化趋同难度大,难以实现一体化。

这样一个独特的新建国家,如何塑造其公民性格?与中国等建立在民族文明之上的国家不同,美国是建立在信条之上的国家。这就是美国的政治意识形态观,美国正是靠强化它,来打造其国家。美国学者称,美国的"信条"可以概括为:自由、平等、个人主义、平民主义与放任自由主义。[1]

美国文化的三大要素首先是个人主义,它真实地描述了美国的思想和特色。这一点,上一小节已有较多说明。而美国的自由主义思想源自欧洲,它也是美国文化的基础。除以上二者外,基督教传统也是要素之一。

早期美国移民多为清教徒,或为逃避欧洲国家的迫害,或以传播福音为理想,为了寻求新的生活和新的土地来到北美,对基督教怀有强烈的虔诚度和优越感。历经艰难险阻、漂洋过海来到美洲大陆的清教徒们认为,美国发生的一切,都与上帝神圣的旨意连在一起;自己是上帝的新选民,在上帝对人类历史的介入中,他们在美国的这段经历占据非常重要的位置,新大陆是上帝许给他们的新的圣地。因此上帝"特选"、"选召"的观念,对美国的宗教思潮产生了重要影响。从1620年的首批清教徒入美,到19世纪中叶的"西进运动",这250余年时间里,他们都靠这种苦干和敢于把握自己命运的勇气,进行了艰苦卓绝的奋斗,使得人们追求新大陆之梦时具有不尽的动力。

17世纪初清教徒领袖约翰·温思罗普曾这样说:"我们将成为山巅之城,全世界人民的眼睛都将看着我们。"而19世纪的美国盎格鲁—萨克逊人相信,向北美大陆扩张、从大西洋驶向太平洋,是上帝的旨意,这是"天定命运"。

在美国民族和国家的形成过程中,这种清教徒意识对"WASP"的认同发挥了重要的作用,迄今仍是美国社会的主流传统。"W"代表白人,"AS"代表盎格鲁—萨克逊民族,"P"代表基督教新教。在这种特殊的历史、文化背景下,许多美国人习惯性地强化了自己是上帝选民的意识,认为自己的民族与别的民族迥然不同,有着某种优越感,上帝赋予了美国拯救世界和救赎全人类的"特殊使命"。

美国的确与众不同,美国是新生国家,美国有独特的意识形态。哈佛大学政治学者哈兹在其《美国的自由传统》一书中称,美国缺乏在绝大多数国家屡见不鲜的左翼／社会主义、右翼／贵族主义分野,因为美国没有封建传统,如教会、地产和继承贵族。美国的种种"例外",再与宗教情感和固有的爱国主义、民族优越感相结合,美国就变成"山巅之城"、"世界灯塔"。可见,美国人这种强烈

---

[1] Seymour Martin Lipset, American Exceptionalism: A Double-Edged Sword, p.31

的自恋心理，也构成了其例外主义的元素之一。

法国学者托克维尔1831年的《美国的民主》一书中，就将美国称为"例外"国家。他认为，美国因为其经济和政治机会，对移民具有特殊的吸引力，这是美国的"例外"之一。美国著名的保守派思想家，原哈佛大学教授詹姆斯·威尔逊说，美国例外主义的立论是美国的政治文化，也就是美国人持有的共同信仰和态度，和其他国家的政治文化迥然不同……严格地说，美国例外主义不是指我们是否比别的国家好，而是指我们是否一直都和其他国家不同。

弗吉尼亚大学政府学和外交事务学教授西瑟指出，美国例外主义包括两方面的含义，一是在美国国内政治方面，二是在美国外交事务方面。国内政治方面的"例外"，是说美国的一些特性决定了它与其他自由民主制度有所不同，例如更有限的政府，更大程度的自由，更多私营慈善事业，没有显著的共产党或社会党的历史和传统。外交事务方面的"例外"，是指美国在世界历史上被赋予了使命，即在全世界传播和鼓励自由民主制度。

面对20世纪美国迅速崛起的事实，美国学者还进一步以"美国例外论"来说明美国，认为美国具备各种特殊的发展条件，导致美国走了一条不同于欧洲常态发展的道路。而一旦美国式的道路获得成功，并由此更新与创造了大量的新理论，旨在解释和适应美国的奇迹。

美国开国元勋的富兰克林认为，美国外交政策应奉行"例外主义"——美国脱离于世界之外，是因为它善良的天性和理想。美国总统林肯和威尔逊曾将美国的"特殊使命"加以延展，向全世界推广民主，希望照美国模式再造世界。老罗斯福、威尔逊、杜鲁门、里根和小布什等，进而有意让这种"例外主义"走向了全球，成为世界各地人们的共同信仰。1989年，里根更是在其离职演说中，继承约翰·温思罗普的精神，将美国称为"山巅闪光之城"。克林顿总统同样热衷于在全世界推广民主。这说明美国的例外主义日益受到强化而不是削弱。

复仇者的心态

美国人这种发自内心的、坚信不疑的优越感，仿佛让"例外主义"成为了美国的另一宗教。美国人对自己国家的独一无二、政治制度和价值观的高人一等宗教般的虔诚笃信，继而让"美国至上"成为信仰，深深扎根心田，融入每一个细胞，并发扬光大。

首先，"例外主义"中的上帝选民概念，原本就带着极浓的宗教色彩。

许多美国人以宗教观特别是《圣经》界定是非黑白，强调"善"、"恶"之分和"善定胜恶"的理念，将美国社会和当今世界面临的许多问题，如种族歧视、战争、堕胎、同性恋、吸毒等，都简单地处理成对错之分和善恶之争，自认掌握真理，毫无妥协余地。他们相信，不但他们自己有建立一个新世界的使命，还有向全世界推广这个新世界的使命。美国历史传统中这种清教徒的使命感或使命观，与美国人的性格形成和政治价值取向有着天然的联系，或者说是美国政治外交文化的基因之一。

这种宗教传统延伸到美国的对外政策中，宗教信仰自由成为人权外交的重要支柱，对理想目标的追寻源自他们"天定命运"的信念，并相信美国的对外扩张是正义的，美国的对外战争是神圣的战争。这种认识体现在美国的对外政策上，即强调"美国例外"和"美国至上"。

美国人是乌托邦式的道德主义者，特别注重对道德的机制化，以摧毁邪恶者和缺德的机制与实践。上帝不过是美国民主中道德行为的指导。因此社会剧和政治剧都不过是一出道德剧，是上帝和恶魔之间的较量，妥协是不可想象的。[1] 美国人的这种"绝对道德观"，远超欧洲人和其他民族。

道德主义既是反战也是开战的理由。美国要求"敌人必须无条件地投降"，这说明，作为一个原则性的国家，美国必须以道德为由而开战，总是不惜与"邪恶帝国"搏杀。正因为对方是撒旦，因此必然要置之死地而后快。[2]

这种发端于宗教、根深蒂固的优越感，导致国际政治领域美国与逆反者的不共戴天。里根将苏联称为"邪恶帝国"，小布什将伊朗、伊拉克和朝鲜称为"邪恶轴心"，均可在基督教伦理中找到渊源。

宗教优越感和宗教偏见，对美国与伊斯兰国家关系的恶化也起了推波助澜的作用。美国是事实上的基督教国家，穆斯林总体上没有融入美国主流社会，伊斯兰教处于美国宗教文化的边缘地位，对基督教政治缺乏制衡力。大多数美国人对

---

[1] Seym our Martin Lipset, American Exceptionalism: A Double-Edged Sword, p.63

[2] 同上，p.65

伊斯兰教缺乏了解，容易产生偏见。

　　基督教和伊斯兰教上千年的流血争斗，伊斯兰世界与美国格格不入的社会制度和价值观，以及部分伊斯兰国家对美国的敌意，都给美国政治文化打上了烙印。渲染基督教与伊斯兰教对立的"文明冲突论"在美国颇有市场。"9·11"事件后，美国人的第一感觉就认定袭击来自伊斯兰恐怖分子，小布什随口就说出"十字军东征"一词，引发了全球穆斯林的抗议。美国官员曾表示："伊斯兰极端分子是撒旦（基督教教义中的'恶魔'），他们恨美国，因为美国是基督教国家。"

　　其次，美国的例外主义还与美国人的民族主义紧密结合，让"美国至上"的信条进而升华为亚宗教信仰。

　　民意测验表明，所有西方民主国家中，美国人对自己国家最为自豪。在美国，美国国旗随处可见，随时可见，无论是在庭院还是在办公室、车内或其他公共、私人场所，星条旗四处飘扬，这幅景象在世界其他任何国家都难以见到；美国国旗图案有数不清的、花样繁多的演绎版，被印在各种生活用品诸如茶杯、毛巾甚至内衣上；美国公立学校学生每天要高声诵读忠诚誓言，学校的所有集体活动比如体育比赛、表彰会、毕业典礼等等，都要奏国歌升国旗。可见，美国人有着强烈的民族主义情感，但是美国人对此并不苟同，或者说有意忽视这一点。因为"民族主义"在美国是个不受欢迎的字眼，却是美国用来批评、指责其他国家的口头禅。

美国国庆节游行队伍中与祖国同一天生日的美国母亲们

美国民族主义还根植于美国的历史成就中，不论是战争时期还是和平时期，这些成就都让他们充满胜利的骄傲和自豪。同美国二三百年的成长岁月相比，其他国家大都历史悠久、浩劫重重，谈到自己民族风雨兼程的蹉跎岁月，大多会感慨得一把鼻涕一把泪，因此其民族主义的形成，无不与本民族的兴衰史、磨难史紧密相连，自然带着历史的悲情色彩。而美国对历史非常短的、有选择性的记忆，美式民族主义与生俱来的种种"例外"、"山巅之城"、"天定命运"的高人一等，就与其他国家的民族主义"道不同，不相为谋"了，而且经常引起其他国家人民强烈的反感和怨恨，使得这种例外与其他国家的民族主义发生冲撞，愈冲撞就愈加与众不同，愈加例外。美国人对他国人民的爱国情怀、民族主义表现出来的漫不经心、轻蔑甚至敌视，使得美国外交政策经常产生适得其反的效果。

美国是一个移民国家，其大部分国民之所以自生己养己的那块土地不惜代价、漂洋过海来到这一陌生的国土开始全新的生活，那是因为相信这块国土有远比家乡更优越的东西，自移民之初起，就对美国抱着特殊的好感。这一特殊的国民、社会性质，使得美国的民族主义不像其他国家一样发源于种族优越感，而是基于各种例外信念，如美国民主价值观优越于其他一切价值观。所以，美国的民族主义除包括效忠国家，认为自己国家独特从而能时刻品味到国家优越感之外，还有几个独特之处，首先就是出于美国人对自己的政治、法律体系以及其自由民主的价值观的认同。

早在19世纪40年代，杰克逊民主党人在鼓吹向今天美国的西部扩张，夺取俄勒冈、得克萨斯和新墨西哥等地的宣传中，都提到美国的"例外"。其主要内容包括：美国及其子民与世界其他地方不同，虽然来自全球每个角落，但均有共同的纽带，那就是自由、不可剥夺的天然权利和人权，民主、共和主义、法治、民权、公民道德、私有权，这些都成为镶嵌在美国例外主义画板上的斑斓色块。

2010年年底，《今日美国》报和盖洛普民调机构联合进行了一项民意调查，其结果显示，居住在美国的成年人中，80%认为美国有一个独特的特性，使它能够成为世界上最伟大的国家。美国有影响的政治科学家利普塞特在他的著作中，对此做出了更明确阐述：美国例外主义实际上建立在一些核心价值和思想的基础之上。它的内容包括对自由、平等、个人自由意志以及自由放任经济原则的承诺。这些美国人非常珍视的价值，在某种程度上形成了美国的价值观。

第三，这种"美国至上"的情怀也以爱国主义的形式表现出来，或者两者相互融合。爱国主义就是美国的世俗宗教，而爱国主义又与战争文化密切相关。美国社会是一个尚武社会，战争文化是美国人日常生活的一部分，战争痕迹处处可见：持枪权写入宪法，战争的光荣与梦想成为讴歌的主题，战争题材的雕塑、文艺作品车载斗量。因此，战争就成为美国表现其爱国主义、捍卫其例外主义的神圣利器。

一定意义上，美国社会的军事机制网络和信仰体系，呼唤一种简单、高度罗曼蒂克的国家利益形象和使命，而爱国主义意识形态就包含着强大的远涉重洋的英雄主义、征服和军事使命。由此可见，恐怕没有任何一个国家比美国更有如此强烈的爱国情怀，在美国大众传媒、教育体系、文化和政治领域均制造和激发巨大的争霸意识。[1]

以"9·11"事件前后美国的表现为例。事件之前，美国是"国际警察"，是"救世主"，他国都是地狱；美国人对自己的政治价值、宗教原则、经济成就、军事能力、国际影响力、国家地位充满自豪感和优越感，这种民族主义情怀，就是美国"例外式的爱国主义"的反映。"9·11"事件的发生，让美国人惊恐地发现，自己也会挨打，自己也会成为受害者。在反思"他们为什么恨我们"的时候，自始至终没放下高高在上的"救世主"心态，相反却激发出强烈的爱国精神，依旧用"救世主"的思维方式和做派，打着反恐、为全世界谋福祉的旗号，集聚力量，谋求国际支持，进而用战争手段大举复仇。

美国有一本书就叫《美国主义：西方社会的第四个伟大宗教》。作者大卫·杰勒恩特认为，随着国力的强大，美国完成其"使命"时愈加得心应手，称得上是名副其实的"山巅之城"了。早期那种相对消极的、仅仅靠自己创建榜样来促使、启发别人学习的态度与做法，开始让位于主动地在全世界推广民主，必要时甚至不惜诉诸武力。而美国自始至终都是一个"富有宗教使命感的共和国"，正是由于美国人自命为"上帝的选民"，坚持在全球范围内"替天行道"，推行"民主自由"（实质为基督教核心价值观），才产生了资本主义与社会主义的对抗，才制造了"自

---

[1] Carl Boggs, Imperial Delusions: American Militarism and Endless War (Rowman & Littlefield Publishers, Inc, 2005), p.126

由世界"与"邪恶国家"的划分，才促使美国成为一个深藏于种种表象和外衣之下的政教合一的神权国家。

美国外交政策中的复仇心理和用武力推广自己价值观与制度的行为，相当程度上是受其民族主义的驱动，但在其他国家看来，则是富有侵略性和帝国主义思想的表现，这就是美国民族主义情绪、例外主义主宰外交政策的后果。

美国何以能普世

美国的例外主义埋藏着诸多悖论。

美国习惯以传教士的心态对待别国，既悲天悯人，又傲慢无礼。一方面，美国在国内推崇宗教信仰自由，既允许各类宗教组织包括邪教在内自由活动，也维护无神论者不信教不拜神的权利；另一方面，美国却容不下他国人民也有自主选择"信"与"不信"的权利，动辄对他国宗教自由状况指手画脚、横加干涉。

一方面，精心呵护自己的主权，高筑其主权的围墙，绝不容忍他国对其主权的威胁、侵犯；另一方面，却常常以上帝的绝对权威，对别国的内政说三道四，找各种借口侵犯他国主权，还声称"19世纪的主权观已经过时"。

一方面，美国有着强烈的例外情结，认为是"山巅之城"、"世界灯塔"，相信美国与众不同，是上帝的选民，是天之骄子，是世上的唯一；另一方面，却胸怀强烈的使命感，大谈要推广美国榜样，要拯救世界于水火，欲仿照美国的模样重塑世界。殊不知这两者似水火不容，是相互排斥的。

"例外"是无人能学的，是独一无二的。换句话说，人人都例外，那还有什么例外可言？你与别人如此地不一样，尽管可能成为万众追捧的明星，但你的秉赋和天资与众不同，无人能学，即便有人学了，也是在东施效颦，削足适履；就算真有谁学会了，你还是例外、还是唯一吗？

美国的例外主义实质上是美国中心主义，它为美国带来巨大的优越感，也埋藏着高傲的排他种子。相信例外与强大的美国，是不屑与其他国家为伍的，更遑论与其他国家平等相待。其后果是，例外成就美国的我行我素，唯我独尊；美国既是规则的制定者，又是规则的破坏者，奉行有用即用、无用则弃的实用主义。世界上不可能再复制出第二个美国，美国也不可能容忍出现第二个世界的"中心"。总之，其例外主义情结实际上冲销了美国榜样的所谓普世意义。因此美国常常有这样的困惑：我所做的一切都是为你们好，可为什么你们还恨我？乍听起来，还有点一骑绝尘的悲哀。

说穿了，高高在上的"例外"才是美国真正追求与坚持的目标，而"普世"只是幌子，是美国推行其价值观的工具。这就好比明星与粉丝，明星的魅力来源于与众不同，来源于与普通人的距离，来源于可望而不可求的外貌、身材、举止做派、诱惑力……明星刻意营造出的璀璨星光与差距，也就是他对粉丝的号召力，就是他存在的价值。没有前者，就不可能有后者。

美国就好似世界政治舞台上的耀眼明星，只有永远例外、永远唯一下去，才能保证自己的号召力，保住自己的霸权地位，保住自己的领袖身份。但它也很清楚，明星与粉丝不是一路人，粉丝不可能成为明星，但为了自己的号召力、自身利益，明星与粉丝之间要若即若离，因此祭出普世这杆大旗，以达到自己统领世界、永当盟主的目的。

美国何以例外？例外主义不仅仅是政治问题，而且是美国如何看自己的核心理念所在。这使美国在跨入 21 世纪之际，仍背负着沉重的负担：一是"例外"如何与其所倡导的"普世"相融合而非互相排斥，二者之间的内在矛盾根本就不可调和。二是如何应对全球化。全球性问题的增多，使美国越来越难以例外，越来越难以独善其身，而必须学会像其他国家那样，将自身命运与世界的命运联系在一起，有点团队意识，倚仗弟兄们，共同应对全球性威胁。这对陶醉于例外主义的美国来说，无疑是一种苦涩的认识和学习过程。

反对者称，美国例外主义是在鼓吹美国的利益高于或例外于国际法，是美国双重标准的体现。2009 年奥巴马在回答记者就此问题的提问时说，我仍相信美国例外主义，就像英国人相信英国例外主义，希腊人相信希腊例外主义一样。他还说，在相信美国将继续担当维护世界和平与繁荣的、与众不同的领导作用，与相信美国与其他国家建立伙伴关系、以共同应对挑战之间，并没有矛盾。

其实，大国之为大国，大可不必自称"例外"。

六、天堂很远，美国很近

　　有这样一句俗语：墨西哥离上帝太远，离美国太近。它是墨西哥面对美国强邻苦涩内心的真情表露，又何尝不折射出美国在对付这个穷邻居时的无可奈何。

　　美国是一个移民国家，移民让它人口暴增，经济腾飞，国力升级，直至今日，外来移民仍是美国发展的强劲动力。与此同时，大量合法与非法移民也给美国带去一系列的头疼问题，对美国政治、经济、文化、社会、民生、人口构成等各方面形成深刻的影响。美国白人长期占统治地位，是种族中的"多数"，他们一方面眼睁睁看着自己一天天变成"少数"，另一方面不得不忧虑由此形成的连锁反应。在经济不景气的当下，移民和曾经长期存在、至今阴魂不散的种族问题，加剧了美国社会上上下下的分裂与愤怒，更在让这个国家经历一场静悄悄的和平演变。

　　美国还是一个宗教氛围很浓的国家，上帝的影子不仅出现在宗教信众的日常生活里，还存在于美国的内政外交甚至战争文化中。它随移民问题而发酵，正在

静候美国游客的墨西哥海关

借选举政治进一步改变美国。

在移民心中，之所以值得自己舍弃一切远渡重洋，是因为相比家乡，美国有着很多优越的特质，是某种意义上的人间天堂。只是在这个日日祈祷上帝保佑的天堂，仍还有着太多的人间苦难。

在美国"潜伏"的故事

2011 年 6 月 22 日，一个名叫瓦嘉斯的人打破沉默，讲述了他如何在美国"潜伏"的故事，公开了保守 20 年的秘密——他是非法移民。

瓦嘉斯 12 岁时，母亲把他从菲律宾送到加州投靠祖父母；16 岁去申请驾照，监理所的人认出他的绿卡是伪造的，这时他才意识到自己是非法移民。他告诉自己，只要努力学习、努力工作，事业有成，就可甩掉头上的非法移民帽子，成为堂堂正正的美国人；但直到成为《华盛顿邮报》的记者，他也一直使用伪造证件。2007 年，他报道了震惊全美的弗吉尼亚理工大学枪杀血案，因工作出色而荣获美国的新闻最高奖普利策奖。

"潜伏"的担惊受怕让瓦嘉斯心力交瘁，他实在不想再"非法"下去，继而发起了一个名为"定义美国人"的运动，希望利用像他这样的移民故事，敦促国会和奥巴马政府进行移民改革。

美国是典型的移民国家，1775 年时，北美的 13 个殖民地只有 250 万人。在美国建国之初，美国国内总人口仅 390 万。除 76 万黑人外，其余多为来自西欧的白人。随着美国的地理版图从大西洋一路扩展到太平洋，美国的人口数相应膨胀。1820 年至 1920 年的 100 年间，美国一共接纳约 3350 万移民，形成了持续百年的移民大潮。

第一次移民潮发生在 1820 年至 1860 年间，移民总数高达 500 万，史称"伟大的人类迁徙运动"。第二次是 1861 年至 1880 年，又有约 500 万人踏上新大陆的土地。南北战争后，美国进入工业化时期，需要大量外来劳动力。1864 年，林肯总统说服国会通过了《鼓励外来移民法》。第三波 1881 年至 1920 年，移民人数猛增至 2350 万。到 1920 年时，美国人口总数首次超过 1 亿大关。

数度移民潮对美国社会经济的发展起到了巨大的推动作用，使美国在 100 多年里迅速崛起，取代大英帝国，成为世界头号强国，当然，外来移民一直是美国经济繁荣的保障。

曾几何时，不论哪国移民，一踏上美国的土地，就自动成为美国公民，没有"非法"一说。但随着美国的强大、经济水平的提高、法制的健全、生活条件的改善、移民的增多，移民美国开始有了"合法"与"非法"之分。虽然绝大多数美国人的先辈都是漂洋过海、历尽艰辛的移民，但就像先上车的人总是用异样的目光排挤后来者，他们大都反对如今蜂拥而来的新移民。

所以，除了在伊拉克、阿富汗打着两场战争，美国国内正经历一场更加旷日持久的"移民战争"。这场战争引发了美国人在法制、经济和政治层面关于移民改革的激烈交锋。共和党、民主党、白人、黑人、拉美裔人，甚至一向羞于抛头露面的亚裔人士，都纷纷投身战场，对峙双方均怒火万丈，理由充足，唇枪舌剑，口诛笔伐，其激烈程度丝毫不亚于真刀真枪的肉搏战。

当前，美国约有 1200 万人为非法移民。这些人中，又以说西班牙语的、美国近邻墨西哥和其他拉丁美洲国家的人数最多，他们又被统称为西语裔。

1836 年初，面积广阔的得克萨斯还没有并入美国版图，但那儿的北美殖民者闹起了独立。墨西哥总统桑塔·安纳挥师平叛，却兵败如山，被迫签订城下之盟，丧权辱国，放弃得克萨斯，这块广袤的土地由此成为美国的领土。

人算不如天算，美国人万万没想到，100 多年后，墨西哥人带领"多国部队"卷土重来，大规模进逼美国，在美墨边境展开了一场没有硝烟的偷渡拉锯战，逼得美国众议院高挂免战牌，在 2005 年 12 月通过法案，开始在美墨边界修筑现代版"长城"，抵制无坚不摧的移民潮。

尽管近年来美国政府屡屡加强对边界的控制，却收效甚微。从 20 世纪 90 年代起，美国每年移民人数高达百万，其中多数是非法入境的。于是，美国众议院于 2005 年通过了"将非法移民视为重罪"的法案。哪想到，非法移民及其支持者非但不束手就擒、坐以待毙，反而奋起反击、抗拒不从，发动了一系列大规模的抗议活动。2006 年 4 月 11 日，美国爆发了自民权运动以来最大的移民示威，全美范围的拉美裔人士大罢工、罢课，向那些还在观望的国会议员秀肌肉、展壮志、明理想。他们说，啥叫美国人？在美国辛苦工作的人，都应该是美国人。结果就在当晚，美国参众两院领袖发表一份联合声明，宣布他们会从移民法案中剔除敏感条款。

2010 年 4 月 23 日，美国亚利桑那州州长布鲁尔颁布了号称全美最严厉的移民法，将非法移民视同罪犯，还规定警察有抽查身份的权力。有媒体称，长此下去，不仅亚利桑那州可能变成"警察州"，美国还可能成为天天都"请出示证件"的"证件国家"。

新法如同一根导火线，引爆了全国各地的移民大抗议。洛杉矶，这个西班牙语里的天命之城，却成为许多非法移民的噩梦之城。当年 5 月 1 日的劳动节变成了移民节，游行大军们呐喊着："我们是亚利桑那人！"孩子们也高声呼喊："别把我爸爸妈妈带走！"

为了防止其他州跟风，美国联邦政府于同年 7 月 6 日，正式向凤凰城联邦地区法院起诉亚利桑那州富有争议的新移民法。由于移民事务涉及面广，此次起诉由司法部、国土安全部和国务院联合提出。联邦政府起诉的原因有三条，咱们就通过这三条，看看非法移民为什么让纵横捭阖、堂堂世界第一的美国政府焦头烂额，一筹莫展。

一是地方各自为政，越俎代庖。按照宪法规定，移民政策的制定和实施由联邦政府负责。亚利桑那州制定自己的移民政策，并与联邦移民法发生冲突，越过了宪法的界线。也就是说，移民问题是美国联邦政府的势力范围，各州无权干涉。那好，权力在联邦政府那儿，美国有 50 个州，非法移民哪儿都有，美国联邦政府摁下葫芦起了瓢，抓耳挠腮，不胜其烦。

二是过度执法，削弱了执法的重点。警察在明处，非法移民在暗处，二者的游戏有如猫捉老鼠，耗时费力。政府的警力是有限的，执法部门的财政预算更是紧张，如果加重对非法移民的查处，势必影响其他工作。如亚利桑那州警察在街头随意抽检行人身份证，没有的就当非法移民逮走，那抓了后关哪儿？还要白吃白喝白养着。非法移民拘禁所早就人满为患，难以为继。养了一段时间，还要买机票、办证件，派车派人护送，再遣返回国。可见，每个非法移民前前后后的遣返费用不菲。另外，警察都去抓非法移民了，其他重要的案件还办不办？

司法部指出，亚利桑那州移民法会给联邦机构造成沉重负担，分流执法资源，削减针对从事恐怖活动、毒品走私、有组织犯罪、其他有犯罪记录的外国人等重点目标的执法效率，而且延缓对罪犯、非法移民等重点人群的遣返进程。再者，过度执法将导致警察与移民社区关系的紧张，犯罪证人和受害者不愿意配合警方调查取证，而让真正危害社会的犯罪分子逍遥法外。

三是片面执法，破坏政策平衡。这里的"平衡"比较拗口："国家移民法律反映的全国移民执法、外交关系和人道利益的谨慎而周全的平衡。"亚利桑那州移民法要求移民随身携带身份证件，以备警察检查，但美国不是人权至上的自由国度吗？又怎么可能做到人人、天天、随时带着身份证？新移民法实施过程中，难免会发生外国访客、合法移民和美国公民，因为没随身携带身份证件而遭到骚扰甚至拘禁的情况，很可能惹出民事纠纷和外交风波。严苛执法势必破坏亚利桑那州甚至美国的商业和投资环境，得不偿失。

金融危机和经济衰退使社会焦虑重重，宽容的美国已几近愤怒的美国，内顾倾向、保护主义和反移民情绪油然而生。亚利桑那州的移民苛法，就反映出美国移民系统已经破损，不进行全面改革就无法遏制源源不断的非法移民大潮。美国社会尤其是边境州更是难堪重负。这也是亚利桑那州新移民法会得到六成左右美国人支持的原因。

一句话，对非法移民的执法力度不好拿捏，松了不行，紧了更不行。在这个问题上，美国大致有四种选择：一是大赦，二是遣返，三是实施客籍工人规定，给他们提供成为美国公民的机会；四是维持现状，得过且过。

根据盖洛普民意调查，美国人对移民的态度正在发生重大变化，支持移民的人正在减少。50%的受访者认为，移民人数应该减少。

虽然面对汹涌的非法移民潮，美国执法部门整日疲于奔命，弄得国会不得不出面圆场，并开始考虑，是否最终让非法移民合法化，但对许多美国合法公民来说，非法移民的合法化政策似乎太宽容了，让人觉得非法移民的唯一过错，就只剩非法入境或逾期不归；而现在连这唯一的过错，美国政府都既往不咎，他们可以通过合法程序，补办入境手续。那如果真的铁面无情一刀切呢？大规模遣返1200万拖家带口的非法移民，又实在太不人道，经济代价也高得难以承受。两害相权取其轻，那就两眼一闭，装没看见，装不知道，继续让非法移民生活在灰色地带，当他们的二等公民，这等于是对仍然前赴后继的移民潮的变相鼓励，由此带来的问题会愈发不好收拾。这种宽容也构成了对美国法制权威的严峻挑战。

非法移民问题凸现美国社会裂缝，移民改革成为美国社会生活中一块难啃的骨头，定义不清、身份存疑的"美国人"和美国法律上的美国人，都因此愤愤不平，毫不退让，而历届美国政府想出的最好办法，似乎就一个字——"拖"。千千万万的瓦嘉斯们还得继续"潜伏"下去。问君能有几多愁，恰似一江春水向东流。

当少数成为多数：美国的政治版图在改变

移民能给美国带去活力，带去财富，带去投资，带去人才，是好事；但移民太多，从少数变成多数，就会由好事变成问题，变成麻烦；新移民中白人太少，其他族裔过多，又会改变美国的人口结构，进而为美国的政治、经济、文化、宗教等等各个领域带去巨大的影响。

从广义上讲，移民运动是民权运动，移民是全球趋势，现在全球的移民活动非常活跃，达到创纪录的高峰期。促使人们迁居国外的三大原因是爱、工作与战争。爱，即与家人团聚，是人们漂洋渡海的动力之一。每年移居美国的100万人中，约有三分之二是以家庭移民的方式赴美。各国工资的巨大差异也是移民强大的动力。北非和欧洲的工资水平相差15倍，美国和墨西哥的平均工资水平相差约10倍。此外，包括战争在内的天灾人祸，也是移民的重要原因。

非法移民从事着美国人不愿意做的工作，也给美国的就业、医疗和社会福利等带去一定的冲击。有统计说，非法移民每年给联邦政府带来104亿美元的负担，假如让这些非法移民合法化，联邦政府和州政府的负担会增加两倍。

非法入境本来是违法的，但违法时间过长，已为既定事实，有的已在美国结婚生子，非法移民的第二代甚或第三代都是合法的美国公民；同时违法的人太多，少数变成了多数，问题闹得太大，单纯的法律问题就演化成有深刻经济、文化、人道意义的政治问题。

自美国建国以来，白种人随即成为掌控美国社会发展的主流阶层，他们大多来自欧洲，信奉基督教。其余的拉美裔、黑人、亚裔、印第安人与阿拉斯加原住民、夏威夷土著与其他太平洋岛民等等，因在总人口中所占比例小，统称为少数民族。

美国人口在2006年10月突破3亿大关，但人口增长的83%来自有色人种。2010年人口普查数据表明，美国人口已达3.087亿人，成为仅次于中国、印度的第三人口大国。在过去10年间，美国白人从1.946亿增加到1.968亿，增幅仅为1%，美国的拉美裔人口从3530万增加到5048万，增长率高达43%，已占美国总人口

图2 十年来美国人口种族比例变化

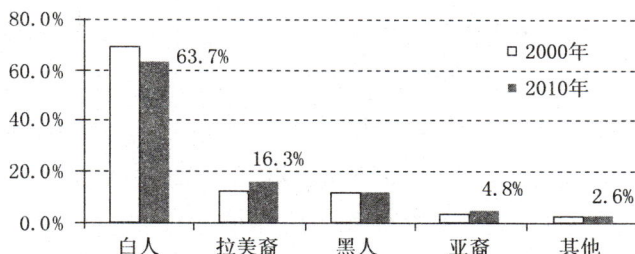

数据来源："*Overview of Race and Hispanic Origin:2010*（2010 Census Briefs）"，http://www.census.gov/prod/cen2010/briefs/c2010br-02.pdf

的 16.3%，而美国黑人人口 10 年间仅增加了 427 万，达 3890 万，已经失去美国第二大族群的交椅。图 2 列出了 2000 年与 2010 年两次人口普查中美国族群比例的变化。

据估计，到 2045 年，目前的"少数民族"将占美国总人口的 55%，而其中的拉美裔会夺下美国四分之一的"江山"，成为绝对的少数民族之首。到 2050 年，每三个美国人中就有一个拉美裔人；自美国建国以来就是"多数"的白人，将成为彻底的少数民族。白人如何面对这一历史性变化，将成为美国最重要的社会问题。华裔在美国约 360 万人，仅占美国总人口的 1.2%，是少数族裔中的少数。

21 世纪头十年，是中国大陆居民去美人数最多的 10 年，也是他们成为美国人最多的 10 年。1980 年至 2009 年这 30 年间，共有超过 110 万中国大陆居民获得了美国绿卡；仅在 2000 年至 2009 年间，就有约 35 万。大陆移民最喜欢居住的州主要是加州、纽约州、马萨诸塞州和得克萨斯州等。

墨西哥与美国有 3000 多公里长的边界，每天有 110 万人次的跨边界往来，如今墨西哥裔已经占美国总人口的约 10%。一位驻美墨西哥外交官告诉我，墨西哥在美国设有 50 个领事馆，让我大吃一惊。要知道，中国在美国只有区区 5 个领事馆，仅是墨西哥的十分之一。

在美国的 1200 万非法移民中，墨西哥人占了一半多，达 620 万，其他拉美国家的移民为 250 万，二者相加，即美国的非法移民中，拉美裔将近 900 万，占了 72%。而他们中英语流利的不到四分之一，难怪西班牙语实际已成美国的第二种通用语。有的州正考虑将英语定为官方语言，以促进新移民的同化。

种族比例的变化，很可能引发一个国家的政治冲突。换言之，美国以往那种由 "WASP" 精英阶层一统天下、长期主导美国的政治、经济、军事、文化等各方面的历史局面，将逐渐崩溃，不同族群、不同阶层的人会更加鲜明地亮出自己的政治诉求，维护自己的权益，带动美国传统的政治版图发生变化，导致美国国家发展、经济民生、社会面貌、宗教信仰、公民权利以及思想文化产生历史性的改变，进一步推动美国的多元政治、多元文化、多元宗教、多元社会的发展，美国也将面临多种族间经济、政治、文化矛盾的调适与跨越，由此，一个 "旧美国" 正在让位于一个 "新美国"。

尽管 2050 年白人可能成为少数，但这并不等于以白种人、盎格鲁—萨克逊人、新教徒代表的精英阶层不再重要。相反，他们长期以来在教育、政治、经济制度、社会体系中所处的优势地位，将在很长时间内，确保其在美国决策过程中的主导性，并使之处于社会金字塔的顶端。

美国著名学者亨廷顿在《我们是谁》一书中，以 "学者和爱国者的双重身份" 强调，"盎格鲁—新教" 文化历来是美国的 "核心文化"，并警告说，美国的这一核心文化正面临重大威胁。大量涌入的墨西哥移民及拉丁文化正在解构美国，将美国一分为二：两种语言和两种文化。他因此产生了 "我们是谁" 这一 "亨廷顿之问"。看来，说着西班牙语的拉美裔们，正以和平的方式，悄悄地分裂、颠覆着美国传统的、赖以立国的盎格鲁—萨克逊文化。亨廷顿的思考，反映出白人精英阶层对此问题深深的忧虑。美国种族熔炉的特性，需要进行新的定义或诠释。

当少数变成多数，势必对美国的选票政治造成冲击。新移民重新切割着美国的政治版图，拉美裔人不仅在文化上、也正在政治上重新塑造美国。2010 年 12 月公布的当年人口调查结果显示，由于西部、南部的边境州移民人口快速增加，他们在国会中所占的席位将净增 11 个，美国 18 个州的政治版图不得不因此重划。

不仅如此，少数民族数量激增后，所占选票的比例随之增加。在美国人口和选民中，拉美裔和亚裔增长最快。随着在美国出生的拉美裔及亚裔青少年年满18岁，及新移民获得公民投票权，拉美裔和亚裔的选民便会迅速增加，成为美国政治生活中越来越重要的力量。

因为新移民手中握有选票，也就成为美国政治势力博弈时不得不考虑的重要因素。比如，如何应对非法移民的问题，一直是各界争论的一大焦点，突显了美国社会在此问题上的分裂。多数美国人认为移民政策应严格而公正。而共和党上层为争取像拉美裔这样的少数民族的选票，希望采取宽松立场；民主党从维护美国劳工利益出发，希望严打非法移民，但这种主张又与其内部强调人权的立场相冲突。如果民主党只强调惩罚非法移民及其包庇者，那他们就会失去拉美裔移民和其他移民团体的支持。宗教组织在美国社会的影响甚大，天主教同情非法移民，但基督教的一些派别如福音派，则对非法移民非常反感。所以，为避免在非法移民问题上栽跟头，让它变为"政治自杀"的武器，民主、共和两党竞相大搞政治投机，不得不慎重对待正在变成"多数"的目前的"少数"。

引进非法移民，一方面为美国的业主提供了廉价的劳动力；另一方面，廉价劳动力的增加也进一步降低了劳动力价格，让美国工人的平均工资水平无法提高。据人口迁移研究中心的研究，非法移民中，有一半的人都没有高中毕业文凭，他们在制造业的就业比例占20%，饮食娱乐业16%，建筑业13%，另有11%从事管理和专业技术工作，从事农业的只有4%。当然了，对美国来说，高学历的外国移民，是美国白捡的一笔极大的人力资源。有这样一种说法，"在纽约的加纳

身着盛装的美国"少数"民族

裔医生，比在加纳本国的还多"。

"少数"变"多数"，也能对美国的人口老龄化带去积极的影响。2008 年美国的人口普查结果显示，美国每 15 人中就即将有一人超过 65 岁；出生于 20 世纪中期、数量庞大的婴儿潮一代，2030 年时都将达到或超过 65 岁。到 2030 年，每 5 个美国居民中就有一个是老年人；2050 年，老年人口将占美国总人口的整整四分之一，而这其中大多数是白人。这一重大的人口结构变化，意味着美国在 21 世纪中叶将会变得更加老龄化和多元化，会对社会保障、医疗保健项目产生重大影响，美国的文化和经济形势有可能发生根本性的变化。要是没有拉美裔等少数民族人口的快速增加，美国老龄白人在总人口中所占比例会更大。

目前 18 岁以下的美国人里，几乎每 4 人就有一个有移民父母。人往高处走，水往低处流，在不少人心中，美国就是一个巨大的梦工厂。正是来自世界各地的移民，在这片新大陆建立了一个新国家；一代又一代的新移民在美国取得成功，早已成为美国梦的象征，这也注定了美国无法拒绝新移民。据盖洛普民调显示，美国仍是全球移民最想去的国家。

前面提到的亚利桑那州的移民苛法，代表着部分美国人对现状的不满和对未来的恐惧。因为 2050 年，白人将成少数民族的预言有如达摩克利斯之剑高悬头顶。具有讽刺意味的是，美国和美国文化在高调征服世界，而美国和美国文化本身却在不知不觉间，静静地被征服、被改变。

美国也讲究"政治正确"

众所周知，美国有臭名昭著的黑奴制，也有同样声名狼藉的种族隔离制度。这些罪恶直至 20 世纪 60 年代民权法案通过后才被消除。日历翻到 2008 年，美国出了一位黑人总统，新旧变化真可以用翻天覆地来形容。那么，美国的种族问题真的解决了吗？美国真的种族平等了吗？曾经的黑奴的悲惨世界真的变成人间天堂了吗？

奥巴马 2008 年 3 月 18 日曾在竞选演讲《为了更完美的联邦》中说：

> 这就是我们在这次竞选活动开始之初确定的任务之一 ——继续我
> 们先辈走过的漫漫征途，走向更公正、更平等、更自由、更有关爱之心

和更繁荣的美国……这一信念源于我对美国人民的浩然正气和慷慨大度的笃信不疑，也源于我的美国故事。我是肯尼亚一位黑人男子和堪萨斯一位白人女子的儿子。我在白人外祖父和外祖母的抚养下长大成人……我曾在美国最好的学校就读，也曾在全世界最贫穷的国家生活过。我与一美国黑人结婚，她身上流着奴隶和奴隶主的血，我们又将这一血统传给了两个宝贝女儿。我有散居三大洲的各种族和各种肤色的兄弟姐妹、甥舅叔侄和堂兄表妹。我终生不忘，在全世界任何其他国家都不可能有我这样的经历。这种经历并没有使我成为最理想的候选人，但在我的基因里烙上了这样一种观念：这个国家超越了其各组成部分的总和——纵有万千之众，我等实为一体。

奥巴马当选美国总统，似乎意味着美国"我等实为一体"、美国社会在种族问题上的彻底和谐。但美国传统的种族主义，是白人对黑人或其他有色人种挑明了的偏见、歧视，而当前美国最大的种族问题，已经与时俱进、圆滑老练、不再赤裸裸，相反，却潜伏、融化于无形，升级、变身成为新种族主义。美国学者认为，对种族问题表现出的全新的、心口不一的"成熟"性，就是新种族主义的体现。用中国话说，就是美国社会全面世故化，我鄙视你，我看不起你，但我不说，表面和和气气一家亲，私底下却阵线分明。

2006年1月30日，美国民权运动领袖马丁·路德·金的遗孀不幸辞世。在7天后举行的公开丧礼上，小布什总统及三位前任齐聚一堂，为美国又一位民权运动代表人物撒手人寰志哀。从调查结果来看，四分之三的美国人认为，种族平等有进步，但黑人的认同度比白人的认同度低。下面这个故事就很能说明问题。

2009年7月16日，哈佛大学非洲裔教授盖茨在自己的家中被白人警察克劳利逮捕，其罪名是克劳利认为盖茨在家中行为不检。盖茨随后控告说他遭到种族歧视。白人与黑人的官司总能和这一重大问题扯上关系，结果闹得沸沸扬扬，人所共知，连美国总统奥巴马也出来当和事佬，出面邀请两人到白宫一同喝啤酒，并由副总统拜登作陪，劝说二人化解恩怨，握手言欢。结局如何？新种族主义呗，有台阶就下吧，心中的芥蒂就放在心中好啦！

像这种黑人与白人之间的案件，每年会发生无数起，闹得奥巴马亲自出山搞

"啤酒外交"，只能说明种族问题在美国依然敏感复杂，是碰不得的红线，真正的种族平等还在遥远的"山那边"。

稍加留心，就会发现好莱坞的电影里，黑人从来都是正义、公正、热情、慷慨、勇敢、善良、机智、幽默……一切美好品德的化身，因为这儿有"政治正确"的大是大非，一旦误入雷区，后果不堪设想。"政治正确"源于美国19世纪的一个司法概念，指在司法语言中要坚持"政治正确"，即符合法律和宪法。到20世纪80年代，这一概念演变为"与占压倒性优势的舆论或习俗相吻合的语言"。所有与主流舆论、习俗等吻合的语言，都属于政治正确。在美国，政治不正确的言论意味着不符合主流标准，发表这类言论的人，必然被视为异类，不受人待见。

除政治正确外，还有一个涉及种族问题的专用名词，叫"种族形象定性"。用中国老百姓的话说，就是"以貌取人"与"狗眼看人低"的结合。这可是一直困扰美国社会的老大难问题。到上世纪90年代末，这一用语专指警察在公路上不分青红皂白叫停少数族裔的车辆，强行检查，甚至动粗。警察戴着"有色眼镜"执行公务，看谁不顺眼，随即滥用职权，而少数族裔往往因自己的肤色成为受害者。"9·11"事件后，来自中东和阿拉伯国家的人或阿拉伯裔的人，因种族特征而屡遭调查、搜查和逮捕等不公正待遇。2003年6月17日，美国总统布什签署法令，禁止联邦政府70多个执法机关的12万执法人员使用"种族形象定性"作为例行调查的条件。

前面提及的严厉的亚利桑那州移民法，却再一次撕开了这个老伤疤。因为当警察可以根据主观臆断，觉得某个人可疑，就上前随便盘查甚至拘捕时，少数族裔自然首当其冲。比如，因该州非法移民主要来自墨西哥，某人就可能因长有墨西哥面孔而被盘查、被拘捕。所以，老谋深算的政治家们，为确保"政治正确"，在联邦政府起诉该法案的几条理由中，老到地回避了一个不容忽视的问题：亚利桑那州移民法可能导致种族分离和歧视。

虽然美国废除奴隶制已经140多年，美国众议院2008年8月才由口头表决，通过一项议案，就美国在奴隶制时期的不公正、残酷、野蛮和不人道以及对黑人实行的种族隔离政策，向非洲裔美国人道歉。尽管这项决议没有约束力，也没有提到向非洲奴隶的后代赔偿的问题，但是它详细阐述了奴隶制在各方面造成的恶果，包括残暴对待奴隶制的受害者、撕裂家庭，并且制造了议案中所说的、针对非洲裔人士的"刻进骨子里的种族主义"，而这一点早已在美国的社会生活中根深蒂固。

2012年6月18日，美国众议院全票通过《排华法案道歉案》。由于2011年10月参议院已全票通过，说明美国正式以立法形式，为19世纪末20世纪初该法案排斥、歧视华人的做法致歉。1882年的《排华法案》是美国历史上第一个，也是唯一一通过国会立法进行种族歧视的法案，直到1943年才被废除。

实际掌控着美国国家机器的WASP们，各界精英们，对现如今美国的种族问题又是如何看的呢？实际上，这也是新种族主义的表现之一，即精英们对种族不平等现象视而不见。

这个把自由、平等写入宪章的国度，人群中的等级色彩越来越分明。不管是好莱坞还是华尔街，社交圈子圆环套圆环，外人很难打入，社交排他性的机制加强，左右文化发展方向的精英们、各层面的决策者们，与大多数普通的工薪阶层之间，距离越来越大。

以享誉世界的美国高等教育为例，美国出色的大学正在不断加强而不是减少教育方面的不平等，这也是导致美国社会等级政治强化的原因。被中国人称作"美国高考"的美国标准化考试SAT，在美国某些学者眼里，就是通往美国统治阶层的车票。言下之意，SAT拿高分，才能进顶尖大学；而顶尖大学，正是进入美国上流社会的直通车。贫穷的学生处于劣势。美国排名前146所大学中，其四分之三的大学生来自社会经济地位较高的上层，例如哈佛大学学生家庭的平均年收入为15万美元。这就意味着在一所精英大学中，你碰到一名富有学生的可能性，是碰到一名穷学生的25倍。在大多数常春藤大学，每个班级学生的10%至15%出身名门望族。在哈佛大学，这些"蓝血"美国人被录取的可能性是其他人的3倍多。

而处于金字塔顶端的美国精英们，也很少意识到等级政治的真正原因，或者说他们根本不认为美国政治是等级政治。在他们看来，之所以能待在金字塔的顶端，靠的不是等级，而是自身的竞争强势、付出努力的超人一等。美国的精英们生活在永恒的竞争里，从孩童时期的钢琴课到芭蕾课，然后到阅读课，法语课……成年前的生活被尽可能多地填塞各种课后辅导，不得不互相竞争，以期进入最好的高中、大学和博士项目。而成年后作为年轻的专业人士，他们更要承受巨大的职场压力，常常工作到半夜。正因为这些精英人士本身并不同意美国不平等的根源在于等级，要推动美国社会的等级流动就是不可能完成的使命。

马丁·路德·金激情的告白言犹在耳："我有一个梦想……"1994年，美国政府立法，把他的生日确定为服务日，促进人们对种族问题、对民权运动的重视和反思。2010年10月，马丁·路德·金雕像矗立在了美国首都华盛顿，永恒昭示着追求种族平等的梦想。

在美国看病

美国是充满希望与机会的新大陆，是新移民追梦的地方，那么，在号称世界第一的这个国度，关系千家万户的看病吃药问题，又是如何解决的呢？

我在美国看过病，耗时长，费用高，要是没有医疗保险，一场病痛、进一次医院，很可能让你倾家荡产。住院一天光病房费就要2000多美元，小小的阑尾炎切除术，花销超过2万美元。

美国拥有全球最昂贵、规模最大的医疗保障系统，医保制度以民营为主，多数人通过私人医保公司投保。"里根革命"后，美国的医保突出了个人责任和选择，风险集中，成本上升，质量下降。美国医疗费用占GDP的17%，其他发达国家仅为9%，制约了美国在国际上的竞争力。美国3亿多人中，有4700万没有医疗保险，占总人口的16%。而1946年至1964年间婴儿潮时期出生的一代，约有7700万人已陆续进入退休年龄，10年后他们将全部退出劳动力市场，最担心的就是老了钱不够花，看不起病。即便在有保险的人中，无论是由雇佣公司投保或个人参保，费用都非常高。另有许多人虽有医保，但所投险种远不能满足需要；家庭破产者中，有六成是因为就医。

据美国《卫生事务》杂志2011年7月28日发表的研究报告，美国医疗费平均每年将增长5.8%，幅度超过每年GDP的平均增幅，到2020年会占到全国开支的19.8%，美国财政收入很难支付如此庞大的数目。

所谓新官上任三把火，打着变革旗号进入白宫的奥巴马，首选这块最难啃的骨头，把医保改革定为其任内最重要的内政，并赌上了自己的政治生命。当然，医改也是他竞选时为自己赢得不少分数的承诺之一。他曾公开表态：若任内完成医改，哪怕只当一届总统也心甘情愿。因此，这次轰轰烈烈的医疗保险改革方案，被称做"奥巴马医保"。

奥巴马满城风雨的医保改革，正好在席卷全球的金融危机之后；无独有偶，此前美国规模最大、影响最深远的福利制度改革，是罗斯福总统的"新政"，它的根源就是史无前例的经济危机。正所谓时势造英雄，金融危机使奥巴马实现了不少前任未能实现的医改目标。支持者说，奥巴马做了共和党不愿做也不敢做的事，现在谁也不敢说奥巴马只说不练了。如果说美国过去的社会安全保险计划和老年人健康保险计划让美国人老有所依，那么奥巴马的医改方案将会让千千万万的美国人自出生之日起就有了医疗保障。

奥巴马医保改革主要包括强制实行人人有医保，要求各州对家庭年收入8万美元以下的中低收入者提供医保补贴；建立医保交易市场，扩大覆盖面，分散风险；规定不得因有病拒保、退保或提高保费，将大多数保费用于医疗；防止过度使用医疗手段和药物，加强预防，降低医保成本；通过向医保公司和富人医保征税，转移部分改革成本。

此次医改的受益者，是美国的蓝领阶层和中低收入家庭；潜在的受益者，是日后因失业而落入中低收入阶层的产业工人和其他低收入人士，而这些人恰是奥巴马和民主党最基本的票仓。

根据美国国会审计总署的估计，这项议案实施前10年，至少需要付出9400亿美元的成本。这笔巨资从何而来？主要来自新税收、医疗卫生行业的相关收费，如对年收入20万美元以上的个人或年收入25万美元以上的夫妇，征收更高的医疗保险税；对昂贵的健康保险征收"凯迪拉克税"，即富人税；对一些卫生保健行业收费等，再加上当前美国政府医疗保险体系中削减的支出。仅最后一项，今后10年就将达1320亿美元。

这份被称为60多年来最全面的医疗改革方案主要有三个目标：全民医保、降低成本、削减赤字。正是这三点引起了激烈的争论。焦点集中在全民医保会不会冲击美国的"自由市场"价值观；降低医保成本是否会增加民众的税收负担；为了削减赤字而推出这个庞大的医改计划，其本身又将增加多少赤字。而焦点中的焦点，就是该议案包含个人强制条款。这一条要求所有美国居民，在2014年时如没有获得任何医保项目，必须购买医疗保险，否则将被处以罚款，随个人所得税一同征收。

政府要求人人有医保，不是好事吗？别忘了，美国社会强调的是个人独立、自由、大社会小政府；美式资本主义的精髓就在于市场主义，不是政府干预。正因如此，这一医保议案在全美范围内引发了上至政党、下至普通百姓的激烈交锋。

美国两党就此展开了长达数月的争论。共和党认为，奥巴马的提案无异于政府接管医疗界，该党一直强调赋予民众更多的选择权，反对政府大包大揽，反对打击自由竞争，反对劫富济贫，反对通过对美国富人增税的方式，来支付医改的费用。民主党恰好相反，强调发挥政府的作用，认为医保是基本人权，医疗保险不同于一般的市场经济，是属于需要政府介入的市场失灵领域；强制医保旨在吸纳更多民众，特别是健康人群投保，以降低整体保险赔付风险，从而有效减小保险费率。但民主党中也有部分人士担心强制医保会增加政府负担，因而心存疑虑。

对于医药界和普通民众而言，也是几家欢乐几家愁。欢喜的是没有医保的美国中低产阶级，他们将老有所依；发愁的是一批高收入人群，他们将被"割更多的肉"，被征收更多的所得税，用于政府补贴低收入者的医保费用；另一批发愁的是医生、医院和制药公司、保险公司等利益集团，他们的收入很可能缩水，因为改革后政府会介入、监督医疗和医保市场。

正因为激烈的争论和巨大的阻力，过去60多年来，美国历史上多位总统都曾尝试推进医改但均告失败，杜鲁门、罗斯福、克林顿都是这方面的输家。"奥巴马医保"也命途多舛，虽已排除万难，由议案变成了法案，但至今仍只是一锅夹生饭。下面就来看看这一惊险的过程。

按照美国宪法，任何提案要变成一项法案，必须经得美国参众两院以多数票通过，再由总统签字认可。问题就来了，美国政坛向来就驴象不和，共和、民主两党各自为政，奥巴马执政以来，这种对立情绪更加恶化，政党的利益往往高于国家利益，不论是参议院还是众议院，占多数席位的政党，就占据了话语权，提案能不能通过，就看哪家手里的票多。即便在参众两院的斗争中杀出一条血路，最后还要过总统那一关。他顶住不签字，提案仍只是提案，成不了法律。

两党围绕医保草案的搏杀历经几个回合。民主党人奥巴马依仗当时民主党在国会参众两院占据多数席位，不顾一切强行推进投票。2009 年冬天，华盛顿遭遇历史上罕见的暴风雪袭击，但国会山的参议员们依然加班加点，终于赶在圣诞前夕以 60：39 的投票结果，通过了这项议案。一百多年来，参议院首次在圣诞节前最后一天举行投票。就为了等候这项法案的通过，奥巴马宣布推迟去夏威夷休假。2009 年底，美国国会参议院和众议院各自通过的、两个不同版本的医保草案，好不容易放到了奥巴马的办公桌上。可奥巴马不能两个版本都签字，立法总得有统一的法律文本吧？僵局再现，白宫只好在参议院的版本上接手修改。

2010 年 3 月 21 日，美国国会大楼上演了历史性的一幕，由民主党控制的众议院，以 219 比 212 票险胜，通过了参议院医保改革立法文本及修正案，完成立法程序，2014 年到位实施。这场自 2009 年夏天打响的医改战役，在保险公司、小企业主、医药公司等等的多方斡旋与拉锯下，奥巴马险胜，数千万没有医保的美国人从理论上讲从此有了保险，保险公司某些滥用权力的行为将被监管和制裁。奥巴马在第一时间通过电视自豪地煽情道："我们证明了这个为民所有、为民所治的政府，依旧为民所享。"他表示，这次通过医保法案不是某个党派的胜利，而是美国人民的胜利。

事情哪有那么简单。为了确保通过，参院表决的医改法案较诸 1.2 万亿美元的众院法案，覆盖范围大为缩小，是一个妥协性、折中性的方案，严格来说，并不能算是"全民福利医保"；罗斯福"新政"不仅仅提供各项全民性福利保障，也伴随着多项增税措施，而奥巴马慑于前面提到的个人自由、独立、市场主义等等美国价值观的压力，只谈医改，不谈增税，这势必引发"钱从哪里来"的争论，从而为医保的推动、落实，留下危险的隐患。

而 219 票对 212 票险胜，意味着共和党人不会就此罢休，奥巴马的单边主义惹恼了对手，由此埋下祸根，共和党恨得咬牙切齿，盘算着如何秋后算账，公然威胁说，一旦在选举中获得众院的多数席位，其首要任务之一就是废除医改法案。2009 年中期选举后，共和党一举夺回联邦众议院的多数席位，机会终于来了，于是千方百计地阻拦奥巴马的医保改革，要使之胎死腹中，半途而废。

要知道，美国的众议院掌管着拨款委员会，即控制着美国政府的财权，每一项预算都必须得到它的首肯。有了众议院的多数席位，共和党在关于是否、如何提高国债上限问题上，与奥巴马分庭抗礼。前文中已讲了这个精彩故事。不提高国债上限？早就借钱花、背了一屁股债的美国政府没钱营业，只好关门大吉，不光政府部门没人上班，大街上的生活垃圾都没人收了。要提高国债上限？那政府要保证削减医保开支，好不容易变成法律条文的医保改革无钱可花，难以兑现。这不是让奥巴马把放出去的豪言壮语吞回去，把泼出去的水再收回来吗？至于怎么收，不关共和党的事，你不是能耐大吗，自己看着办吧！

这还不算完，2011 年 1 月 19 日，共和党控制的美国众议院就废除奥巴马医改法案进行投票表决，结果以 245 票的多数得以通过。紧接着，包括俄亥俄州、堪萨斯州、怀俄明州、威斯康星州、缅因州、佛罗里达州等的全美 26 个州，状告奥巴马医改违宪，指出美国宪法没有赋予政府机构强制民众购买保险的权力，成为美国历史上对联邦权威最大的一次挑战。官司打到美国的最高法院，没完没了的听证会上，代表原告的各州政府与代表被告的奥巴马联邦政府，唇枪舌剑，争得面红耳赤；法庭外，支持者与反对者使出浑身解数，扯标语、喊口号、电视台直播、打鼓跳舞、手捧圣经跪求上帝……双方泾渭分明，根本没有协商调和的余地。最高法院于 2012 年的 6 月底以 5 比 4 的判决结果，勉强裁定奥巴马的医保改革不违宪。但要真正兑现承诺，前路仍旧困难重重。

驴象两党反目，让美国国会的参众两院你来我往的斗争像是小朋友过家家，目前因二者势力半斤八两、各占一院，所以众议院通过的，参议院可以反对；参议院说"是"的，众议院就说"不"。医保改革问题上的争斗，不仅象征着共和、民主两党在一系列重大政策议题上的分庭抗礼，更早已超出司法范畴，折射出美国社会价值观、政治体制等深层次的问题。究竟向右走还是向左转，是继续保持美式资本主义的核心理论、坚守市场主义阵地，还是调和政府干预与自由经济的矛盾？医保改革成功与否，美国金融危机后经济社会的发展方向，似乎都与此有关。

而引来万民抗议、让奥巴马支持率一度大幅下滑的医改法案，本是他为修补"美国梦"、不惜拿自己的政治资本赌来的，他就此表示，宁可做一届好总统，也不愿做两任平庸总统。这个一度被认为不可撼动的执政要务，在奥巴马任期的头一年内，一波三折、有惊无险地通过了。本来可以让被社会遗弃的数千万人从此看病有保障，但这一补漏工程，至今前途未卜，"天堂"还没有医保。

美国社会的"圣经密码"

据称，"上帝"一词的指代广泛，完全不局限于耶稣，也包括佛教的佛祖和伊斯兰教的真主等；但在有宗教信仰的人们心里，上帝绝对是唯一的。一个人信仰上帝，那上帝就会指导他的一举一动，包括其政治价值观，包括是否发动战争。

美国是个多元宗教的国家，虽说世界上几乎所有宗教都能在美国找到信徒，但基督教、天主教、犹太教的信徒约占美国总人口的90%，这三种宗教又同出一源，教义多有重合。基督教与天主教共奉《圣经》为教义，只是理解的方式不同，但价值取向同一，因为有一个相同的主神和经典。而基督教又脱胎于犹太教，《圣经》的《旧约》就是犹太教的教义。

在大多数美国人的生活中，上帝仍旧活着，宗教依然起着举足轻重的作用。美国的教堂比比皆是，不亚于加油站，就在我所住公寓周围10分钟路程内，至少有七八家。有的教堂为吸引更多的人，还提供免费早餐和咖啡等。在寒冷的冬天，一杯香浓的、热气腾腾的咖啡实在太具诱惑力。根据民意调查公司皮尤的调查，超过一半的美国人表示，他们每月至少参加一次宗教服务，约40%的美国人每周

雄伟的华盛顿国家大教堂

至少参加一次。对大多数美国民众来说，信仰是日常生活的一部分，60%的美国人表示宗教在他们的个人生活中"非常重要"。

美国又是一个宗教信仰不坚定的国家。2009年4月27日，皮尤宗教与大众生活论坛公布的民调显示，47%～59%的美国成年人曾经改变过宗教信仰；有些人则从信教转为不信教，然后又恢复信仰，有的还转换了不止一次。

既然宗教在生活中占据如此重要的地位，那《圣经》是否应该列入学校的教学范围？这是一个颇具争议的话题。美国是一个崇尚个人自由的国度，宗教信仰自由当然受到保护。如果公立学校教授《圣经》，人们担心出现强制性的宗教活动，也侵害了无神论学生的个人权利。美国联邦最高法院曾在多个场合亮明其观点，反对由政府赞助的、对《圣经》的虔诚阅读，但支持非宗教（情感）地研究《圣经》。

正是这种浓郁的宗教氛围和对个人自由与权益的崇尚与保护，时而会碰撞出火花，引出一些有趣的故事。

美国的爱国主义教育无处不在。每天课前，美国数百万中小学生都要面对国旗宣读"效忠誓言"：

> 我宣誓效忠美利坚合众国的旗帜和它代表的共和国，一个国家，以上帝的名义，不可分割，全民拥有，自由公正。

誓言最早于1892年刊登在《少儿伴侣》杂志上，作者是该杂志的编辑弗朗西斯·贝拉密。后来美国总统本杰明·哈里森宣布，公共学校在哥伦布日要诵读这份誓词。一开始还没有"上帝"一词，直到1954年，在天主教组织的积极推动下，美国国会才把"以上帝的名义"一句加入誓言中。

一百多年来，大家均习以为常，从未有人挑战过这句耳熟能详的誓言。到了2007年，加利福尼亚州一位无神论者纽道提出控诉，认为"以上帝的名义"的说法有悖宪法精神，应该从"效忠誓言"中删除。纽道说，他9岁的女儿不信教，每天上课前在同学们朗诵誓词的时候，却必须待在教室里旁听。学校不应该把宗教意识强加给学生，孩子们应该在一个无神论的宽松环境下自由成长。一些无神论者和自由派人士支持纽道，认为把上帝加入誓词即等于向世人宣布，美国并非世俗国家，是违反宪法的。将上帝置于爱国主义之上，显得格外别扭，誓词所提倡的是爱耶稣基督，而非爱国，与其说这是效忠誓词，还不如说是效忠祷告词。

但支持者说，美国是世界上宗教色彩最浓的国家之一，大多数人都是宗教信仰者，无神论者只是极少数。他们还把宗教与爱国主义联系在一起，称效忠誓词本无意排挤无神论者，旨在教育孩子们热爱自己的国家，培养他们的美利坚民族主义意识，特别是"9·11"恐怖袭击以后，这显得尤为重要；朗读效忠誓词和唱国歌一样，完全是爱国行为，与宗教无关。

该争议实际上提出了这样一个问题：宗教信仰与个人的政治取向有关系吗？答案是肯定的。宗教在美国不仅是私人事务，在政治和公共领域也有相当的影响力。

美国实行政教分离，美国宪法说，有志于从事社会公职的人，不必以宗教考试为先决条件，铲除了教会对政府施加影响的基础。宪法第一修正案还明确指出，所有公民都享有宗教信仰自由，政府不可以任何形式支持某一教派，或建立某种国教，以确保"教"独立于"政"。虽然美国宪法有政教分离的规定，而美国社会近年亦愈趋世俗化，但基督教的信念及价值观仍深植于美国文化中，故基督教团体对美国政治仍有着非常大的影响。

在美国，基督教福音派是美国基督教中卷入政治最深的一个派别。福音派教徒笃信《圣经》，认为《圣经》字字珠玑，是上帝的无上真理。福音教派极为关心同性恋问题、堕胎和学校私有化；在外交政策方面，他们更注重人口走私等权利保护问题。历年来由福音教派推动通过的法案，有《人口贩运受害者保护法》（2000年）、《苏丹和平法》（2002年）、《朝鲜人权法》（2003年）、《民主推广法草案》（2005年）等等。由这些名称就可看出，笃信基督的福音教派对政治、人权等的热衷程度，他们目前清一色倒向共和党。

有宗教信仰的人，不可避免地会以宗教语言或行动，在公共空间表述他们的观点并指导其行为。里根说："我始终坚信，凡事都有某种神意的安排。"正是在这种意识下，他加紧向社会主义国家发动政治和经济攻势，目标是消灭无神论者。克林顿把"宗教自由当作外交政策的一个核心因素"。而小布什上台发动大规模战争，并脱口说出"美国的上帝是真的，而他们的上帝是幻象"。

就是在内政上，宗教色彩也越来越强。布什政府允许宗教团体参与政府资助的社会福利计划，禁止堕胎法案得以通过，旨在支持胚胎干细胞科学研究的法案却被否决。一些州的学校甚至从课本中删去了进化论内容，改而宣传神创论。宗教意志已渗透到美国政治和社会事务中，美国必将对宗教式微的中国和欧洲施加压力。

前面已提及，美国有着"救赎人类"的强烈宗教使命感，"9·11"事件爆发后，美国向阿富汗、伊拉克发动进攻，就反映出美国的基督教宗教势力对内政外交的、不容忽视的潜在影响。

美国的宗教与战争之间根本脱不了干系。2010 年初有媒体披露，美国和英国驻伊、阿部队所使用的武器上，竟然刻有"圣经密码"。这批出现"圣经密码"的瞄准镜，均由美国国防部承包商生产，其中一款是先进的光学瞄准镜，具夜视功能，是特种部队的标准装备。所谓"圣经密码"，指的是武器上刻着《圣经》的章节缩写，每组字母和数字，都有对应的《圣经》内容。

例如，其中一款瞄准镜刻着"JN8：12"，代表《约翰福音》第 8 章第 12 节。该节说："耶稣又对众人说：'我是世界的光。跟从我的，就不在黑暗里走，必要得生命的光。'"另一款上刻着"2COR4：6"，代表《哥林多后书》第 4 章第 6 节。该节是："那吩咐光从黑暗里照出来的神，已经照在我们心里，叫我们得知神荣耀的光显在耶稣基督的面上。"舆论说，"圣经密码"会成为塔利班等敌对组织的宣传利器，正好用来说明美英部队在入侵伊斯兰国家，以挑起更大的宗教冲突。

鉴于基督教与伊斯兰教的千年恩怨情仇，在宗教信众大都为基督徒的美国，有关伊斯兰教的一切动辄引发争议，穆斯林们一直在重新界定其信仰和生活。"9·11"事件后，伊斯兰教更是被置于聚光灯下。"'9·11'事件 10 年之后，美国的穆斯林仍然深深地感到同胞的怀疑，挣扎在传统和现代美国生活之间，他们甚至怀疑自己。"[1]

美国皮尤公司 2011 年 1 月 27 日发布调查报告称，因为穆斯林人口增加速度超过其他各族裔的总和，到 2030 年，全球穆斯林总数将突破 22 亿人，占世界总人口的 25% 以上；随着他们参与各类民主活动，甚至会改变当地的政治景观。

---

[1] Marc Fisher, "Tests of Faith", Washington Post, June 12, 2011

如果穆斯林继续保持现有迁徙步伐，即从传统居住地向海外移民，在穆斯林传统的高生育率配合下，美国境内穆斯林人口数量，将从 2010 年的 260 万增加到 620 万。美国穆斯林协会表示，将通过各种努力改变少数美国人对穆斯林的"负面印象"。

正因为宗教信仰与政治取向密不可分，美国领导人的宗教信仰问题，往往成为一个有争议的话题。而鉴于基督教与伊斯兰教是千年冤家，奥巴马的宗教信仰及他如何看宗教与政治的关系，就经常引起美国人相当大的关注。

奥巴马的父亲生于一个伊斯兰教家庭，但长大后成了无神论者；奥巴马的妈妈是挂名的基督徒。由于亲生父母都不信基督教，而他从小在印尼的伊斯兰教环境中长大，加上他的中间名字为侯赛因，奥巴马的基督教信仰始终遭到质疑。2010 年一项民调显示，约五分之一的美国人认为他是穆斯林。皮尤民调显示，虽然非洲裔美国人是奥巴马最坚定的支持者，但他们当中一半以上仍不能肯定他是基督徒。

批评者在 2008 年的总统竞选期间，就曾经利用奥巴马的父亲是穆斯林这一点来攻击他。奥巴马表示，他的背景有助于弥补同伊斯兰世界的关系。2010 年 9 月 2 日，奥巴马支持在"9·11"遗址建清真寺，这再次引起人们对他宗教信仰的争论。自从入主白宫后，他始终没有固定去某个教会参加主日敬拜，也不像他的前任小布什那样，常常在各种场合表白自己的基督教信仰、常去教会。

奥巴马告诉密友、佛州牧师约翰·亨特，他每次走进教堂，都会使会众分心，很多人因为注意他的存在，而无法专注地敬神，就连他自己也不能集中精力。

2011 年 2 月 9 日，奥巴马总统在全国祈祷早餐会上重申了自己的基督教信仰，重申在过去两年里，是基督教信仰支撑了他，特别提到祷告在他生活中的重要性。他常常祷告，求神赐给他帮助别人的能力和谦卑的心，使他更亲密地与神同行："我早上一醒来就等候主，请求他给我力量，做对国家和人民正确的事……晚上睡觉前，我等候主，请求他赦免我的罪，看护我的家庭，使我成为他的器皿。"

奥巴马并不是第一位信仰受到质疑的美国总统。约翰·肯尼迪因信天主教，在 1960 年大选中引起争议，但他承诺自己不会接受教皇的训诫。2011 年，共和党人罗姆尼和洪博培都宣布参加总统竞选，他们两人有一个最大共同点，就是都信仰摩门教。洪博培曾当过犹他州州长、美国驻中国大使。而罗姆尼由于成功举办盐湖城冬奥会而声名大振，如今已成为共和党的总统候选人，将与奥巴马一决高下。由于摩门教是发端于美国的一个比较特殊的教派，有着不少神秘色彩，这里稍加解释。

摩门教在美国约有信众 600 万,仅占美国人口的 2%。它是由一个叫约瑟夫·史密斯的年轻人创办的。1823 年，年仅 18 岁的史密斯声称，一个天使告诉他，有一本金色的书，里面记载了上帝对美洲人祖先的教诲。他阅读并把书中奇怪的文字翻译成英语，就是后来的《摩门经》。

史密斯建立教会，自己当教会领袖，广收门徒，影响日益扩大，与非摩门教徒之间的矛盾也日益加深。史密斯声称从上帝那里得到了新的指示，允许摩门教徒实行一夫多妻制。这遭到了几乎所有人的反对,导致摩门教的分裂,并引发冲突,史密斯和他的兄弟双双被愤怒暴民开枪打死。

伊利诺伊州州长勒令摩门教徒背井离乡，以避免暴力冲突的进一步升级。1846 年，15000 多名摩门教徒在新推选的领导人杨伯翰的带领下，西行寻找新的落脚点。杨伯翰说，他做了一个梦，梦见了他们的新家，一个宽广而美丽的峡谷。

杨伯翰听探险家说，洛矶山脉西侧一个宽广的峡谷里有一个大盐湖。他觉得这就是他梦里到过的地方。1847 年夏天，他们终于抵达了目的地，并在大盐湖地区建立一个叫新犹他的地方政府。

摩门教徒与美国政府有过多次摩擦，美国总统布坎南解除了杨伯翰的总督职务，调遣 1000 多名士兵前往犹他，镇压暴乱。后来双方经过协商，达成妥协，政府不干涉摩门教的宗教信仰，但摩门教徒必须遵守美国的宪法和法律，于是争议宣告结束，杨伯翰继续领导摩门教会，总督负责地方政府，二者互不相干，直到今天。

如今的摩门教信徒遍布全球，人才辈出，他们大都受过良好的教育，再加之充足的财源，广泛的人脉关系，使其影响日益增大。摩门教总部仍在犹他州的盐湖城。在市中心有一个摩门大教堂，辉煌气派，经常举办各种活动。在紧靠美国首都华盛顿的马里兰州南部，也有一个特大的摩门教堂，每年 12 月圣诞节期间的点灯节，更是五彩缤纷，吸引不少访客。为招揽更多的参观者，它还向驻华盛顿的外国使团发请帖，我在华盛顿工作期间，每年都会收到它的邀请。

盐湖城的夜晚给我的感觉是格外安宁、清静。缘于禁用酒精饮料、烟草等的教规，这里没有灯红酒绿的夜生活，却有著名的杨伯翰大学，以低廉的学费和高质量的教学吸引着来自四面八方的学子。但大学里的规矩较多，如男生皮鞋不能露脚趾，女生裙子必须过膝等等。

摩门教徒罗姆尼已参加过 2008 年的总统大选，当时就深知自己的摩门教信仰是一个绕不开的问题，为此专门表态，要效仿当年的肯尼迪，称宗教信仰不会影响其为公众服务的精神："在摩门教的问题上，我向大家保证，无论是我所在教会的领导人，还是其他教会领袖，都绝不会对总统的决策施加影响。"但他能在通往白宫的路上走多远，要看美国人对摩门教的认同度有多大。

对罗姆尼来说，如何赢得福音派基督教徒选民的支持至关重要。他们占美国选民总数的 20%，在 2004 年的大选中全力支持布什。在福音派基督徒眼里，摩门教并非真正的基督教。在美国，天主教徒占选民的四分之一，既有支持民主党的，也有支持共和党的。这些人会根据议题和候选人水平投票，所以摇摆不定。近年来，拉美裔天主教徒日益成为有影响力的政治力量。他们在价值观上倾向于共和党，在社会问题上则较认同民主党。虽然天主教徒和福音派教徒是人数最多的宗教派别，但两党候选人还得竭力争取穆斯林、犹太人和传统新教徒的支持，以求拉来更多选票。

金融危机的风暴刮过之后，宗教在美国人心目中的地位越发重要，因为生活里有了更多的残垣断壁，人们更需要上帝的指引。

每周日上午 10 点，美国福克斯电视台有一档 30 分钟的红火宗教节目，主讲人是得克萨斯州的一位牧师，名叫奥斯丁。每次节目都是实况转播，讲台设在数万人的体育场，听者云集，场场爆满。此君能言善道，每次从《圣经》中抽讲一两句，然后通过现实生活中许多小故事、小段子，证明仁慈、万能的上帝无处不在；只要相信上帝，你就一定能得到救赎。他的讲义还整理成书，摆放在书店的突出位置，畅销不衰。

他所讲的内容大多是教人如何面对困难、如何面对生活中种种不如意或不幸的事、如何保持信心、如何让自己活得快乐、如何帮助别人、如何为社区服务、如何与人为善等。他的口头禅就是，只要你心中有上帝，上帝总会帮助你的。

抽掉他的宗教内容，也就是鼓励大家要坚强，困难的时候要看到光明，天助自助者，好人一生平安等等。这档直播节目中间从不插广告，看来上帝也不喜欢广告。

我问过美国朋友此档节目为何如此受欢迎，他们说，本来周日就是个礼拜天，大家最重要的事就是与上帝交流，他的演讲或叫布道独具特色，直接敲击人们的心灵，这对金融危机之后失业、破产或收入下降的人来说，犹如"心灵鸡汤"，要让大家相信，上帝保佑美国。

美国总统在演讲的最后，通常也要加上这句话：上帝保佑美国！

也许只有在上帝面前，美国才发现自己也需要保佑。

第二篇

美国想要什么

华盛顿说话，世界都在倾听。就算它对世界其他地方显示出偏见与无知，那又有什么关系，反正你们会听。

——某驻美外交官

一、495 环路的政治圈

　　甫到华盛顿，我就向一位亚洲国家资深的外交官请教对华盛顿的感受和看法。此君已在美国常驻了三年多，大家是老相识，谈话也就不必拐弯抹角。他煞有介事地对我说：在这里，每个人都觉得自己最牛，每个人都相信自己的看法才是最权威的，每个人都以为只要他在说话，全世界都将屏息而听。就算他对世界其他地方显示出偏见与无知，那又有什么关系，反正你们会听。他还强调，这是其常驻华盛顿的一大发现。

　　当时觉得这话有些夸张，不可思议，心想美国人的自信从何而来？几年过去了，现在看来，这话仍能描述今天的华盛顿，所不同的是，我又感到一些微妙而重要的新变化：华盛顿多了一些焦虑与不安，多了一些对未来不确定的怀疑，少了一些自信……这种说不清、道不明的感觉在 495 内扩散、发酵，我曾试图去捕捉这种似有似无、隐隐约约、欲说还休的感觉，但这种缥缈的、滑动的镜像，很难用一个词或几句话描述下来。不过，有一点可以肯定，与一个曾经万分自信、目前却充满猜疑的美国打交道，将更困难，更需要智慧。

　　2008 年大选期间，当时的两位总统候选人奥巴马和麦凯恩，都把改变“华盛顿的坏习惯”当做口头禅一般，屡屡重申与阐述。政客们千方百计地切割自己与华盛顿的关系；尽管作为资深参议员，麦凯恩在华盛顿的国会山生活、工作了数十年，却也尽力表白自己并没有沾染上华盛顿的旧习气。转眼到了 2012 年的大选季节，这样的比拼仍在继续。

200多年来，华盛顿就像一个大酱缸，酿造出独特的政治酱缸文化；它更是一个庞大的政治舞台，各路诸侯你方唱罢我登场，共同演绎着一出又一出的政坛大戏，其间不乏官僚贪腐、尔虞我诈、钩心斗角、五味俱全的历史悲喜剧。

华盛顿是如此孤傲，又如此令人着迷。它与众不同，既散发着权贵的清高，又弥漫着浓浓的艳俗。白天的华盛顿安静而有序，夜幕降临后的华盛顿喧嚣而杂乱。无数的高档餐馆里，权贵们穿梭其间，或浅笑低语，或交头接耳。他们都并非普通的酒肉之交，斛觥交错或为游说，或为筹款……所有活动都直奔那个大写的词：政治。

巧克力之城

美国首都华盛顿市，全称是"华盛顿哥伦比亚特区"，简称DC。取这么个长长的名字，部分原因是为纪念美国开国元勋乔治·华盛顿和发现美洲新大陆的哥伦布。它位于美国的东北部，与弗吉尼亚州和马里兰州相邻。市区面积１７８平方公里，有三条河穿城而过，其中最大的是波托马克河。

自二战结束以来，华盛顿一直是黑人占绝对多数。1970年，黑人在总人口中的比例一度高达70%。从1975年起，华盛顿市长均由黑人担任，因此，素有"巧克力之城"的美名。但2010年人口调查数据显示，华盛顿的人口结构已发生变化，白人占全市总人口的38.5%，黑人占50.7%，较10年前下降了11.5%。此外，拉丁裔和亚裔人口明显增加。也许是巧合，2010年华盛顿选出了第一位白人市长格雷。

由于面积有限，美国人又喜欢市郊的清雅，华盛顿市区早进晚出的流动人口约40万，上下班时间车水马龙，交通拥挤。华盛顿特区还是民主党的铁杆选区。

美国独立后定都何处颇费了番周折，宾夕法尼亚州的费城，曾是美国的临时首都。1783年，一群愤怒的士兵在费城聚众抗议，要求国会发放独立战争时期的欠饷，国会要求宾州州长调民兵维持秩序，可是州长同情抗议者，拒绝派兵清场。国会代表仓皇出逃，痛感寄人篱下的憋屈。在1787年的费城制宪大会上，代表们决心专设一个由国会直接管辖的联邦特区作为首都，并将此要求写入了美国宪法。美国宪法的第一章说：联邦政府所在地设在由某州割让并由国会接受的、边长不超过 10 英里的方形特区，"无论任何情况"，立法权专属国会。

当美国国会在纽约召开第一次会议时，建都选址问题引起激烈争吵，北方希望定在纽约，而南方希望定于南方某市。最终双方各让一步，同意在美国南方离北方不远之处新建首都。据说，首都的地理位置是由詹姆斯·麦迪逊和亚历山大·汉密尔顿提出的，"联邦城"规划为菱形区域，土地从马里兰州和弗吉尼亚州划出。乔治·华盛顿亲自决定其位于波托马克河上的实际地点，并建议美国首都称为"联邦市"。1789 年，美国联邦政府正式成立，乔治·华盛顿当选为首任总统。1791 年 9 月 9 日，美国首都被命名为华盛顿市，但华盛顿总统更喜欢居住在首都南面 25 英里处的弗农山庄。

初到华盛顿的人，总为它纵横交错的街道犯愁，几圈绕下来，很容易晕头转向，分不清东西南北。这里面其实也有规律可循。华盛顿总统聘用了在美军服务的法国工程师皮尔·朗方规划设计新首都。1790 年开始定都建设，以国会大厦所在的国会山作为中心，划出一个十字坐标线，东西向和南北向的两条直线在此相交，整个市区由此分为东北、西北、西南和东南四个区。与东西向直线平行的街道都按英文字母的顺序命名，单字母用完后再用两位字母；同样，与南北向直线平行的街道，都用阿拉伯数字命名。以国会山和白宫为中心，呈放射状的斜向街道，则用最初美国的 13 个州名，分别叫某某大道。1800 年，美国总人口只有 530 万，美国首都正式从费城迁来华盛顿，当时只有 14 万人。由于地小人寡，直到现在仍有人喜欢称它为"镇"，透着一种娇小的自豪。

从地图上看，华盛顿像一颗菱形的钻石，却在西南面出现一个缺口。这是什么原因呢？据称，现在的华盛顿市所在地，当时只是一片高低错落的低洼地，既不适合种庄稼，也不适合养牲畜，马里兰州和弗吉尼亚州于是慷慨解囊，各出让一块。1790 年，国会接手，并在波托马克河两岸确定了建都地址，但由于河南岸亚历山大县的居民一直反对脱离弗吉尼亚州，并多次请愿，美国国会于 1846 年 7 月 9 日通过法案，将波托马克河南岸的 82 平方公里土地交还弗吉尼亚。华盛顿市这颗菱形钻石就此有了一种缺陷美。

这让我想起以色列与巴勒斯坦长达数十年的纷争，其核心问题之一是确保耶路撒冷的完整，无论是以色列还是巴勒斯坦，都想以耶路撒冷为首都，但又都主张耶路撒冷不可分割。而《华盛顿邮报》曾刊登一幅漫画，两人在对话，其中一人问："谁说首都不可分割？"另一人回答说："是啊，你看华盛顿就将其一部分还给了弗吉尼亚。"此乃美国式幽默的生动展现。

华盛顿有众多的人文景观，例如美国国会大厦、白宫、华盛顿纪念碑、杰弗逊纪念堂、林肯纪念堂、第二次世界大战纪念碑、朝鲜战争纪念公园、越南战争老兵纪念碑，还有众多的对公众免费开放的博物馆。

离我公寓一河之隔的地方，就是华盛顿著名的乔治城区。它地处华盛顿西北区，人文景观交辉、错落有致。乔治城内有一百多家餐厅与酒吧，大部分集中于区内的 M 街，这是首都华盛顿最有名的大街之一，很多名牌产品都在这条街开设专营店。美国历史最悠久的天主教大学乔治城大学也在此地。

当然，在华盛顿特区，最让我流连忘返的还是潮汐湖。这里有罗斯福公园、杰弗逊纪念堂、马丁·路德·金雕像，尤其是每年春天那令人神往的樱花。

曾在日本看过樱花，但都不及华盛顿的樱花。每年三月底四月初，是观赏樱花的最佳时间，华盛顿都要举办樱花节。华盛顿西北区还有一个叫肯伍德樱花村的地方，非常漂亮，置身其中，曲径蜿蜒、草坪如毯，满地落英，犹如进入童话世界，那里虽不缺樱花，缺的却是水。

潮汐湖的樱花因为有水而惊艳，因为有水而更加凄美，那漂浮在碧波上的花瓣，那游走在湖面的水鸭，那腾飞的海鸥，那水中摇曳的华盛顿纪念碑倒影，以

潮汐湖的樱花

及那在樱花树枝头穿梭跳跃的松鼠，各怀心事的赏花人……组成一幅幅流光溢彩的图画，变幻无穷。

樱花年年相似，周而复始，她或许壮丽无边，或是凄美绵绵，取决于看花人的心境。我刚来时，觉得华盛顿的樱花怎会如此绚烂醉人，让人窒息；当我快离开时，却又感叹这樱花美景为何无法永驻枝头。

首都官员集体抗议去国会山下

2011 年 4 月 11 日，在经过一个阴晴不定的周末之后，气温一下蹿升到华氏 80 多度。国会山下，数十位华盛顿市大小官员打旗扯标语，高呼口号，举行抗议活动。身为美国首都的行政官员，竟跑去和美国国会叫板，似乎不可思议，而领头人正是哥伦比亚特区的新科市长格雷。于是乎，围观者众，支持者越集越多，200 多人的声势也越来越惹眼，结果逼得国会山的警察"出山"，41 人被捕，堂堂美国首都华盛顿市的市长格雷，被警察反捆双手，带到了国会山警察局，几小时后才释放，理由是格雷等的抗议活动阻碍了交通。格雷被警察扭送的画面，不仅频频出现在当天美国的多家电视新闻里，更上了第二天的各大报纸。

首都的官员为什么抗议？还非跑到国会山下抗议？起因是市长格雷认为联邦政府管得太多，干涉到特区的事务。作为联邦政府首都的华盛顿市，自己的资金如何花，市政府说了不算，还得要联邦政府批准。市政府为堕胎付费的政策，先被国会叫停，后于 2009 年 10 月取消限制；联邦政府为了省钱，2011 年 4 月 8 日，白宫与国会在最后一分钟就政府预算案达成协议，再次禁止特区用纳税人的钱为低收入妇女支付堕胎费用，令格雷等华府官员大为光火。其实，这是奥巴马和反对堕胎的共和党之间，为预算案的通过而达成的一项交易。在府院之争、党派之争面前，美国首都的自治权往往成为牺牲品。

两个多月后的 6 月 25 日，数百名华盛顿市的居民，又聚集到白宫前面抗议，打出"一等城市、二等公民"的口号，反对国会减少特区的自治权，一些抗议者被警察带走。上次抗议活动中被警察拘过的市长格雷非但不吸取教训，反而再次现身，还跑到白宫对面的拉法叶特公园发表讲话："在哥伦比亚特区，我们身感民主的虚伪，现在是结束这种虚伪的时候了。"话音未落，又被等候在场的警察带走。

发起这场抗议活动的组织名叫"特区选举权"，他们甚至要求特区在众议院中有投票权，建议"纳税无代表"的华盛顿市车牌，应当挂到总统的专车上。克林顿当总统时这样做过，小布什总统却不干。

说到美国首都的这块车牌，除上面这句话外，最明显的标志是白色车牌上面的两道红杠、三颗红心。这是哥伦比亚特区的区旗，我把它描述为中国人说的"三心二意"（见下图车牌上的标识），这正是华盛顿居民心态的真实写照。身处超级权力中心的华盛顿居民，却有远离权力的奇怪感觉。特区居民对联邦政府的不满，由来已久。

美国首都的名称和管理方式历史上数次变更，经历了从联邦直辖到地方自治的过渡，联邦政府对特区地方事务的管理也时松时紧。特区历史上一度有过民选市长，但由于当时的地方首脑过于铺张浪费，很快又被美国国会撤销，对哥伦比亚特区实施了近一个世纪的直接管理。目前首都的全名"哥伦比亚特区华盛顿市"具有双重政治意义，既指它是美国的首都，又暗含它只是一个受联邦政府管辖的特区。

按美国宪法第一章，华盛顿哥伦比亚特区的最高权力机构为美国国会，通过华盛顿市政府实施管理，所以国会有权否决当地通过的法律。这有如商业公司的运作和管理，大小事务由公司的 CEO 打理，但真正说了算的，是上面的董事会。

不仅如此，美国的星条旗上，50 颗星星里，没有哪一颗代表着特区华盛顿市。和美国其他地方的民众一样，首都居民也要交联邦税，却不能像其他州一样，在国会的参众两院有着自己的代言人。建都之时，人们预计特区居民大部分是政府的雇员，不能算是一个美国普通民众居住的州，所以特区居民既不能选举谁，更

华盛顿市车牌，最下面一行字即是"纳税无代表"

不能代表谁。目前，特区的人口已经超过 60 万，比怀俄明州的人口还要多，但在国会仍然处于"失声"状态，参议院没有首都的正式代表，只在众议院有一名民意代表。这名代表由首都民众直选，享受部分众议员待遇，可以参与起草法案，并在委员会内部投票，但是在众议院全院表决时，他就无资格投票了，是名副其实的二等公民。

首都居民长期没有投票选举总统的权利。直到 1961 年 3 月 29 日通过《第 23 条宪法修正案》，才规定哥伦比亚特区分配到三张总统选举人票。也就是说，美国首都华盛顿市直到 1961 年才有资格投票选举美国总统。不过，特区居民在美国国会的参政议政权仍悬而未决。这使贵为美国首都的华盛顿，政治定位有些尴尬。

1973 年，国会通过了《哥伦比亚特区地方自治法案》，首都民众实行了高度的地方自治。华盛顿居民可以直接选举市长和 13 名市议员，由他们组成特区议会，直接对选民负责，不再唯联邦政府马首是瞻。除行政和立法分支外，特区还有了自己的司法系统——哥伦比亚特区高等法院和上诉法院，审理特区法律范围内的民事和刑事案件。实行地方自治后的哥伦比亚特区，在很多方面已经类似美国的一个州了，但并未完全享有州权，仍处于一种"似州非州"的境地。

联邦政府包括国会两院和行政部门，有专门负责监管特区事务的部门，国会有权审议特区议会通过的所有法案。特区政府虽有自己的税收办公室，征收个人所得税、商业税、房地产税，可国会仍保留对特区政府预算的干预权。一些政府职能和财政负担仍由联邦政府承担。比如，特区高等法院和上诉法院是由联邦政府拨款经管，法官也由总统任命。在 20 世纪 90 年代中期，由于哥伦比亚特区政府管理混乱并出现财务危机，特区的财政自主权就被国会很不客气地收了回去。在情况好转后，特区的财权在 2001 年得以恢复。

要想在国会山有民选代表，特区必须成为"州"；要成为"州"，必须要有总统的同意，还要有另外 50 个州的首肯，特别是后者，无异于与虎谋皮。在 1949 年至 1960 年间，参议院几次通过了让华盛顿自治的提案，但都在众议院搁浅，功败垂成。后来的几次尝试也均告失败。

尽管如此，华盛顿市一直在努力由"特区"升格为"州"，让本地选民可以选出在国会两院享有全面投票权的议员，并全面管理地方事务。前市长芬提发誓，要为成为美国第 51 个州的目标而不懈努力。2011 年初离职之时，这种誓言仍毫无进展。其继任者格雷同样信誓旦旦，表示要为此而奋斗。美国总统奥巴马也认为华盛顿的这种政治地位不公，还曾发表声明说，首都居民缴税参军，但在国会却没有投票权，对地方事务也缺乏完全自主权，这种状况应该有所改善。

2000 年特区市长签署法律，将美国独立战争前反抗英国的口号"无代表不纳税"，改为"纳税无代表"，并印制成带有抗议色彩的汽车牌照，华盛顿市车辆管理局鼓励居民领取。市长和特区议会所在的政府大楼前，也立着"纳税无代表"的电子告示牌，要求总统奥巴马给予首都纳税人投票权。这句充满怨气的话，随着车流，每天穿梭于华盛顿的大街小巷。

华盛顿要想获得"州"的地位，尚没有全国性基础。在可见的未来，华盛顿市的投票权问题仍难取得突破。作为一国之都，华盛顿却三心二意，身在家园心似客，即使这一处境不是唯一的，也是世上所罕见的。

最聪明人的聚居区

哥伦比亚特区有一条声名远播的环城高速公路，公路标号 I–495，是出入首都华盛顿的必经之道，又称"首都环城路"。紧邻环城路及环城路内的地区，被称为大华府地区，又称地铁区，这是由于纵横交错的地铁线，将华盛顿市区及其周边地区紧密地串连在一起，形成一个密不可分的政治、经济、社会、文化区块。华盛顿地铁为美国第二繁忙的地铁系统，仅次于纽约地铁，通车于 1976 年，连接特区及其邻近马里兰州南部、弗吉尼亚州北部，目前有红、橙、蓝、绿、黄五线，共有 86 个车站及 171 公里长的轨道。

美国人喜欢用"环城路内"或"495 环城路内"来形容华盛顿的政治圈，这是哥伦比亚特区一句人人皆知的行话。环城路内是美国联邦政府、政府合同商、游说势力和各类新闻媒体的集散地。华盛顿政治圈内的人被称为"环城路内知情者"，又称"495 内知情者"；精通或熟知 495 内事务的人叫"华盛顿通"。这些人虽职业和党派各有不同，还经常吵得面红耳赤，却有一些"圈内人"的共同喜好和利益。当然，华盛顿政治圈也成为一个具有负面含义、饱受指责的代名词。一些政治人士在竞选国会议员或者正副总统的时候，为了向选民表示自己代表着普通民众的价值观和利益，会刻意撇清与这个圈子的关系，标榜自己是"环城路外"之人。奥巴马竞选期间就一再表示，要打破华盛顿的"老政治"传统。

该地区也被称做美国"最聪明人的聚居区"。据 2010 年美国人口调查的结果，当年大华府地区的家庭年收入中间值为 8.45 万美元，远高于全美 5 万美元的平均水平。2009 年全美最富都市区、高科技企业密集的圣何塞地区，家庭年收入中间值 8.45 万美元，2010 年降至 8.39 万美元。如从就业情况看，2011 年 8 月份华盛顿地区失业率为 6.1%，远低于圣何塞的 10%，也低于 9.1% 的全国平均水平。

这里有 5 个居民教育水平名列前茅的县。一半居民至少拥有学士学位的县，全美国有 17 个，而华盛顿及其周边的费尔法克斯县、阿灵顿县、劳登县、蒙哥马利县、霍华德县、亚历山大县和富斯丘奇县，都榜上有名，其中富斯丘奇县的居民中，90% 至少有学士学位，39% 有研究生学历，高于新墨西哥州的洛斯阿拉莫斯，该地是洛斯阿拉莫斯国有实验室所在地，中等家庭年收入超过 11.3 万美元。而华盛顿附近的费尔法克斯县、劳登县中等家庭年收入均在 10 万美元以上。

在金融危机席卷全国之际，华盛顿地区成为全美国最富裕的地方，很大程度上得益于吃"内政饭"：华盛顿地区居民中，联邦雇员的比例高。尽管联邦政府的不少业务已扩展到 50 个州，但华盛顿地区的份额最大，联邦政府四分之一的工作岗位就集中在大华府地区。换句话说，华盛顿地区的联邦工作人员远多于纽约、洛杉矶、芝加哥、达拉斯、波士顿、费城、亚特兰大、迈阿密和西雅图的总和。

在过去 10 年中，华盛顿周边地区的崛起大大超过全国其他地方，并形成一定规模，如与国家卫生、食品和药品管理局毗邻的 I-27 号公路走廊，五角大楼周边的国防、情报和信息技术地区，以及北弗吉尼亚州的中央情报局地区，杜勒斯机场路走廊，都带来大量就业机会。与此相关的是上述地区房价攀升，自 2000 年来，房价猛涨了 78%，这在全国是绝无仅有的。难怪全美最富裕的 10 个县中，有 6 个就集中在华盛顿周边地区。

"9·11"事件后，大量国家安全机关及事务井喷，使这种不平衡日益加剧。"9·11"事件后，在华盛顿地铁周边地区，新修建了 33 座写字楼，都是绝密的情报机构，其建筑面积与 3 个五角大楼相当。据乔治·梅森大学的地区分析中心估计，仅 2009 年一年，联邦政府就新增了 1.3 万个岗位，在今后几年内还将增加 6500 个。

而作为全美国律师最集中的地方，华盛顿的律师业欣欣向荣，因为无论经济好坏，人们都需要律师。而大批游荡在华盛顿地区的游说公司也功不可没，他们大笔收钱、大笔花钱，仅在 2010 年，该地区用于游说的总费用，就达到创纪录的 35.1 亿美元。由于联邦政府的运作几乎不受经济萧条的影响，这些职业因而收入水平相对较高并且稳定。同美国其他地区相比，华盛顿地区的经济发展受经济萧条的影响也相对很小。种种原因导致该地区与美国其他地区的收入差距持续拉大，特别是与密执安州、罗德岛州和内华达州相比，更加显而易见。

还有一个有趣的现象，总统的名人效应，也能为首都附近的经济发展做出独特的贡献。奥巴马入主白宫后，在各个别致的餐馆、文化景点和社区都留下了足迹。奥巴马喜欢吃汉堡，2010 年 7 月，他跑到离首都一河之隔的弗吉尼亚州阿灵顿县罗素林的一家汉堡店，请来访的俄罗斯总统梅德韦杰夫吃汉堡。奥巴马自掏腰包，点了一份传统的芝士汉堡和一杯冰红茶，梅德韦杰夫也点了一份芝士汉堡和一杯可乐，两人还分享一份法式薯条，共花了 80 美元。两位总统都脱去西装，身着白衬衫，奥巴马习惯性地卷起袖子，摆出一副大快朵颐的样子；梅德韦杰夫则保持俄式绅士的风度。两人相对而坐，一边吃汉堡，一边聊天。旁边的其他顾客也没大惊小怪，没有围观或争相拍照，只是低头吃自己的，让两人静享平民餐叙。奥巴马离开时，还在门口向群众挥手致意。

此后，这家叫 Ray's Hell 的汉堡店更是门庭若市，生意大好。我住的公寓正好就在它后面，时常路过，看见店家把配图的新闻报道剪下来，贴在门上，就是极好的广告。由于食客爆增，它还把街对面的一处店面盘下来，扩张经营，同样火爆。它一份普通的汉堡套餐 10 多个美元，比别的地方稍贵一些，却是奥巴马心仪的快餐店，他还曾偕同副总统拜登光顾过。

正因如此，人们对华盛顿的不满也与日俱增。所有首都都有众多的经济发展和就业机会。华盛顿地区因为是联邦政府所在地，近水楼台先得月，与联邦政府相关的各种承包业务或就业机会，源源不断地流向首都附近，既带去政治好处，也带去经济利益，这在经济繁荣时期不那么明显，但在金融危机的打击下，人们的感受就十分敏感。

人们不禁要问，华盛顿为什么不把联邦政府的油水均分给其他更需要的地区呢？有研究表明，那些因政府机构带去更多就业机会的地方，就更可能支持政府。其实政府就像一个大公司，如果把一些机构分散到全国各地，效率可能会更高。这样也可以使联邦官僚机构更好地协调与其他地区的关系，还有助于消除全国各地滋生的"反华盛顿毒舌"。如果华盛顿像伦敦、巴黎或东京那样,不仅是政治中心,还是一个国家的文化和金融中心,应该另当别论,但既然纽约、洛杉矶已经是美国的传媒和文化中心,华盛顿再向大都市方向发展,试图无所不包,就会受到责难。

其实,尽管有以上提及的众多好处,495环城路内最让人着迷的,还是政治与权力。

私人会所的"权力墙"

关于权力墙的发现和认识,是从一次餐叙开始的。

刚到华盛顿不久,一位美国朋友请吃饭,他特别选了市中心杜邦转盘附近的马萨诸塞街2121号,一家叫科斯莫斯的私人俱乐部。后来我也多次再去,有时是朋友相请,有时是应邀参加一些活动。

该俱乐部是私人性质,必须是其会员或由其会员邀请,才能入内。我们约好中午12:30见面,入座后却迟迟没有服务员过来招呼,又等了好一会儿才点上菜。我朋友下午两点还有会,必须在1:30之前离开,可我们等到一点钟还没上菜。我有些着急,可朋友却一点不急,至少没表现出急的样子,一直不停地同我说话。我在想,难道这里的人都必须表现出某种绅士风度,不能着急,也不能生气?

等到上菜时,已经1:15了,我们只好15分钟解决战斗,这也许是我吃过的最快的一顿西餐了,当然,随后的甜点、咖啡也只好统统省略。

这家服务质量如此一般的私人俱乐部,却在华盛顿大名鼎鼎。它成立于1878年,其宗旨是"促进会员的科学、文学和艺术水准"。其创办者是当时一位杰出的地理学家。其会员包括许多诺贝尔奖得主、普利策奖得主和总统自由奖章得主。1952年搬到现址,这是一幢法式、文艺复兴时期风格的建筑,其主体部分建于1873年,百年后的1973年成为国家历史古迹保护遗址之一。大楼的二楼大厅可以办音乐会或招待会,三楼是私人会议室和部分客房,四楼也是客房。楼上的图书馆古色古香,藏有不少会员的作品,墙上挂满了各种艺术品和成员的肖像。靠在法式大壁炉边上,要一杯咖啡或香茗,翻翻那些老书,休闲而满足。

该俱乐部的历史源远流长,早在110年前,它不许女会员加入,也不准女客从前门进入。1988年,华盛顿人权办公室指出,该俱乐部只收男宾的规定,违反华盛顿的反歧视法律。另一种说法是,如果不收女宾的话,华盛顿将不发给它卖酒执照，由此该俱乐部的大门才为女宾打开。该俱乐部还有自己的出版物和奖项。其会员必须是在科学、文学、艺术或其他专业领域、公共服务领域中有造诣的杰出人士。由于地处繁华的市中心，紧邻使馆区，科斯莫斯是华盛顿有名的社交场所。虽然名气很大，菜却一般，服务质量也不尽如人意。

我注意到前往餐厅的走廊墙上，挂着密密麻麻的照片，不乏美国前总统或其他名人在此用餐的照片。最让我惊讶的则是几个相框里装满了各式各样、不同时代的人头像邮票。朋友介绍说，这些邮票上的人都是这个俱乐部的会员。不知是有意还是无意，言者显得那么轻描淡写，听者的我却惊愕万分。区区一个私人俱乐部，竟然有如此之多的会员登顶四方小邮票，这说明什么？这分明是在向客人无声地炫耀、展示华盛顿的硬通货——权力。

这就是传说中的"权力墙"。

我到过一些美国朋友家，也曾应邀到一些常驻美国的外交官家里做客，参加过不少国家驻美使馆举办的招待会或其他活动，无一例外地发现，他们最醒目的物件，就是墙壁上悬挂着各种各样的与主人有关的照片，太多挂不了，就放在书桌上或钢琴上，成为居家装饰的一景。

这些照片无外乎主人与政治名人、高官、精英、社会贤达、演艺大腕、明星等的合影，它们骄傲地占据着客厅显著位置，供客人观赏，以显示主人的权力通道非同凡响，关系网络和人脉关系四通八达。每张照片仿佛都是一个自豪、精彩的故事，那正是主人的得意之处，只要你表示兴趣，主人肯定会乐此不疲地给你讲述或重复当时的情形和感受。

这就是权力的示威，影响力的张扬。这就是华盛顿兴旺发达的"权力墙"文化。

华盛顿可谓是美国权力最大、最集中的地方，美国的行政、立法、司法以及数不胜数的权力机构均扎堆于此。它有炙手可热的"权力街"：K街——游说势力的天下，马萨诸塞街——智库云集，宾夕法尼亚街——白宫和联邦政府所在地；它是世界上外交官最多的城市，有众多的国际机构；它更是商贾云游、富豪往来之地，可谓精英聚集、高官荟萃。在这里，财富、金钱、权力、名声、关系、升官发财的渠道、媒体、舆论等盘根错节，让它像一个权力游戏永不落幕的大舞台，被各种社交场合、众多潜规则霸占着，成为政治之都、权力之都、游说之都。这里生活的人似乎也在经历了岁月的洗礼之后，获得了一种特殊的优越感，他们自诩为离权力最近的人，仿佛在他们眼里，任何其他地方的人都是"下级"。

华盛顿与纽约相互藐视，有些瑜亮情结，好比上海与北京的各自高傲。纽约自称为世界首都，但也有人说，到了华盛顿才发现，真正的首都在这儿。表面看，华盛顿平静而安宁，人们彬彬有礼，宛如优雅的波托马克河；而河水下面，却惊心动魄，刀光剑影。这里无论是白天还是黑夜，权力的演出永不落幕，影响传导迅速，跨越 495 更超越国界，让世界的其他地方也常常感受其冷暖。

495 俨如一道森严的高墙，将华盛顿与美国其他地方隔离开来，内外分属两个世界。与其他地方相比，华盛顿显得如此单一。纽约有华尔街、百老汇，有发达的出版业和广告业，芝加哥有大公司总部，有粮食交易市场、钢铁工业还有货物集散中心等，似乎每个大型城市都该具有多元功能。虽然华盛顿也出现了一些新兴产业如歌剧、交响乐等，但都不过是可有可无的装饰，因为在这里，只有政治才是人们的最爱，只有政治才使人充满激情。华盛顿只有一种事业、只有一种职业、只有一个话题、只有一类人：政治以及以政治为生的人。[1]

在华盛顿，几乎所有的谈话都与政治相关。可以毫不夸张地说，任何谈话，不出两分钟，一定会谈到政治上去：谁上谁下？谁进谁出？你是否听说美国总统今天讲了什么？医保改革法案命运如何？"超级委员会"能否提出两党都能接受的减赤方案？美国从伊拉克撤军后会怎样？接下来会发生什么？美国能从阿富汗一走了之吗？8 国集团的命运会如何？20 国集团会取得什么进展？新兴国家对国际秩序的冲击何在？如何与中国等新兴力量打交道？世界经济是否会"二次探底"？美俄军控条约能否批准……

华盛顿的这种追逐名气的文化已经到了泛滥的地步，人们对权力似乎在顶礼膜拜，不仅欣赏权力带来的荣耀，陶醉在这种被人拥戴的目光或肢体语言里，更竭力追求权力的滋养，这种追求已经渗透到华盛顿日常生活的方方面面。这里的人会自觉或不自觉地看看《华盛顿邮报》今天是否提到自己的名字；对于刚出的一本新书，他们会首先翻开索引部分，看看是否有自己的大名；在研究报告或其他出版物中，格外关注是否引用了自己的话，或引用了多少次等等。

我的一位朋友在小布什执政时期替政府工作，春风得意。奥巴马政府上台后，

---

[1] Hedrick Smith, The Power Game: How Washington Works (Ballantine Books, 1988), p.96

一朝天子一朝臣,他只好下海,两三年内换了好几份工作,言谈间流露出几分失落,朋友稀疏,门庭冷落,他也不像以前那么忙于应酬。进入 2011 年后,美国大选风生水起,他由于帮助共和党人罗姆尼竞选,鞍前马后、出谋划策,一时间,朋友和熟人又突然多了起来,认识不认识的都争相与之套近乎,他仿佛找回过去处处受人尊敬、时时被人需要的感觉。他感叹道:"这就是华盛顿!你还能说什么?"

华盛顿有自己的规则和习俗,如在华盛顿称呼别人,要像在中国一样,用别人的官衔,即便对方已经退休或不再担任有关职务,也要如此,而别像在美国的其他地方,称呼对方时,用别人的名或姓。

华盛顿就是这样一个非常自恋的地方。这一点无论如何形容都不为过。有评论说,"政治华盛顿"一直沉醉于这种自我欣赏之中,与好莱坞的娱乐文化如出一辙,因此,华盛顿还有"丑人的好莱坞"之称。

2009 年奥巴马总统在白宫举行盛大晚宴,欢迎到访的印度总理。打扮光鲜入时的塔里克和米夏埃尔·萨拉西夫妇春风满面地步入白宫国宴,夫人还刮起了印度风,她身着鲜艳的纱丽式大红长裙,在众多达官贵人之间穿梭往来,还和副总统拜登零距离接触,亲密合影,俨然社交名媛。但后来美国安全人员发现,这对夫妇根本就没在受邀名单上,他们是不请自到、蹭饭的主;更不可思议的是,他们居然能一关又一关混过严密的白宫安检,大摇大摆地登堂入室。后来发现,这对夫妇有大量前科,曾混迹于无数的招待会、欢迎会、生日派对、商业聚会等。

据说华盛顿有一批这样到处混吃混喝的蹭饭一族,他们主要是为与高官或名人混个脸熟,要把与他们的合影高高悬挂在自家的"权力墙"上。上面讲到的那对蹭饭夫妇,就十分得意地把他们当晚潜入白宫后,成功与副总统拜登的合影,放在社交网站脸谱上,还因此成了名人,接受电视台专访,大谈其历险记,忙得不亦乐乎。

但这种不顾规则、拉名人做大旗的做法,也引起华盛顿社交圈的反感。《华盛顿邮报》指责这对夫妇打破了华盛顿端庄得体的潜规则,他们和副总统拜登的合影,"捏造了"自己与拜登的友谊,而门外有成千上万的人,多少年来一直渴望有机会参与这样的群英会,哪怕是短短的片刻相聚,却无门而入。塔里克和米夏埃尔·萨拉西夫妇的另类，恰恰说明他们并不真正懂得华盛顿。[1]

华盛顿还有另一道流动的风景线，与这种"权力墙"有着类似的、向人炫耀或自我满足的功用。满街跑的汽车玻璃上，总是贴着五花八门的彩色小广告，其中大多是某某名校的校友，或者某某学校荣誉学生的家长等等，它们似乎在向公众宣示自己、自己的孩子上过或正在上某个名校，或是优秀学生云云，这种汽车文化也算是美国的特色之一吧。

曼哈顿的硬通货是钱，洛杉矶的硬通货是名气和获得项目的能力，华盛顿的硬通货是什么？那就是权力，或能通向权力的渠道！

二、华盛顿的社交密码

时间：午餐时间

地点：Ristorante Tosca 餐馆，45 号桌，62 号桌

人物：史蒂夫·埃尔门多夫，马克·伊萨科维茨

情节：45 号和 62 号两张餐桌是这家餐馆最好的两个位置，可以将所有食客一览无余。上述二人密切观察着餐厅里的一切：哪些人来这里用餐，哪些人几点离开，与谁在一起，和谁说话等等。他们可以通过客人与餐馆服务人员打招呼的方式，如拍拍肩膀或后背、亲吻、点头等，判断出食客的地位，并随时将这些信息通过手机"推特"给客户。

这看似电影、电视剧中的一幕，并非某个谍战片的拍摄现场，而是每天都发生在华盛顿著名 K 街上的真实情节，通过它可以破译华盛顿神秘的社交密码。

华盛顿不像纽约、伦敦那样铺张，而是很小，小到可以将政府、律师、说客和记者等人物集中在很少的几个地方，就像这家餐馆，就像 K 街。

[1] Brendan Smialowski, "State Dinner Crashers Walked All Over Social Code", New York Times, December 9, 2009

K 街是华盛顿市内一条大街的名称。华盛顿市有两条平行的、东西走向的 K
街，一条穿越城南，一条横跨城北。美国民众和媒体在谈论国事的时候提到的 K 街，
专指北面那一条，这是连接华盛顿东西两侧的大动脉，西接乔治城，是 29 号公
路的一部分。K 街与宾夕法尼亚街相交处是雾谷，白宫等政府部门就在此处，国
会山也近在咫尺。K 街两旁以及附近的写字楼里，有很多游说团体、咨询和律师
公司以及民间智库机构。因此，人们常用 K 街来代指华盛顿的游说势力，它以游
说集团最集中、游说人员的主要活动场所而闻名，是象征游说势力的街，因此又
被称为"致富之路"。

K 街是个与众不同的世界，这里的说客被称作"K 街人"。游说集团的目标
客户从军工、金融业、能源、农业到医药，甚至外国政府等不一而足，应有尽有。
以金钱换影响是华盛顿最欣欣向荣的产业，更是美国政治光谱中的一道奇特的
景观。

美国饭局

中国有鸿门宴，美国有 K 街饭局，两者虽一中一洋，相隔两千多年，但都有
一个共同点，那就是饭局只是借口，而食客心中各怀鬼胎，打着自己的如意算盘。

虽有金融危机的冲击，但美国的餐饮生意依然火爆，华盛顿尤其如此。由于
K 街太拥挤，近来有向附近扩张的趋势。F 街 1112 号的意大利北方风味 TOSCA
餐馆就是一例，这里集中了无数的游说大佬和权力掮客，被视为在华盛顿地区为
数不多的、可以进行"静悄悄谈话"的地方之一，就在杯盘碗盏的移动之际，不
少交易达成，不少雄心勃勃的计划正在诞生。要知道，正是在这家餐厅，前民主
党领袖达施勒说服奥巴马竞选总统；也正是在这里，国务卿希拉里·克林顿参加
游说大鳄托尼·波德斯塔和妻子希瑟的结婚纪念活动。

因此要在这里订座可不那么容易。但如前所说，冬去春来，无论刮风下雨，
45 号桌总是被埃尔门多夫预订，这位老兄是华盛顿民主党圈内炙手可热的说客。
他可以从这里观察每一个进进出出的客人，别人却看不到他。62 号桌则由伊萨科
维茨包下，他是共和党的说客，所占据的是一览众山小的全景式位置，就紧靠这
家餐馆的权力墙。同样地，他一坐下，就可以不漏过任何一位进出餐馆的红男绿女。

而 26 号桌位于餐馆的中央，是属于达施勒的专座。达施勒并非注册游说者，

其头衔是"特别政策顾问"。与其他说客躲在暗处不同，他选择最中间的位置，就是要传递"看着我"的信息。此公有一段时间转入地下活动，一度从26号桌消失，后来人们得知他被提名为奥巴马政府负责卫生和人力资源的部长，但有一天他又回到26号桌，此举无疑在向全知全能的华盛顿圈内人说：我回来了，无意从这里销声匿迹。

还有不少神秘人物都是这家餐馆的常客，因为这是华盛顿炙手可热的"权力区"。这些人物不会出现在政府的会议室，却穿梭于华盛顿不同的权力部门，交易大都在美酒与牛排的帮助下完成。有时能恰好碰上这些大鳄同时在此举行"权力大聚会"，那才真让人开眼。

美国有成千上万个游说组织。仅在华盛顿就有数万个游说组织四处奔走，为他们关心的议题投钱出力。有的集中在税收政策领域，有的主要关心预算问题，有的希望影响美国公共医疗政策问题，有的集中在对外贸易领域，有的关注环保领域，有的集中对付种族问题，有的主攻国际关系，也有的关注移民政策。

而2000年至2005年间，华盛顿的注册游说者就增加了一倍，超过3.5万人，而他们向客户开出的佣金价码也成倍增加。仅2004年，美国用在游说联邦政府上的费用是21亿美元，其中，医疗卫生行业以3.25亿美元的游说花销，居各行业榜首，紧随其后的是科技和金融服务业；保险公司、电力公司、天然气公司和

大名鼎鼎的TOSCA餐馆

电话公司等等，也花费不少。

中国三国时期有诸葛亮的舌战群儒，他可算是最厉害的说客了，能鼓动主意未定的孙权一方参与战争，共抗曹操。而当今美国的说客究竟能干什么，能起多大的作用？华盛顿日益庞大的说客阶层，其游说能力丝毫不差，他们穿梭于白宫、国会山、国务院，对国会和行政当局施加影响，为他们所代表的利益集团奔走呼号，推动或阻挡立法，影响决策，偏袒利益集团。从军火商到赌场老板，从金融巨头到商业大亨，无一不是借助这条赫赫有名的 K 街，进行利己游说，将自身利益最大化。

游说在美国有着悠久的历史，是受宪法保护的权利。美国宪法第一修正案规定，人民受到不公正待遇时，有权要求政府纠正或赔偿。选民有会见议员、反映其问题的权利，游说是民主社会的功能，对美国民主制度来讲不可或缺。

伯恩堡是福克斯电视台评论员，在《华盛顿邮报》开有专栏"K 街秘闻"，点评 K 街长盛不衰的游说业，并于 1992 年出版了畅销书《游说者》。他说，游说并不是美国独有的政治景观，在欧洲，尤其是布鲁塞尔，游说都比较常见，不过美国游说更突出；游说是在政府面前进行专业鼓吹；游说者涉猎的范围多种多样，有以钱铺路、花天价请大腕说客影响立法过程的，也有为学生或改善教师待遇进行免费游说的，不能以偏概全。

在美国，作为表达公民诉求的方式之一，也有诸多的公民权利组织对国会议员和行政部门进行游说。游说者称，游说不过是表达观点的一种方式，是公民参与民主进程的重要内容，是公共政策制定过程中的重要环节，而且还能使民主制度更好地发挥作用，因为民众能就一系列问题表达他们的观点。

而华盛顿活跃着的、成百上千的特殊利益集团，并不都是为了普通公民的权益。特殊利益团体是指由有共同利益或对某些公共政策持共同立场的人组成的民间组织，旨在通过汇集起来的力量，在政策辩论中发出更有力的声音。美国有着成千上万这样的团体，代表着想象力可及的几乎各种主张。有些团体历史悠久，长期致力于一个总目标；有些团体则是为了支持或反对某一具体政策、提案而在某一时期存在的组织。

游说不都是唯利是图，但精英特殊利益集团及大量资金的卷入，早已改变了它本来的面目。很多从事游说这一行业的人，不是受到冤屈后进行"事后"游说，而是为预防"冤屈"发生，越来越多地进行"超前游说"。利益集团和个人都希望法律于己有利，因此往往趁法律还在制定过程中，他们已使出浑身解数，尽力施展自己的影响，想先行介入，以免事后来不及补救，自身权益受到损伤。

"9·11"事件后，美国机场、港口等的安检扫描设备需求猛增，为生产设备的公司带来诱人的商机，争相分割这块唐僧肉。为此他们在华盛顿展开激烈的游说大战，不惜大把撒钱，买通关系。美国《华盛顿邮报》报道说，美国机场安检扫描设备的供货商，其工作人员的 80% 曾在国会山或政府部门当过差，特别是在国土安全部任过职。游说时花得多，后来就挣得多。如表 1 中的 5 家公司，其游说费与拿到的订单金额之间，基本上成正比。

表 1 2009 至 2010 年公司游说费与所获政府订单金额　　（单位：美元）

公司名称	游说费	所获订单金额
L3 通讯公司	978 万	8.62 亿
Smiths Detection 公司	300 万	2.75 亿
美国科学与工程公司 （American Science and Engineering）	78 万	1.37 亿
Rapiscan Systems 公司	71.2 万	1.65 亿
Reveal Imaging Technologies 公司	53 万	2.62 亿

数据来源：Dan Eggen, "Scanner firms rely on Washington insiders", *Washington Post*, December 24, 2010

华盛顿的游说业高度职业化、商业化的趋势日益严重，甚至有让贿赂制度化的趋势。政客和说客也借机滥用职权，谋取私利，置国家、公众的利益于不顾。游说者们通天的本事，正好是立法者与利益集团相互勾搭、利用的绝好桥梁。

前面提过的 K 街传奇人物、号称"超级说客"的游说大鳄托尼·波德斯塔，曾是《滚石》杂志的律师，为多位政坛风云人物的竞选出过力，如乔治·麦戈文、爱德华·肯尼迪、比尔·克林顿等等。此公领导的波德斯塔集团，是华盛顿最大的游说集团之一，其客户包括美洲银行、英国石油、谷歌、军工企业洛克希德·马丁公司、沃尔玛、金融业的富国集团。他的客户在医保改革和墨西哥湾漏油事件中都有重大利益。[1]他还没有退休的计划。他说需要工作，才能支持其另一爱好——收藏世界各地的当代艺术品。

波德斯塔的兄弟和前合伙人约翰·波德斯塔，曾是奥巴马组建过渡班子时的总管，现在是华盛顿智库美国进步中心的发起人和总裁，他与奥巴马总统关系良好。有些潜在客户想让波德斯塔集团帮忙，就是冲着他的兄弟与奥巴马总统的关系而来的（有关他弟弟的故事，后面还会涉及）。除白宫外，波德斯塔更多的注意力还是在国会。国会就一些重大政策问题进行的辩论，如医保改革、救市计划和金融监管改革等等，他都能施加一定的影响。

2010年6月底的一天晚上，就是国会将对华尔街监管法案进行表决前夕，托尼·波德斯塔正代表美国银行等大客户，与一位立法者见面，就法案的最后文字和可能产生的影响进行讨论。紧接着，他又约见另一客户英国石油公司的代表，帮助他们在国会打通关节，对该公司糟糕透顶的墨西哥湾石油污染事件进行危机处理。这两件事均是当时国会山最重要的议程。当然，医药公司也在医保改革立法的关键阶段，向托尼·波德斯塔求助。"我们处理了一些大问题。" 波德斯塔有意显得低调。

如果说游说集团与立法者之间是相互依存的关系，波德斯塔就是生动的例证，他因此成为批评的活靶子。但他对游说的见解与众不同，认为自己的作用是给立法者提供更多的信息，而不是施加影响。华盛顿的超级说客几乎清一色的男性，而波德斯塔的妻子希瑟是个例外。他们所开的夫妻店在主营游说之前，还在其他政治领域有所建树。

尽管有金融危机、经济衰退、游说丑闻以及奥巴马政府的限制，游说业仍芝麻开花节节高。波德斯塔说："具有讽刺意味的是，每当奥巴马总统说我们游说者影响巨大时，那些没有雇用游说公司的人都想雇用。奥巴马总统夸大了我们的力量,但他的说法使我们供不应求。"2009年1.1万个联邦游说者的收入增加了5倍，高达35亿美元。而波德斯塔集团的收入自2006年以来增加了一倍，2009年收入高达2570万美元。

---

[1] Dan Eggen, "Lobbyists by day, top fundraisers by night", Washington Post, May 31, 2010

应当说，公共关系在现代社会的资源整合中扮演着重要角色，游说本身也是一门艺术，但为了自身利益的过度游说，导致严重背离公共利益的资源、资金再分配，就会走向犯罪。美国宪法保护人们向政府请愿、就某一议题阐述立场的权利，但如果给政府官员送钱或者其他好处，以换取政府采取某些政策，那就是违法。

几年前，美国爆出一桩游说大案，美国游说业"教父"阿伯拉默夫，在2006年1月3日认罪伏法，承认他在2000年收购佛罗里达州圣克鲁兹海上赌场时犯了诈骗罪。就涉及的金钱数目、政府官员和国会议员人数而言，阿伯拉默夫案应当是近25年以来最大的游说丑闻。国会成员与说客间说不清、道不明的关系成为大众关注的焦点，也为众说纷纭的美国游说业存废问题提供了一个最新的分析例证。

阿伯拉默夫能成为呼风唤雨、手眼通天的超级说客，原因之一是他和美国的权势人物交情深厚。根据美国《旗帜周刊》报道，阿伯拉默夫曾赢得过共和党全国委员会下属的、大学共和党联盟的主席一职，开始和许多未来的共和党要员建立联系，这些人发迹后，便成为他涉足游说业的人脉基础，他更凭着与参、众两院首脑的特殊关系，开始了游说生涯。

1988年，美国国会允许印第安部落免税开办、经营赌场。为了把免税地位保持下去，不让竞争对手在邻近地区建新的赌场，这些部落在华盛顿找人说情，大

华盛顿的K街路牌，上面有"三心二意"的特区区旗标识

把撒钱。他们曾付给阿伯拉默夫 4500 万美元，却被他引荐给另一游说者斯坎伦，骗取第二道游说费用，然后两人均分。两人从各印第安部落收取的游说费总额超过 8000 万美元，单是 2001 年 3 月到 2003 年 5 月，就收取游说费用 3000 多万美元。除去游说成本，给议员、政党和全国政党大会捐款，支付议员的一些旅行费用外，两人各得纯利润近千万美元。

根据美国联邦选举委员会 2005 年 10 月 31 日公布的数字，在 2000 年至 2005 年间，阿伯拉默夫的政治捐款和游说费用超过 440 万美元。2000 年，阿伯拉默夫曾邀请众议院多数党领袖迪莱到苏格兰打高尔夫球，他全程埋单。他曾出资邀请国会议员和有影响力的决策人，到太平洋的马里亚纳群岛上享受几天，因为岛上有几家纺织厂老板是阿伯拉默夫的客户，他们希望不受美国最低工资和其他劳动法的限制。

在美国，很多政府官员、国会议员、议员助手等，随着换届选举或退休或改行，经常是前脚离开政府，后脚立即踏入私营部门；或者从私营部门跳进政府。这种"旋转门"现象惹来颇多非议，滋生着美国式的腐败。著名的例子有美国副总统切尼，他过去是哈利伯顿石油公司的总裁；再如达琳·珠云，她曾是负责美国空军采购的国防部高官，后来跳到波音公司任副总经理。这些人时常被批评官位在身时，曾偏袒他们先前或以后任职的公司。

日益加速的"旋转门"现象，使华盛顿的游说业欣欣向荣。因为游说业日益兴旺，吸引着那些从国会山下海的人，为他们提供了不少收入颇丰的再就业岗位。很多游说者以前就是政府高官或国会议员，或者曾任政治领袖的助手，在政界有很深的人脉。游说集团也不惜花费重金，聘用那些从国会山和政府部门出来的人。据说从国会山下来的人，起码有一半到游说业轻松上岗了。与大多数行业普遍紧缩、裁员的萧条相比，游说业却逆风飞扬，说明该行业潜力巨大。

在美国当说客

在美国的政治生活中，历史悠久的游说业早已变成一座金矿，华盛顿这个"游说之都"更是近水楼台。目前，在华盛顿大约活跃着 4 万多名登记在册的游说人员。这个复合体的能量无穷，在华盛顿呼风唤雨，有美国三权分立之外的"第四政府"之称。

从方式方法上来看，游说大致可分为两大类型：一类是"老式游说"。这种方式主要靠培养人际关系来实现。游说从业者大都有在白宫、各部委和国会山等政府部门工作的经历，有一定的人脉关系，而且谙熟有关机构、部门复杂的运作规则。另一类是"新式游说"，它反映了美国政治生态的变化。其手段是通过发动大量市场运作，特别是将问题包装后进行批发式游说。具体而言，是动用一切政治选举的方式，通过电视广告、集会、打电话、写信等，向国会议员或官员表述诉求与关切。[1]

我曾亲身经历过一次"新式游说"。2010年9月，应美国商务部的邀请，我去科罗拉多州的丹佛和波德两市，就中美经贸关系做两场演讲。该活动由商务部与当地的商会合办，参与者多为当地政府官员、企业代表、学校师生等，总之向所有公众开放。听众最关心的是人民币汇率、美商到中国投资等问题。我演讲、答问完毕，陪同我与会的会议主办方代表凯瑟琳女士，一个箭步冲上台去，慷慨激昂地对听众说："你们回去后，请向你们的议员、你们的代表，写信、打电话、发电邮，寻求他们的支持，尽快批准美国与韩国、哥伦比亚、巴拿马的自贸协定，因为这会给你们带来就业机会。大家赶快行动吧！"这给我上了生动的一堂游说课，通过"走基层"，动员民众向议员表达诉求，达到游说、影响政府决策的作用。

游说集团在游说时往往新旧手法交互使用，但老式游说重视人脉关系这一项必不可少。中国有句俗话，叫"烧香找对门"，美国的游说者特别精于此道。

就提高国债上限问题，2011年奥巴马政府与国会两党最终达成一个妥协方案，方案中要求国会组成一个"超级委员会"，讨论如何自2013年起削减1.2万亿美元的赤字，如果该委员会拿不出别的方案，那么非减不可的这1.2万亿，就由防务开支和非防务开支（特别是医保开支）来平分，二者各削减50%，即6000亿美元。

说时迟那时快，K街的游说集团立即闻风而动，围绕这1.2万亿明争暗斗起来。这么多钱，减到谁的头上都喊冤，但又不能不减，关键是比例如何分配，谁多减，谁少减。国防工业的利益集团当然不希望削弱军费，同样，医药行业的利

---

[1] Hedrick Smith, The Power Game: How Washington Works, pp.231-237

益集团也不希望减少医保开支。代表各自客户的 K 街说客们，掘地三尺找关系寻门路，鼓动如簧之舌，纷纷大显神通。而能与"超级委员会"拉上关系的游说者，也就成了各路诸侯竞相聘请的掮客。

这个"超级委员会"共 12 名参议员，民主、共和两党分占 6 席。《华盛顿邮报》说，仅国防工业、医药行业、华尔街的银行家等，就雇用了近 100 个游说者，他们都曾为"超级委员会"的议员们工作过。比如，至少 25 个游说者，与委员之一、参议院财经委员会炙手可热的主席、民主党人鲍卡斯相关；而另一委员、民主党重量级人物特克里，身后就有 15 个游说者。换句话说，12 个委员的背后都站着长长的、由过去的手下组成的游说者队伍。而这些游说者的东家都来头不小，如通用公司，仅在过去的十年中，它就获得了 320 亿美元的防务订单；再如"美国制药研究与生产"组织，这是华盛顿最有影响的游说集团。

尽管超级委员会的委员们都异口同声地宣称，他们绝不会受这些游说者的影响，但仍可以看出，华盛顿几乎每一项重大决策的背后，都肯定活跃着一群巧舌如簧的说客，他们早已是美国政治文化马赛克中不可或缺的一块。

除传统的利益集团外，美国的网络巨头也不甘示弱，日益加强对华盛顿政治圈的游说活动，并投入巨资。2011 年 4 月 20 日，脸谱的硅谷总部迎来一位特殊的客人：奥巴马总统。在此举行的一场"市镇厅会议"上，奥巴马与脸谱的创始人扎克伯格并肩而坐，奥巴马希望 ˈ 听取新兴社交网站使用者对改善美国经济的看法。2010 年，脸谱花在游说活动上的资金达到 35.1 万美元，但与其他网络巨头相比，简直是九牛一毛。谷歌当年的游说费为 520 万美元，而微软高达 690 万美元。为了进一步扩大影响，脸谱开始加大公关力度，以便迎头赶上，决定在华盛顿新建一办公大楼。同时脸谱还与奥巴马的密友、前白宫发言人吉布斯商谈他加盟一事。[1]

人嘴两张皮，上下翻动间，可谈天，可说地，可评国事，更可议天下大事。所以，游说活动没有国界，除了美国国内议程外，还有相当部分是针对国际议程或国际事务的。美国的有关法律也允许外国人或代表开展游说活动，但必须公开有关信

---

[1] Elizabeth Williamson, Amy Schatz and Geoffrey A. Fowler, "Facebook Seeking Friends In Beltway", Wall Street Journal, April 20, 2011

息，向美国司法部提供诸如聘请哪家公关公司、花销多少等等细节。

在这方面，以色列与美国关系十分密切，相当程度上得益于"以色列公共事务集团"，这是华盛顿实力最雄厚、影响最大的院外游说集团。它通过游说，使以色列获得更多的美国援助，阻止美国向该地区其他国家出售武器，而其能量之大，还可以影响美国的中东政策，也可阻止美国政府的有关人事任命。

如奥巴马上台时，提名傅利民为国家情报委员会总监，但犹太游说集团认为，傅利民与沙特阿拉伯等阿拉伯国家关系甚密，这有可能影响他在阿以问题上的"中立立场"，于是发起一场声势浩大的游说活动，最后奥巴马政府不得不顾及与犹太利益集团的关系，"挥泪斩马谡"，另选他人。

"以色列公共事务集团"在美国不少地区设立办公室，加强与所在选区的美国国会议员的联系。它可以提供资金、动员其支持者影响美国的政治选举，如支持谁，反对谁都很明确。这一点连美国总统的候选人也不敢轻视。2008 年大选进入白热化之际，当时呼声最高的三位参议员，希拉里、奥巴马和麦凯恩都分别现身"以色列公共事务集团"，发表政策演讲，目的就是打消疑虑，争取支持。

同样，台湾地区在华盛顿的游说活动也很活跃。由于美国与中国大陆建交，断绝了与台湾的官方关系，台湾与美国的关系降级到只限于"非官方"，于是台湾十分重视游说集团的作用，通过这种"非官方"渠道表达诉求，发挥影响。台湾在美国有 13 个经济文化处，设在华盛顿的经文处，就在威斯康星大街 4200 号，是一幢单独的大楼。1995 年李登辉访问美国，就得益于台湾方面花重金，雇用华盛顿的公关公司进行运作。

一些非洲国家也雇用美国的公关公司，在华盛顿展开游说活动。美国《华盛顿邮报》曾报道说，刚果总统德尼·萨苏－恩格索自 2006 年以来，花费了 900 万美元，与国会山的议员及其助手、非洲事务的非政府组织，进行过 100 多场谈话和会见，以阻止美国对刚果政府的"中伤"，修复刚果的国际形象。[1]

2011 年初，中东北非地区发生了大规模的民众抗议示威活动，从突尼斯开始，迅速蔓延至埃及、巴林、也门、利比亚等国，一时间风声鹤唳。这一来势迅猛的动乱，也波及万里之外的美国首都华盛顿。多年来，阿拉伯大佬们是华

---

[1] "Poor Nations investing in D.C. Lobbyists", Washington Post, August 26, 2010

盛顿游说圈的金主之一。而那些前国会议员、议员助手、外交官和权力掮客们，在军售、恐怖主义、石油和贸易限制等敏感问题上，曾为阿拉伯金主们四处奔走。2010 年游说三巨头波德斯塔、利文斯通（前路易斯安那州议员）和穆菲特（前康涅狄格州议员），还为其客户埃及，成功阻止了美国参议院一项旨在要求埃及停止违反人权的提案。

　　Qorvis 是一个全球公共关系公司，它的客户包括沙特、巴林、也门和塞浦路斯。中东国家对美国的游说公司出手阔绰，即使按华盛顿的标准也是如此，其聘金往往达每月 5 万美元以上。沙特是华盛顿最炙手可热的金主，2009 年花费 150 万美元。沙特每年与 Hogan Lovells 公司的合同额为 60 万美元，部分政策目标，是针对那些有关欧佩克对油价影响的立法。阿联酋通过 DLA Piper 和其他华盛顿的游说公司开展游说活动，寻求更多地获得美国的核技术。仅在 2009 年，它给美国游说者的开销就是 530 万美元，仅次于开曼群岛(加勒比海中由三座岛组成的国家，位于古巴以南，1994 年人口估计为 31930，官方语言英语，首府乔治敦，为英国属地)。开曼游说的主要目的，是保持其税务天堂的地位。而摩洛哥的花费在 300 万美元以上，目的是在与阿尔及利亚的边界争端中占上风；同时阿尔及利亚也为此花费至少 60 万美元。土耳其在 2009 年花费了近 170 万美元，雇用的公司中有前众议院领袖格普哈特的公司。[1]

幕后政治家

　　K 街的游说者往往黑白两张脸，一肩挑两担：白天是说客，晚上是集资者。因为金钱与政治回报之间，不能少了政治捐款这根纽带。中国人不是常说吗，吃人嘴软，拿人手短，给了你好处，你很难对别人的要求说"不"。游说者们的本事越大，影响的法案甚至揽黄的法案越多，其实际身份也就超越"游说者"这层皮，变身成了真正的、在幕后指挥、操控的政治家。当然，在华盛顿，判断一个幕后政治家的成功与否，并不在于他能促成多少立法，而是他能毙掉多少提案。

　　在《华盛顿邮报》为新联邦选举委员会提交的分析报告中，首次披露了华盛顿游说集团白天游说、晚上为候选人及其政党集资的所谓亚文化。这些游说者试

[1] Eric Lichtblau, Arab Unrest Puts Lobbyists In Uneasy Spot, New York Times, March 2, 2011

图代表其客户，如能源公司、保险公司和其他具有重大财政风险的公司，通过政治献金，影响政治圈，进而影响联邦立法。这是 K 街众多游说者的主要任务。

10 多年来，沃尔夫俨然是华盛顿的圈内人。他当过众议长佩洛西的侧近助手，同时作为民主党的国会选举委员会负责人，帮助集资数百万美元。离开该委员会后，他成为爱迪生电力协会的主要游说者，该协会代表身处气候变化争论中的主要的电力公司。仅在 2009 年，沃尔夫就向民主党全国竞选委员会捐资 60 万美元，他还希望再为之集资 200 万美元。

沃尔夫只是注册的芸芸说客之一，在 2009 年，这些人至少为政治党派集资超过 900 万美元。还记得前面提到的游说大鳄托尼·波德斯塔吗？他与妻子希瑟一起为民主党及其候选人集资，仅在 2009 年 7 月至 2010 年 5 月期间，就筹款超过 50 万美元，其中包括向参院多数党领袖里德集资 10 万美元。

这些政治献金从何而来？当然是各种利益集团。出钱的一方给政客们选举经费、送政客们进入华盛顿的免费车票，不可能百分百为了自己的政治理想，他们理所当然地会把这些钱当成另一种投资，也就是说，在捐款的同时，会搭载、顺便捎上自己的利益诉求。这就叫捆绑式捐款。于是，捆绑式变成华盛顿地区金钱游戏的基石，它使游说者和其他集资人将成千上万的钱源源不断地输进选举活动之中，而不受相关政治捐资法律条款的人头、数额限制。

游说集团与 K 街的游说者合谋，经捆绑方式，向候选人、党派大量捐资的规模和金额，可让人对幕后政治家们的能耐窥见一斑，特别是民主党拿到的捐资，因为在 2008 年大选后，民主党控制着国会的众参两院。《华盛顿邮报》的上述报告中披露，政治献金的四分之三流向民主党委员会或其候选人。其中民主党国会竞选委员会收到 240 万美元，民主党参院竞选委员会收到 110 万美元。

就个人而言，收受捐资最多的要算纽约州民主党参议员舒默，他收到注册游说集团的捆绑式捐资高达 57 万美元，外加纽约证券交易所、纳斯达克公司各捐资 3 万美元。在 2009 年的医保改革立法辩论期间，舒默收到大纽约医院协会的捆绑捐资 30 多万美元。据报道，该医院协会自 2009 年初以来，共花费 160 万美元，以游说立法者不要减少纽约地区医院的医疗拨款。舒默的发言人说，参议员的工作就是要确保纽约的医院能获得所需要的资金，舒默为自己所做的努力而自豪。此人还是人民币汇率升值论的激进鼓吹者。

最大的捆绑式捐资来自游说者本·巴恩斯，他是得克萨斯州的民主党人士，他一出手就是数十万美元，他的客户包括通用公司、甲骨文公司和摩托罗拉公司等。

在现行制度下，游说者可以向国会议员捐款，作为他们的竞选资金，这是合法的；但如果要求议员在制定法案时，给予政策优惠，则是行贿，属于非法。理论上容易理解，但现实中，到底政治捐款对国会议员所做的决定有什么影响，往往是天知地知，你知我知了。

批评者和奥巴马均提出，要对游说者的捆绑资金做出新的限制。据2007年通过的新联邦选举委员会立法，要求超过1.6万美元的游说者捐资，必须报告。但该过程的漏洞是，报告不用披露捆绑捐资者的姓名和机构，而且如果收钱方没有记录的话，也可能不报告。

奥巴马在2008年竞选时，不止一次竭力抨击"华盛顿的腐败政治"，剑指华盛顿的游说集团。当时被他猛批的人叫比利·陶津，由路易斯安那州的前共和党议员演变而来的说客。作为制药业的主要游说者，陶津帮助制药业在国会提交一个议案，禁止政府代表老年医保的受保人，同制药业谈判药价。为此陶津获得200万美元的报酬。奥巴马在一次竞选广告中对此大加鞭挞，称"我不想学如何更好地玩这一游戏，我只想终结这一游戏"。在奥巴马看来，华盛顿有众多的"被雇用枪手"，而陶津只不过代表了这种游戏的冰山一角。

政界人士一方面要在选民面前树立清新、廉洁的形象，另一方面又往往摆脱不掉游说团体，甚至沦为其工具。美国的普通民众也对有钱有势者左右国家政治深感厌恶。而美国政府对游说活动只能监管不能取缔；竞选政治下，幕后政治家的运作也是美国政治舞台不可或缺的一个重要环节。奥巴马与麦凯恩在竞选期间大量运用游说集团的力量，奥、麦之战被称为"游说者战争"，两个阵营均心照不宣地接受那些来自游说集团的"脏钱"。这为两人所标榜的"改革"蒙上阴影。

奥巴马执政后制定了一些新政策，以加强对游说集团的管理。媒体形容说，这是白宫在"遏制K街的影响力"。奥巴马促使国会通过立法，对游说业进行监管，要相关公司每年4次而不是2次披露更详细的信息，如竞选捐资情况，与哪些官员见过面等，否则将面临处罚。他还决定限制注册的游说集团和人员谈论任何与刺激经济计划相关的事项，不让游说集团的人进入政府工作。

上述举措引起K街游说集团和国会山的不满，他们说"游说非罪，反而是一项体面的工作"。况且上有政策，下有对策。越来越多的游说者或机构的活动转入地下。他们不再注册为游说公司，而改称"政策鼓吹者"。最典型的例子恐怕是前面那位第 26 号桌的老主顾、前民主党参院领袖达施勒，他并非注册的游说者，而是游说公司 Alston&Bird 的"顾问"。这一身份非但不妨碍他为客户就医保政策进行游说，反而带去更多便利。据称，他还就此非正式地与奥巴马总统交换看法。

所以，尽管总统狠批、民众怨声载道、相应法规出台，但一切照旧，而且游说集团为影响国会山的立法所花费的钱比以前更多。仅 2009 年，游说业的开销就达到创纪录的 30 多亿美元。[1] 而且它们还成功阻延奥巴马的两项重要国内改革议程，即在医保改革和制定金融监管法案上发挥了重要作用。

美国国家画廊有一张题为"希望"的奥巴马巨幅画像，画像以前的主人就是游说者。奥巴马在竞选时以"希望"和"变革"为标志性口号，但人们担心"奥巴马的华盛顿"已沦落为"游说家的华盛顿"。在螳螂与蝉殊死搏斗之际，黄雀正伺机而动，K 街的生意更加兴隆，幕后政治家们谈笑间掀起一个又一个华盛顿风暴。公众面前，那些在华府呼风唤雨、权倾一时的人物是政治家；但事实上那些游走在 K 街、宾夕法尼亚大街和国会山的芸芸说客，才是真正的、有操控能力的政客。

金钱脐带

总统、国会与 K 街是美国权力政治中的另一个铁三角，它们正好从三个不同角度对华盛顿的权力游戏做出了最生动的诠注。因为离开钱，华盛顿寸步难行，要想通过立法，简直是痴人说梦。原因很简单，政治家们要靠大公司、工会联盟和其他特殊利益集团出钱资助其竞选。金钱是美国政治的脐带。

美国的政治体制如今是在公司的牢笼中运作。要想竞选政府公职，就要拿公司的钱，进而也就要为公司的利益服务。公司经常是在公然地贿赂政客，游说人员甚至能够草拟国家法律。正是这种腐败让奥巴马在上任的第一年没有取得任何实质性成果。如果参议院属华尔街所有，你又如何重新调整银行？如果大石油公司给了你进入美国政治圈的入场券，你又怎么能和以抢夺石油为宗旨的外交政

---

[1] "Under the influence", Financial Times, March 16, 2010

一刀两断?

　　奥巴马表示要对游说人员加以限制,是避重就轻。因为身处权力游戏中心的奥巴马,并非真的出污泥而不染。再以"幕后政治家"陶津为例,有关记录显示,在 2009 年医保改革的相关法案起草阶段,陶津共进入白宫 9 次。最后达成的交易是,制药业同意在今后 10 年出资 80 亿美元,帮助奥巴马政府的改革,再花 1.5 亿美元在电视和基层组织做广告,支持奥巴马的改革。作为回报,参议院同意放弃议案中原本允许美国进口更便宜的处方药、授权政府代表老年医保受保人与制药厂就药价进行谈判等条款。一些自由派人士指责这一交易是送给制药业的"礼物"。据估计,到 2009 年底,游说集团为反对医保改革的游说经费高达 4.3 亿美元,远远超过历史上与任何单项法案相关的游说金额。[1]

　　奥巴马竞选总统时曾在其竞选宣言中承诺,如有幸当选总统,他将打破陈旧的用人惯例,将"任人唯贤、任人唯才"。在正式就任总统后,也曾信誓旦旦地表示要打击特殊利益集团,要求所有职员签署一份承诺书,承诺他们被雇用绝不是因为裙带关系等原因。奥巴马当时表示:"政府雇用职员,必须依据其资历、能力、经验,绝不能靠关系。"颇具讽刺意味的是,没过多久奥巴马即被指任人唯亲,因为其"金主"多获政府要职。

　　据有关调查结果显示,近 200 名奥巴马最大的金主要么获得了政府职位或顾问职位,要么拿到了联邦政府数百万美元的商业合同,奥巴马还为他们提供众多参加白宫会议和社交活动的机会。上述金主们给奥巴马竞选的政治献金,都在 5 万到 50 万美元以上。

　　科罗拉多州的三层通讯公司副总裁唐纳德·吉布斯,曾在 2008 年大选中为奥巴马集资 50 多万美元,后被奥巴马总统安插到白宫的关键部门,成为招募忠诚者和金主的主管;2009 年,又被奥巴马任命为美国驻南非大使。

　　据另一家名为"公共廉洁中心"的组织发布的调查结果,八成为奥巴马献金的人士都在政府部门谋得职务。献金超过 50 万美元的 36 人中,有 27 人事后当上了外交官或经济顾问;24 名新任驻外大使的献金在 50 万美元以上;献金超过 20 万美元的人士中,一半以上都获得了在政府部门工作的机会。"公共廉洁中心"

[1] "Under the influence", Financial Times, March 16, 2010

还提供了具体的案例。芝加哥投资银行家路易斯·苏斯曼曾为奥巴马募得30万美元的竞选资金。虽没有任何外交工作的背景，但2009年7月，他被任命为美国驻英国大使。

奥巴马大学时期的好友朱利叶斯·格纳考斯基，经营绿色能源的企业家史蒂文·威斯特利，都为奥巴马募得50万美元的竞选资金，前者被任命为联邦通讯委员会主席，后者虽没有在政府部门任职，但其名下的4家公司陆续从能源部获得了多达5亿美元的贷款、补助和刺激资金。

2010年1月12日，美国最高法院以5比4的比例，废除了竞选经费限制法案。也就是说，大企业提供政治献金不再受限，这下可以由着性子，爱捐多少捐多少，资助自己瞧得上的总统选举和国会选举的候选人。这再次引发了美国国内对政治献金和美国民主关系的辩论。美国不是法治国家吗？这又涉及对美国宪法第一修正案的解释。言论自由与政治献金之间说不清道不明的关系，从来就是美国人争辩不休的"原则问题"。

2008年，联邦选举活动开支近60亿美元，其中10亿美元来自大企业的政治活动委员会、商会、行政人员和说客。一方面，奥巴马担心，此项裁决会导致特别权益集团的金钱毫不受限地涌入政治体系中；另一方面，它有可能损伤民主党的战斗力。共和党作为美国历史悠久的精英政党，有着大量利益集团和大家族的支持。而民主党作为大众党，恰恰需要通过法律来限制政治献金，以缩小与共和党之间在竞选经费上的差距，尽可能求得力量平衡。可这项裁决不是对民主党的雪中送炭，反倒像是给共和党的锦上添花。

英国《独立报》2010年1月29日警告说，华盛顿的腐败正在扼杀美国的未来。文章说，一百多年来，美国逐渐对公司贿赂、威逼或恐吓政界人士的钱款数额加以限制，尽管这样的限制非常少、非常无力。然而该月这些努力被付之一炬。众议员艾伦·格雷森说："从根本上说，这将人们所能想象的最大规模的贿赂行为制度化、合法化。现在公司可以酬谢与它们合作的政客，同时置不合作的政治家于死地。以后甚至听不到'来自堪萨斯州的参议员'这样的称谓了，取而代之的是'来自通用电气的参议员'，或'来自微软的参议员'。"

批评者说，游说业大行其道，只能加剧那些有资源与没资源的人之间的失衡。随着2012年大选拉开帷幕，美国利益集团的政治献金再次活跃起来。某些金主将继续为奥巴马的连任战斗，也会有别的幕后政治家为自己客户相中的候选者奔走操劳。

这一次，美国利益集团向民主、共和两党候选人开出了 6 至 7 位数的支票。最大的献金往往来源于一部分两党的忠实拥护者。"美国优先"是一个由奥巴马的前助手组成的、以支持奥巴马为宗旨的组织，它在 2011 年前半年就集资 500万美元，其中 200 万来自好莱坞梦工厂动画公司的总裁和制片人卡赞伯格；同一时期，该组织在广告方面花费巨资，主要用于攻击共和党总统候选人罗姆尼。

而罗姆尼的支持者"恢复我们的未来"行动小组，则已经集资 1200 万美元，主要来自几个大金主，包括对冲基金的创始人鲍尔森，他开出了 100 万美元的支票。其他金主如万豪酒店集团贡献 100 万美元，该集团与罗姆尼父子的关系密切，化妆品公司 Nu Skin Enterprises 出资 200 万美元。两个保守组织"美国的十字路口"与"十字路口全球定位系统"，是由前总统布什的政治顾问卡尔·罗夫创建的，砸下 2000 万美元的广告，以攻击奥巴马的经济政策。[1]

有人说，美国文明制度实为"钱治"。有了金钱，可以购买一切政治服务，包括改变国家政策法律；只要有足够的钱，把美国国会山上的议员全部"包圆儿"了，任何法律都可能通过，这就是游说的力量，而华盛顿只是华尔街金钱与 K 街说客的哈巴狗。

三、解密美国智库

"华盛顿说话，世界都在听。就算它对世界其他地方显示出偏见与无知，那又有什么关系，反正你们会听。"对我这么说的，何止一位华盛顿工作经验丰富的外交官。

---

[1] http://www.washingtonpost.com

美国为什么这么牛？为什么它说的，就一定是正确的？别的国家就得响应、就得同意、就得服从、就得照办？为什么它总能占据所谓的道德高地，总能摆出正义凛然的世界警察姿态，对他国甚至世界事务指手画脚？比如反恐战争，对利比亚实施的政权更迭，最近一两年对伊朗、叙利亚的制裁，全球围绕核安全危机的磋商、20国集团对世界经济的影响等等，其中无一不见美国忙碌的身影。不论承认与否，美国是当今世界最强大的国家，世界上所发生的一切都以美国为中心。

而认真分析后不难发现，美国的影响，就在于不断地设置国际话题，制造话题。美国提出的话题，也总能在国际社会引起连锁反应，总能得到诸多国家的跟随和协作。而华盛顿正是制造话题的大本营，一定意义上，华盛顿就是世界话题的制造者。

地球之大，世界之广，为什么偏偏就是这个地方能制造出如此多的话题？又为什么这个地方制造的话题，就能有霸权优势，由地道的"土特产"、"美国制造"，升华为国际社会的共同焦点或主要关切？那是因为美国除了无"国"能及的硬实力如军事、经济等等，还有着雄霸世界的软实力，其中思想产品占据很大比例。美国丰富的思想产品从何而来？都是什么人在思考？这些思想产品又如何转化为生产力，为美国的国家利益服务？美国拥有一大批思考者，一年四季从不间断、尽心竭力为美国的战略利益、超级大国地位出谋划策。得益于众多思考者经久不衰的头脑风暴，美国才有取之不竭的、前瞻性和可行性兼具的思想产品，才有眼光长远、统领全局的战略规划，为美国的强大提供源源不断的智力支持，美国才总能不失时机地兴风作浪，抢占战略先机和主动权，既是国际社会游戏规则的制定者与例外者，又是颐指气使的世界警察，更是话语权的霸主、世界舆论的领袖。

除政府相关部门的官员外，众多的智库好比美国思考的大脑，是美国思想产品的主要工厂，是美国这位世界霸主上通天文、下知地理的军师、幕僚；而华盛顿正是美国智库最集中的地方。这些智库活动繁多，常常是辩论不息，争论不止，对美国公共政策的影响无处不在，是美国抢占世界话语霸权的急先锋，是美国政府打民意牌、输出内困、为美国利益服务的巧妙的外交资源，更是美国成为思想强国的坚强后盾。

智库超市

要了解美国，就必须了解美国如何思考。

要了解美国如何思考，就必须了解美国的智库。

2009年初冬，小雪纷飞的一天，我步入美国著名智库"进步中心"的大门，与那儿的研究人员就一些外交问题进行沟通交流。正当我与进步中心的高级副总裁德利昂和两位助手寒暄之际，该中心的创办人、老总约翰·波德斯塔直接来到会客室，加入我们的谈话。我刚想自我介绍，他却说："我知道你是谁，我看过你的书。"

这个开场白让我有些意外。他说的那本书，是我写的《第三条道路与新英国》，讲的是英国首相布莱尔在20世纪90年代中，效仿克林顿改造民主党为"新民主党"的做法，提出"新工党、新英国"的口号，走"第三条道路"的故事。20世纪90年代中后期，大西洋两岸共同掀起关于"第三条道路"的新社会思潮，曾一度风光无限。那时的波德斯塔就担任克林顿政府的白宫办公厅主任，想必他对此并不陌生。在他《进步的力量》一书中，还可以看到"第三条道路"的影子。

于是我们从"第三条道路"聊到奥巴马新政府的政策调整，以及中美关系。波德斯塔说话轻言细语，思维敏捷，切中要点。在谈到中国时他说，中国是一个"非常特殊的发展中国家"，从中国的人均收入看，中国肯定是发展中国家，但中国的经济总量巨大，并非普通的发展中国家。这种双重属性，决定了中国必须在如何承担国际责任方面做出正确选择。

临别时，他签名送我的书正是其专著《进步的力量》。

没错，这位约翰·波德斯塔正是上一章提及的那位游说大鳄托尼·波德斯塔的弟弟。约翰·波德斯塔1949年1月出生于芝加哥，其父亲为意大利人，母亲为希腊人。曾任民主党参议院领袖、后来的游说大家达施勒的顾问，克林顿政府时期的白宫办公厅副主任、主任。奥巴马当选后，他成为奥巴马政府过渡团队共同主席。他主持撰写《进步的力量——美国进步主义者如何拯救我们的经济、气候和国家》一书，受到关注。

他创办的智库进步中心成立于2003年，总部设在华盛顿H街1333号。该中心现有研究人员250多人。除此之外，还在洛杉矶设有办事处。其核心思想就是"进步",宗旨是倡导强盛、正义和自由美国的进步思想,研究方向主要包括21世纪的美国国家安全、经济增长、能源、教育、移民、医疗保健等。该中心是民主党自由派的重要智库,与奥巴马政府关系密切。

这就是美国智库的典型代表。所谓智库,即思想库,是指由专家学者组成的、多学科的、为决策者在处理社会、经济、科技、军事、外交等各方面问题出谋划策,提供最优理论、策略、方法、思想等的公共政策研究机构。它介于学术研究与政府决策之间,是相对稳定、独立运作的政策分析和咨询机构。智库的最终目标是影响公共政策的决策,职能包括提出思想、教育公众和汇集人才。

美国有世界上最多、最活跃、最有影响的智库,其中不少的研究水平为世界一流。据统计,美国现有约1600多家智库,而在首都华盛顿就有100多家,由于智库种类繁多,其规模、预算、影响力等参差不齐,人员少则一二十人,多则上千人,预算从上百万美元到上亿美元。

正由于美国智库及开展的活动多得让人眼花缭乱,也催生了一个独特的产业:智库信息提供服务。日本一家机构就将美国智库的活动集中起来,一周出一期简报,以此向会员收费。简报英文名叫《亚洲政策活动》,日文名用的是中国字"源",囊括下一周华盛顿地区、纽约或其他一些地方的智库活动,列出活动名称、活动地点、联系方式、主讲人是谁等等,销售对象是对亚洲事务感兴趣的人和机构。此外,还有一份流传较广的简报叫《尼尔森报告》,创办者就姓尼尔森,它每天以电子邮件的方式发给订户,时不时地披露一些"内幕"信息。

在华盛顿西北区杜邦转盘附近的马萨诸塞街,是有名的"智库街"。这里有大名鼎鼎的布鲁金斯学会、卡内基国际和平基金会、彼德森国际经济研究所、美国德国马歇尔基金会、企业研究所、史丁生中心、国家利益中心等等。附近还有战略与国际问题研究中心、凯托研究所、大西洋理事会等。

智库的地理分布形态,也直观地显示出它们与美国权力中心的密切联系,极大地方便了智库与美国政府部门之间频繁的人员往来。如布鲁金斯学会位于马萨诸塞大街1775号,在国会东北边,二者只相距5公里。其邻居1779号,坐落着另一顶尖智库——卡内基国际和平基金会的华盛顿中心。在白宫西北方仅1公里处的K街上,则坐落着知名智库国际战略与研究中心。

大名鼎鼎的兰德公司的总部虽然在加利福尼亚州,但其主要客户是国防部,

美国著名智库布鲁金斯学会

特别是与空军的联系十分密切。为加强与国防部的联系，兰德公司在华盛顿设有分部，就位于哥伦比亚特区连接弗吉尼亚州的 I-395 高速公路旁边，与五角大楼隔街相望，独享地缘优势。

美国智库种类繁多，大致可分成四大类：一是政策鼓吹类，如传统基金会，通过游说美国的立法机构——国会的参众两院，以影响某项政策的制订和出台。二是公共教育类，如布鲁金斯学会。三是政策解释类，充当政府政策的翻译和传声筒。对此中国读者应该不会陌生。四是政府合同类，如兰德公司，专门为政府做课题。

一个智库要想取得成功，需要了解参与竞争的领域，界定自身的竞争优势，掌握有关领域的顶尖专家的资讯等。除此以外，还需要有自身的拳头产品，如年度会议、研究会或出版物等。尽管美国的各个智库都有各自的特点，拥有不同的资源，但要想提高地位、扩大社会知名度、发挥更大的影响力，必须依靠一套有效的运作机制。

美国智库的运作模式大同小异，主要包括以下要素：通过董事会管理，以提高知名度，扩大资金和信息来源；以课题为导向的研究方式；通过借助外脑来扩大影响，提高研究水平与能见度；有健全的筹资机构等等。

以战略与国际问题研究中心为例。该中心的宗旨是致力于探寻保持美国强盛地位之道，其运作模式和宗旨是通过更新、调整过时的政策，提出政策建议，以影响或改变公共政策。该中心约有 220 位全职研究与工作人员，以及广泛的人脉关系。共有约 40 个研究项目，主要分为三大类：防务与安全政策、地区研究与全球性挑战。其具体的运作方式如下：

课题制。每个课题有一负责人，多人参与。该中心每年约有 130 个课题，其运作特点是保持独立性，目的在于如何让你的思想得到社会的广泛接受。

跨党派合作。尽量包括民主党和共和党，以体现其不偏不倚的中立性。

在政府和私营部门之间居中。吸收两方面人员参与有关研究，以体现其成果的公正性。

多元筹款。该中心有约 300 个主要的资助者。2010 财年的资金总额为 2980 万美元，其资金来源的分布情况大约是：基金会捐助占 29%，公司占 29%，政府占 16%，个人占 14%，其他占 12%。其花销情况如下：资助各类研究项目 76%，行政开支 15%，发展支出为 7%，对外事务开支为 2%。[1]

任何一个成熟的智库都需要一批自己的核心研究力量和专家、强有力的学术负责人，才能在激烈的竞争中站稳脚跟，更好地为客户提供咨询和顾问服务，自身也从中受益，并保持良好的人脉关系。然而，任何一个研究机构均不可能完成所有的研究和课题，这就需要向有关专家学者购买高质量的研究成果或学术成品，或者采取非全日制的雇佣方式，吸引更多的专家为自身服务。

战略与国际问题研究中心正是认识到这一点，广泛借助外力为己服务，如通过广泛聘用研究员、客座研究员、高级顾问等多种渠道，扩大本中心专业人员的视野，提高研究水平。

在管理方面，该中心的董事会发挥着两大作用：一是提升其社会知名度，扩大资金来源，这是一个智库取得成功的关键、获得信誉的重要资产；二是对研究方向进行指导，但不影响具体项目的研究。

美国智库标榜自由、独立，强调其学术性和严谨的科学研究精神，不受政治力量的左右和影响，以突显其干净、纯洁的思考者身份。但这并不是说智库与政府毫不相干，相反，二者之间保持着盘根错节的关系，政府在资金、人力资源等方面提供的支持都相当隐蔽且密切，还通常为其提供较为宽松的研讨环境。

美国一些重大政策的出台，往往有强大的政策咨询做支撑。美国智库通过各种方式向政府提供研究报告，而政府的角色更像一个采购者，对各种研究报告、

---

[1] 2010 Annual Report, Center for Strategic and International Studies, p.13

成果等保持相对超脱的态度，像超市中的顾客一样挑挑拣拣，在众多的思想产品之间比较、筛选，如有合意的，就大加利用，提炼和综合有关思想，以增强其决策的科学性。在此环境下，智库活动有较大的自主性和独立性，可谓八仙过海，各显神通。而思想产品的丰富多彩，也反过来为产品的需求者提供了多样化的选择，买卖双方的事业也就都兴旺发达起来。

思想强国

思想可以强国。思想是美国崛起的智慧支柱；美国的崛起之路，少不了思想者们的未雨绸缪，逢山开路、遇水搭桥。而美国智库的历史沿革、变迁、运作模式、特点、影响及其未来的发展方向，也从一个侧面反映了美国的强盛之路。

今天的美国也是思想的强国，是全球范围内的思想的生意人。智库正宛如美国的大脑，是看不见的思想工厂。智库从美国的战略利益和地位出发，用"美式雷达"对国际形势、国际关系、国际及地区热点问题等进行扫描与梳理，这种独特的梳理与描述决定他们得出的看法，看法决定最后的政策。美国左一个议题右一个议题，在国际上的超强地位与国际影响，得益于其智库对国际事务的强烈关注，这种关注与其大国地位密切相关。

首先，美国智库的兴旺发达、长盛不衰与美国的崛起同步，与美国的强盛并行。了解它们的发展史，为观察美国霸主地位的确立、对外战略或政策的转变，提供了一个特殊而重要的视角。美国智库的发展大致经历了这样几个阶段：

第一阶段是 20 世纪初。当时的美国处于镀金时代，政府迫切需要一些独立的研究机构，提供公正、无偏见的政策建议。这种强大的社会需要，催生了一批政策研究机构，如卡内基国际和平基金会（1910 年）、政策研究所（1916 年）、美国企业研究所（1943 年）。这类研究机构又称"没有学生的大学型"研究机构，其宗旨在于促进社会对重大政治、经济、对外政策等问题的了解与认识，重视知识与信息的传播，以影响政府的决策。其资金来源于基金会、企业与个人。

第二阶段是 1945 年以后。二战胜利后，美国摇身一变，成为世界超级大国。为了获得更多的智力保障，美国政府对研究机构加大资助与投入，使之开展大规模的国防科技和学术研究，以兰德公司（1948 年）为代表的一批现代化意义的研究机构应运而生。它主要受政府委托，向政府特别是军方提供各类研究报告，此类研究机构就是前面提及的"政府合同型",因为其资金来源和客户主要是政府。同时,它们还要为美国在战后获得世界霸权出谋划策。

第三阶段是 20 世纪 60 年代以来,一大批研究机构如雨后春笋般出现,它们在激烈的思想市场上积极宣传其主张、理念以影响政府决策。如战略与国际问题研究中心(1962 年)、传统基金会(1973 年)、凯托研究所(1971 年)等,这类研究机构就是"政策鼓吹型",将自己的思想理念经过市场包装后,推向社会和决策者,既影响政府决策,又影响公共舆论。这一时期社会运动高涨,思潮迸发,智库的作用在于提供各种思想辩证的场所。

第四阶段是冷战后,特别是进入 21 世纪以来,美国面临国际形势的新变化,一些新兴的研究机构应运而生。其中最典型的是美国进步中心和新美国安全中心。它们为民主党的思想建设、为 2008 年奥巴马当选美国总统,发挥了极其重要的作用,因此有人将这两个思想库视为"奥巴马的思想库"。这一时期,智库热议的是如何确保美国在 21 世纪的领导地位,如何判断全球金融危机对国际力量的消长与国际体系转型的影响。

从美国智库的发展历程中不难看出,它们的成长与美国国力状况、所面临的国内国际形势相生相随;正是需求的不断扩大,才有了生产的不断增加。也是在这一过程中,一些研究机构的党派色彩日益明显,如传统基金会、企业研究所就属于保守的共和党阵营,而进步中心和新美国安全中心则具有明显的民主党标识,这使得它们自打出生开始,就背负了政治观点、政治使命。其他一些研究机构虽声称中立、不代表任何党派,实际也与各种利益集团脱不了干系。通常情况下,智库需要标榜其独立性,以增加其成果的严谨科学性和代表性,为的是争取更好的市场效应。

其次,美国智库最突出的功能之一就是制造、生产政策思想,为美国的超级地位、世界霸权提供取之不竭、用之不尽的思想产品。

要搞清楚智库的这一功能是如何发挥的,就要了解美国国内外政策的制定过程。从内政、经济、社会到外交政策的制定,往往伴随着较长的公开讨论的过程,包括智库、利益集团、各式各样的社团组织等等都积极参与。这个讨论过程,正是各方表达诉求、发挥影响的良机。智库在这方面具有不可替代的优势。相当程度上,美国的智库也是美国政治圈内炙手可热的游说力量之一。它们的风向变化可以对政府及公共政策产生重要的左右作用。

美国智库的大小活动总围绕某个议题，反反复复、没完没了地辩论、出报告、办研讨会等等。这些思辨并非一定要找出谁对谁错的唯一答案，而是在对当前的国际事务进行解读、评论，激励人们思考这些事件可能给美国带来什么影响，美国应当如何有效应对。如此周而复始，不停地重复，引导国内外公众的注意力和意见倾向，塑造有利于美国的舆论环境，逐渐形成某个智库的、进而是美国的话语权。

这些思辨大都以专业的方式进行，或者有专业的包装。某些智库的做法很可能让人难以理解，就好像现代社会的愚公移山，总是锲而不舍、坚持不懈地倡导某种不切实际、遥不可及的思想、主张，尽管有些思想短期内在政治上未必可行，到一定时候瓜熟蒂落，就有可能逐渐为决策人所接受，最后转化为政策或获得立法。

美国智库的规模大小、研究领域或特长差别甚大，有的研究范围广泛，内政外交、政治经济无所不及，因而能对公共政策提出及时、全面的新看法；有的则专注于外交政策或内政问题，甚或内政、外交的某一个方面，也就只在其所擅长的领域提出政策方案。智库的活动有较大的开放性、专业性、权威性，常常有政府官员参与；也注重时效性，紧跟当前国际国内的形势、动向，往往一旦有重要的事件发生，就有相应的研讨会。

第三，大量的著名专家学者是智库的领军人物，是美国话语霸权的源头活水。一定意义上，智库的名气与影响，是建立在其拥有的专家学者的名气与影响的基础之上。而大批通晓各行各业的专家学者，既给智库增添了权威性，也借智库这个平台成为舆论领袖。他们通过研讨会、媒体采访、研究报告、评论文章等形成话题和观点、讨论的方向，对公共政策、对外事务等产生着不容忽视的引导作用。

这些研究机构的专家还经常受邀出席国会听证会，被视为公共政策问题的权威，长期活跃在公共政策的辩论中。他们发表的著作文章也常被引为支持某一立场观点的论据。比如，美国彼德森经济研究所所长博格斯滕，既是所谓中美两国集团（G2）的鼓吹者，同时又是人民币汇率低估论的大力炒作者。经常在报刊发表文章，要求美国政府就人民币汇率问题向中国施压。

在国际关系领域，美国既有一批致力于理论与政策相结合的专家，也有一批相对超脱、潜心于学术王国的纯理论学者。前者注重对政策的解释，后者注重学理分析、与现实的政策研究的关系。由于美国这两类人物都不在少数，而且有一些世界级的专家学者，他们的研究成果往往具有较大的穿透力和传播能量，所提出的一些说法，甚至一些特定词汇或术语，比如，大家耳熟能详的利益攸关方、软实力、巧实力、无赖国家、失败国家等等，常常被国际舆论所引用，形成了事实上的话语霸权现象。

由于美国智库众多，竞争十分激烈，我接触的美国智库人士也对这种竞争毫不讳言。但同时，美国智库之间也不乏资源共享、人员交流。在信息井喷的今天，要让智库的研究成果得到认同与重视，实属不易，如果说有捷径的话，那就是创新求变。美国智库在这方面可谓得天独厚。不仅仅因为智库在美国政策制定中传统的地位与作用，还因为美国政府是智库思想产品的最大买家，为智库的兴旺发达提供了不少优厚条件。另外，大批的旋转门专家，也不断为智库补充着新鲜血液。有关这方面的情况，下一节有更多叙述。

奥巴马政府与智库关系甚密。除了从智库网罗诸多人才外，还与各大智库及专家学者保持非常密切的联系。其中，进步中心和新美国安全中心更是有不少其政治幕僚。

智库的活力源于社会需要，为适应国际政治、经济、军事、文化、全球化等的新形势，以及美国政府和社会的需求，美国智库呈现出以下的发展方向：跨国交流增多，通过国际交往引入更多的国际资源。有的智库寻求在世界各地设分支机构或办公室，"出口"研究成果，或与其他国家的智库合作研究，出版研究报告，接待国际访问学者等，以扩大其国际影响。智库的课题研究也突出了全球性、跨学科性和综合性，与政府的协作越来越多。美国智库还十分重视利用新兴媒体技术，做大做强，进一步抢占国际话语阵地。

政府的影子

美国智库或分属不同党派，或与党派有亲有疏，或标榜独立，资金来源各不相同，但都试图影响公众和政府决策，其背后都有不同的利益集团因素。它们通过种种渠道发声，开发研究课题，举办各种研讨会，著书立说，接受采访，参与公共政策问题的论证，以推销其立场观点，争夺话语权，引领和塑造舆论，也就是用他们的研究成果、思想产品，为美国政府对内对外政策的制定提供智力支撑。

美国的智库夜以继日生产着让人目不暇接的研究成果，而在这个思想产品的

"超市"中，美国政府可算作最大的买家。正是双方的精诚合作，才提升了美国的软实力，塑造了有利于美国的国际舆论环境，使得美国永居话语霸主地位。所以说，在智库的所有活动中，政府的影子虽若有若无，但无处不在。

在上一节的内容里，我们可从智库的发展与美国的崛起相生相随这一点，清楚地看出美国政府与智库之间相互依存的关系。就是在智库的研究课题上，也同样可以见到政府的指挥棒。再以战略与国际问题研究中心为例，2010 至 2011 年，该中心主要的研究课题如下：

> 网络安全
> 阿富汗与伊拉克
> 能源与国家安全
> 全球公共卫生
> 亚洲新的力量架构
> 国防工业基础研究
> 全球安全论坛
> 北约的未来
> 粮食安全等[1]

这些选题无不围绕美国的国家利益、战略地位而确立、展开，相关的研究成果就是在为确保美国的超级大国地位，提供源源不断的智力支持。

从智库的资金来源上同样能见到政府的影子。资金的充足保障，是智库生存和发展的基础。美国智库的资金往往来源于政府委托研究的合同收入、出版物、培训、企业和个人的资助等。有的研究机构为了保证研究的独立性、观点的多元性，对资金来源的比例有较严格的规定。但也有些智库的大部分资金均直接来自政府。兰德公司就是典型的一例，从成立之初就与政府特别是与空军建立了密切的联系，实际上成了军方的重要智库。位于美国弗吉尼亚州的海军分析中心，显然与海军关系密切，在关于中国军事的研究方面，该中心人员力量雄厚。

---

[1] 2010 Annual Report, Center for Strategic and International Studies，pp.14—15

另一个例子是和平研究所，它是由美国联邦国会资助成立的。自 1985 年以来的 25 年中，国会共向其拨款 7.2 亿美元。仅 2010 年，和平所就从国会获得 3400 万美元的资助，其中的 1700 万美元，来自国务院和五角大楼；国会还专门为其新办公楼拨款 1500 万美元。该办公楼紧邻美国国务院，俯视宪法大街，占地 15 万平方英尺，设计前卫，大玻璃窗和明亮的玻璃天花板，远远看去仿佛一座现代艺术博物馆。和平所 2011 年的预算经费达到 5400 万美元。[1]

智库虽热衷于公共政策，与政府默契配合，为自己的声誉着想，也有部分坚决维护其相对于政府的独立性。为此一些智库宣称，其 90% 以上的资金来源是基金会。这些私人的基金会，是美国权势集团的重要部分，但游离于政府之外。大企业、个人，比如继承了大笔遗产的个人，也可能给智库资助，避税是原因之一，公益精神同样重要。

以美国著名的综合性政策研究机构布鲁金斯学会为例。在资金规模、影响力上，布鲁金斯学会在美国都排名第一，它最初由圣路易斯的实业家罗伯特·布鲁金斯资助创立，以自由派观点著称。到 2004 年底，它的资产达到 2.58 亿美元，2009 年的预算达到 8000 万美元，资金主要来自皮尤公益信托基金、麦克阿瑟基金会、卡内基集团。即便这般有钱有势，也与政府有说不清的关系，捐助者中除美国政府外，还有日本和英国政府。

美国智库与政府的密切关系，还体现在人力资源的相互支持与共享上，智库有着很重要的人才培养、储备和交流功能，它能直接输送专家到政府部门供职，使他们由研究者变成决策者。因此在美国能时常看到，某一教授或研究人员能转眼即成美国政府的高官。反之亦然，高官也能在瞬间变成普通的研究人员或大学教授。

美国的体制是典型的"一朝天子一朝臣"，总统四年一选，特别是另一政党上台后，官员变动甚多。这些官员离开政府后，有相当一部分将智库作为退职后发挥影响的理想场所，一则调养生息，待本党东山再起后重出江湖；二则发挥其丰富的实践经验，充实智库的研究人员队伍，提高研究的实用性和前瞻性，避免从理论到理论。

---

[1] Jason Chaffetz and Anthony Weiner, "Small Budget Cuts Add Up", Wall Street Journal, February 16, 2011

各思想库也乐于聘用这些前政府官员，因为他们能够带来在政府内任职的经验和见识，也能提升本机构的影响力。这使美国的智库有如一池活水，总有新鲜的思维和见地，有着迫切的、影响公共政策的冲动与自我诉求，更保持着十分广泛的人脉关系，信息灵通，研究也就更具有针对性和实用性。

需要指出的是，任何事情都有两面。"旋转门"现象，使美国很多政府官员、国会议员以及私营企业的老板随着换届选举或退休，经常是前脚离开政府，后脚立即踏入私营部门；或者从私营部门跳进政府。这种一会儿是参赛者，一会儿是裁判的角色转变，涉及到各方面的利益冲突，因此非议颇多。因为身份在智库、政府、私营部门之间频繁转换，所代表的利益群体不同，行为规则就各有不同。难怪有人担心，由于如此众多的高官均来自智库，可能与智库"独立的、不代表任何党派"的标识自相矛盾。

奥巴马特别重视智库人才，其政府中充斥着来自不同智库的学者。有意思的是，布鲁金斯学会、战略与国际问题研究中心虽都标榜为独立性研究机构，但在奥巴马上台后，这两个机构分别向奥巴马政府输送了数十名官员，其中不乏重要的决策者，如美国国务院常务副国务卿斯坦伯格，白宫国安会亚洲事务高级主任贝德，美国常驻联合国代表赖斯，美国国防部负责东亚事务的部长帮办、后任缅甸大使的米德伟等。

与奥巴马政府关系密切的另一个智库，是 2007 年创办的新美国安全中心，它位于宾夕法尼亚大街 1301 号，其创办者后来进入美国政府，一位是国务院主管东亚和太平洋事务的助理国务卿库尔特·坎贝尔，另一位是国防部的副部长米歇尔·弗卢努瓦，负责国防部的全球政策制定。该中心的研究人员多有军方、国防部背景，重视国际安全的研究。它成立时间虽短，但较活跃，推出不少研究报告。如 2009 年 9 月发表《中国来了》研究报告，为刚刚起步的奥巴马政府的对华政策献计献策。

智库也是政府释放信息的理想场所。美国的高官经常现身智库，就有关国际热点问题发表演讲和评论，解释美国的有关政策。智库往往成为美国政府释放政策"试探气球"的平台，以便为一些外交决策和行为做舆论准备或预热。

如 2005 年，在美中关系全国委员会上，时任美国常务副国务卿的佐立克，就美中关系发表演讲，首次提出了"利益攸关方"的概念，该概念对后来数年的中美关系产生了重要影响，直到今天还被引用。

　　智库还是美国政府拓展"二轨"外交的主渠道。所谓二轨，是相对于政府的"一轨"而言的非官方渠道。由于智库的非政府性和非官方色彩，它们可以在一些政府不便出面的敏感问题上，进行"非正式"的讨论，而政府官员也可以掩藏官方标签，以个人身份参与有关活动。如此一来，政府既可通过二轨释放某些信息，也可通过二轨了解学术、舆论界的思潮变化。从某种意义上讲，智库还承担着外交信息传输的特别渠道的角色。

　　小布什或者其政府之中的官员在做公开演讲时，往往会事先挑选听众，他们经常是对当下政府的政策抱着支持态度的民众，例如军事院校或是右翼智库的人，而持不同意见者或是抗议的群众，则事先会被总统的保安探员请出场。此外，小布什政府也擅长打"恐惧牌"，给质疑政策的人士扣上"不爱国"的大帽子，导致白宫记者团，甚至美国国会，都跟着噤若寒蝉。[1]

　　还要强调的是，智库虽然号称独立，却不等于反政府。相反，小骂大帮忙的情景极为常见，它们很多时候充当的都是政府的政策辩护者，美国对外政策的啦啦队。

霸权急先锋

　　衡量话语权的一个标尺，是看你的说法或语汇是否得到别人的引用或引用的多寡，而非孤芳自赏。在这方面，美国有得天独厚的优势，处于绝对的强势地位。当今发展中国家学术界，存在着一种非常普遍的现象，即学者们自觉或不自觉地把美国的一些概念、理论框架，套用于当地社会的分析中，其负面影响不容忽视。因为某种特定的语汇并非孤立存在，它必然连带着相应的语境。尽管你可能只引用一个说法，但人们总是会联想到它所处的或所指的语境。从更深层次讲，它们在暗示某种分析方法或思维方式。话语权就此而生。

　　作为美国政府的军师、幕僚，美国智库以多种方式影响公共政策和舆论。具体说来，除上述的政府官员人才库、二轨外交等等，还有以下几种主要途径。

　　一是通过出版书籍、专著和提交各种政策报告，影响政府决策，将研究成果

[1] 徐琳，《华盛顿观察》2006 年第 33 期，2006 年 9 月 6 日

转化为生产力。智库首先依仗自己的各路人马、专家的研究和分析，形成新的政策主张，再通过出版物、报告、各类交流活动、媒体宣传等方式，力图使这些主张获得公众的支持和决策者的认同。

智库大都有自己的出版物，如美国外交关系委员会的《外交》、卡内基国际和平基金会的《外交政策》、布鲁金斯学会的《布鲁金斯评论》、战略与国际问题研究中心的《华盛顿季刊》、国家利益中心的《国家利益》等。此外，还出版各种专著，直接承担政府的课题等，提供政策建议。

如何将研究成果转化为生产力，恐怕是需要认真考虑的问题。在中国，思想来源于上层，因此中国不少研究人员、研究成果，均热衷于围绕领导人的讲话，进行解释或说明。美国不少思想是自下而上，决策者可以不拘一格地选择、消费各个智库或专家的研究成果。

将研究成果转化为政府政策的最新事例，就是奥巴马政府大力倡导的"巧实力"政策，这就源于战略与国际问题研究中心的研究课题。该课题在哈佛大学教授约瑟夫·奈、美国前国防部副部长阿米蒂奇的共同指导下完成。课题组走访了世界不少国家，包括同中国的专家学者进行座谈、研讨，在此基础上形成了这一思想成果。约瑟夫·奈是"软实力"的创造者，而"巧实力"的提出，是对软实力的充实与完善。"巧实力"更强调的是使用实力的方式，注重于美国如何更巧妙、更聪明地使用现有实力，使其作用最大化。关于它，后面有章节另述其详。

二是热衷于召开或举办各种研讨会、学术交流活动，为官员、专家学者、企业家、媒体和自由撰稿人提供交流的机会，也对公共舆论产生影响。它们积极调动专家意见，宣传支持自己立场的实例、数据和民意调查结果。有的智库还建立了培训项目，帮助行政当局培训那些新上任的官员，使之尽早顺利地进入角色。如布鲁金斯研究所专门设有公共政策教育中心，举办多种专题研讨班，为公共和私人部门的领导者提供研讨、进修的机会。

华盛顿地区有世界上最集中的各种思想库，俨然是国际政治头脑风暴的最大发源地。参加它们的研讨会也有一些潜规则。

通常这些研讨会要请各路名流、官员、专家学者去演讲或参与讨论，与会者的服饰、举止和讲话方式都有一些行规。比如，尽量不要穿黄色西装，或着短袖衫打领带，而最好是穿深色西服，尽管在火热的夏天也不例外，以显得庄重得体。

除了衣着外，讲话环节的把握尤其关键。最好不要照本宣科，反之会让人昏昏欲睡。除非你是主旨演讲的发言人，否则讲话的时间不宜过长，通常20至30分钟为宜，应留出一定的互动时间，让听众提问。答问的时间从20分钟到40分钟不等，不必担心出现没人提问而冷场的尴尬局面，相反，听众最感兴趣的就是问答环节，认为那是最精彩的部分。当然，华盛顿495环城路内的听众大多数都满腹经纶，信息灵通，几乎上知天文，下知地理，十分挑剔，需要认真应对。

在讲话方式上，这些演讲者一上来通常先要抖个"包袱"，或提到前不久刚和某位高官、某某名人共进午餐或晚餐，或者刚与某位国务院或白宫官员见过面、谈到有关情况，或者与某官员或名人有个约会，或者说自己刚参加在中国或非洲、欧洲举行的有关研讨会，云云。这种看似不经意的漫谈式开场白，信手拈来，其实在传递这样的重要信息：演讲者或发言人不仅人脉宽广、信息畅通、被各方强烈地需要着，而且还是一个日理万机、见多识广的全球旅行者，他的发言，你应洗耳恭听。

智库还以变相游说者的角色，通过出席国会的听证会以影响立法部门。每年针对不同的话题和事件，美国国会要举行各种各样的听证会，这时均需要邀请有关专家对国会议员陈述有关看法和研究，以及提供建议。而这时候的美国智库，好似由"军师"瞬间变身为游说者。出于扩大影响、推销思想产品、代表背后的各种利益集团等种种目的，各智库均积极安排有关人员到国会委员会的听证会上做证。

比如美国传统基金会就对国会情有独钟，将影响国会作为其工作的最重要目标。这表现在制造话题、协助制定方案和阻止某些议案等方面。为了方便与国会山上的议员办公室和议员助手保持快捷的联系，该基金会将其办公楼选择在国会山边上，可谓近水楼台先得月。用传统基金会研究人员的话说，他们可以在最短的时间内，向国会议员办公室提供所需要的背景材料或当面咨询，大家都只需要过一条街。

智库的游说者身份还表现在积极为企业提供咨询，扩大其社会影响，并获得丰富的资金支持。也就是说，它们不仅仅满足于当独立的思考者、政府的军师，为美国的世界霸主地位充当排头兵，也极愿意作为各利益集团、企业公司的军师，出谋划策，为客户的利益而奔走呼号，成为美国国内各方力量博弈的话语霸权急先锋。

而企业也希望借助智库聪明的大脑、四通八达的渠道、深厚的人脉关系，解决问题，反映诉求，并通过深谙公共外交之道的智库，与政府、媒体之间保持畅通的联系，以营造有利于己的舆论环境。美国智库与企业的联系非常密切，企业要对外投资以及顺利经营，需要随时掌握有关地区或国家的政策方针及其变化，要理顺各方面的人脉关系，要随时对投资地区的政府部门、相关政策施加影响，这都需要专业人士的加盟与帮助。智库不仅为企业的海外投资担当咨询者，还为企业培训人才。

智库充当话语霸权急先锋的第四大途径、也是非常重要的途径，是大力利用传媒，影响公共舆论。智库的一大功能，就是传播思想、信息，对有关政策或事件进行评估、诠释等，引发公众的关注，进而影响社会舆论或教育公众，开展公关和舆论活动，宣传自己的立场；同时，让政府官员及其手下工作人员了解新政策方案的有利或不利效应。

各智库对此社会属性均十分重视，都有负责与媒体联系的专门的公关机构和人员。智库也鼓励其专家学者走出办公室，接受电视、电台、报刊杂志以及网站的采访，或通过撰写有关评论，最大限度地扩大其影响。智库专家学者的出境率高低，是衡量其影响的指标之一。随着网络技术的迅猛发展，各种新兴媒体层出不穷，如脸书、推特等，成为智库推销、宣传自己的新平台。

谈到美国智库的影响，不能不谈及美国极为发达的媒体，它们与电影、快餐、娱乐文化一道，打造了美国的话语霸权和文化帝国，是美国这一思想强国的大功臣。这是研究美国软实力不可忽视的重要部分。媒体与智库二者的结合属于你情我愿，互相利用，一个有传媒工具，一个有思想内容；智库在思考，媒体在传播思考。二者互为依存，各取所需，相得益彰，相互促进，为美国的利益服务。

美国新闻和电视对全球的影响力，没有其他国家可与之匹敌。美国垄断了目前传播于世界的近 90% 的新闻，控制了世界 75% 的电视节目的生产和制作。美国的时尚、饮食甚至穿着习惯，也越来越在全世界被模仿。许多第三世界国家的电视节目有 60% ~ 80% 的内容来自美国。而在美国自己的电视屏幕上，外国节目占有率只有 1.2%。电影、电视节目、电脑软件和书籍等成为美国出口的大宗产品。美国的报业恐怕是世界上最发达的，当然，美国还是网络传播大国，而且世界排名最靠前的几大有名的网络公司，都掌握在美国人手里。

正是有如此丰富的资源，美国在打造话语帝国方面也当仁不让。不能否认的是，美国强大的话语权，使人自觉或不自觉地被美国的话语催眠；美国的镜头指向哪里，人们的眼光就投向哪里。

在美国，媒体主要掌握在私人手中。"独立的"报纸、杂志、电视、广播以及其他形式的媒体在美国有着深厚的自由主义传统，它们公开发表各种褒贬政府政策的评论。出于扩大社会大众知情权的目的，媒体会将政府官员的言行公诸于众，为智库、各种民间机构、受众提供了发表评论进而可以影响他人的论坛。这既可以对公共决策产生直接影响，也可以基于所塑造的公众舆论，反过来对决策产生间接影响。而在这方面，学富五车的智库权威专家、学者的声音尤其不可缺少。智库、专家学者也乐于为媒体提供报道、评论甚至炒作的原料、炮弹，凭借美国发达的各种传媒工具，将自己的声音与观点传播全球，影响世界。

智库"下嫁"媒体后二者组成的影响力有多强，可从"9·11"事件前后美国政治舞台力量的变化上看出些许端倪。美国的共和、民主两党是政坛的两大常青树。通常共和党代表富人和大公司的利益，是坚持保守主义价值观的一方；民主党则代表蓝领阶层、少数族裔和弱势群体的利益，是崇尚自由主义的一方。"9·11"事件之前，美国两党势力旗鼓相当，平分秋色。"9·11"事件和反恐战争，改变了美国的政治生态，使美国的政治风向逐步向右倾斜。

以兰德公司、美国企业研究所、胡佛研究所、卡内基国际和平基金会和布鲁金斯研究所为主的美国思想库，开始推销一种新保守主义的政治哲学，把美式民主政治和西式文明视为放诸四海而皆准的普世价值观，认为反恐战争实质是一种西方世界与异端宗教的文明冲突，而美国作为全球领袖，肩负着摧毁邪恶势力、保卫西方文明的"新十字军使命"。

新保守主义的兴起，对自由主义传统根深蒂固的美国新闻界产生了深远影响。极端的、爱国主义的言论很容易与媒体受众形成共鸣，以福克斯电视台为代表的媒体，对"9·11"事件的煽情式报道风格，正好迎合了美国人的爱国激情和政府鼓励民心士气的需要。智库通过媒体塑造舆论，不仅影响了新闻界，还可引导两党关注的议题及兴趣。而媒体也借助智库提供的宝贵的、有道德高度的思想产品，提高了收视率或销售率，增大了市场份额，扩大了影响，进而增加了收入。

　　智库要利用传媒，以扩大影响、提高自身地位；而实现商业利益的最大化，才是传媒大亨们的主要目标。所以在新闻的取舍、报道内容上，媒体不是在被动地吸纳智库的研究成果或政治主张，或无奈地被智库的专家学者牵着鼻子走，而是从维护自身利益出发，主动地、功利地、有选择性地以智库丰富的思想产品为支撑，常使用影射、暗示和渲染的新闻手法，以说服受众接受某种政治立场，通过对政府的舆论支持，谋求建立话语霸权，从而赚取商业利润。

　　在美国，那种追求真理和自由的"新闻英雄主义"时代一去不返，现在的新闻已经是一种大批量生产的消费品，媒体像其他商业机构一样，必须接受资本的摆布。今天的传媒"英雄"，是那些掌握资本力量、拥有话语霸权的人。有报告分析说，威胁美国新闻自由的有两大势力：一是五角大楼和白宫的权力精英，二是拥有巨大资本的企业精英。别忘了，前一种精英中，有不少正是借助美国"旋转门"政治所旋转进去的，由智库的专家学者变身为政府官员的。

战略指针

　　"美国有没有战略？"这是一个看似天真却又颇具争议的话题。无论在中国还是美国，都有人对此提出不同看法。

　　有人认为，美国是选举政治挂帅的国家，悠悠万事，选举为大，一切为选举服务，一切为选举让路，可以说，一年365天，天天都是选举日。总统自登上白宫宝座的那一刻起，就是新的选举的开始，难以制定或无暇顾及制定国家的中长期战略。另有人认为，美国从来就不缺乏大战略。尽管美国是选举政治，但并非只顾眼前而不看长远。美国的体制内还有相当一部分聪明人，成天琢磨美国的中长期战略规划。

　　其实，任何一个霸权均不乏战略思考；美国恐怕是最喜欢谈论战略、最热衷制造战略的国家，各种战略报告满天飞，多得令人眼花缭乱，目不暇接。而这些报告无一不以其国家利益为出发点，高屋建瓴地规划出维护其霸权的路线图，否则难以解释美国何以成为世界霸权以及如何维护其霸权不受挑战。它们得以面世的背后，是一大批思想者对国内外形势和全局的把握，对自身的清醒认识，更是长期、独立、深入的思考。

下面我们仅从美国政府发表的名目繁多的战略报告中略举一二，看看思考的力量，看看美国战略指针的出台到应用。

2010 年 5 月 27 日，奥巴马上台后首次发布了美国《国家安全战略报告》。这份报告有 52 页，其中一个重要变化是改变布什时期的单边主义做法，强调与外界合作对话。奥巴马在报告序言中说："长远国家安全并非借在他人心中建立恐惧，而是通过与对方对话获得。"方案提出利用外交、经济革新、发展援助、军事力量以及教育，达到提升美国影响力的目的。

奥巴马认为，强调经济是"实力源泉"，经济上的成功对于美国保持海外影响力至关重要，必须把推动经济增长和扭转财政乱象当作国家安全的优先任务。报告呼吁将美国的合作对象从传统盟友扩展到中国、印度等正在崛起的新兴大国。核扩散、太空及互联网遭受威胁属于美国目前最大的安全风险。这份报告的意义在于，奥巴马政府对美国的国家安全战略进行了拨乱反正的调整，放弃小布什政府的军事优先，把工作重心转到国内经济建设上来，

2011 年 2 月 8 日，美国五角大楼公布了长达 24 页的《美国国家军事战略报告》，由参谋长联席会议主席迈克·马伦团队执笔。这是美国 7 年来首次修改这一战略报告，着重强调未来 10 年来自亚洲的威胁可能增加，这主要是由于印度和中国等大国的崛起正在改变全球平衡。在国防预算收紧的背景下，报告建议通过加强与亚太地区盟友的联系，来增强美国在该地区的军事实力，呼吁扩大"与菲律宾、泰国、越南、马来西亚、巴基斯坦、印尼和新加坡的军事安全合作、交流与演习"。同时承诺将继续与日本、韩国和澳大利亚保持密切合作，军方寻求深化在亚洲的其他双边和多边安全关系。

在对华政策上，美国一方面呼吁与这个力量渐长的巨人加强合作，但同时谨慎指出，日益强大的人民解放军的意图仍不明朗，还表示将密切关注"中国军事现代化、太空和网络能力发展的扩张和战略意图"。目前我们可以清晰地看到，美国"重返"亚太的一系列举措，如强化与日本、韩国的军事同盟关系，加快发展与菲律宾和越南等潜在伙伴的关系，搅浑南海问题等等，似乎正是按照这份报告的路线图，在一步步向前运作和推进，达到其早就预设的战略目标。

美国国防部每隔四年要发表一份《四年防务评估报告》。2010 出台了第四份

报告。这是美国国防部组织各军种和各大总部反复研究的成果，是美国军方用来分析战略目标和研究潜在威胁的国防政策指导性文件，也是外界了解当前美国军事理论和战略意图的重要窗口。这份报告将对美国的国防战略、项目和资源进行广泛的审查和盘点，并按照与之发表日期最近的一份《国家安全战略报告》的要求，来确定军力结构、现代化计划和预算计划，以使美军在低风险情况下执行该战略规定的各类任务。

国务卿希拉里·克林顿上台后，在外交领域仿效该做法，摸"家底"，理头绪，出战略，订规划，抓落实。她调集各路精兵强将，集思广益，耗时一年多，制定出第一份《四年外交和发展工作评估报告》，于 2010 年 12 月 15 日公开发布。该战略对美国近年来外交政策的指导作用，在后面的《隐形的战线》一章中有较详细的阐述。

除传统的安全、军事、外交外，奥巴马政府还对网络战略情有独钟，投入的资源也十分突出。美国智库提出了美国的"全球公域"概念，认为确保美国在海、陆、空、网络四大支点的"全球公域"的主导地位和安全，是美国维护其全球领导地位必不可少的一环。美国官员还表示，美国面临巨大的网络威胁，国防部的网络每天受到几百万次攻击，国防工业的网络也有被渗透的危险。2011 年 5 月 16 日，美国联邦政府六大重要部门白宫、国务院、司法部、商务部、国土安全局、国防部，在白宫一同宣布了《网络空间国际策略》。奥巴马总统在前言当中指出，这是美国第一次针对网络空间设定全盘计划。

美国国防部 2011 年 7 月 14 日发布首份《网络空间行动战略》，将网络空间列为与陆、海、空、太空并列的"行动领域"，国防部以此为基础对美军进行组织、培训和装备。美国媒体认为，美军在网络空间的扩张可能导致网络空间军事化，并引发网络军备竞赛。如今，美国已组建了一支约 8.87 万人的网军，其中包括 3000 至 5000 名信息战专家，5 万至 7 万名士兵；美国还多次进行网络战演习，积极开发网络战武器，如次声波武器、激光反卫星武器、动能拦截弹等等。只要感觉受到威胁，美国总是能提前、积极行动，出台相关战略，并在其指导下，制定相应的、切实的应对措施，抢占战略先机和制高点。

美国的经济发展也有战略报告，如白宫 2011 年 2 月 4 日公布的《美国"创新战略"报告》，提出了 5 项新计划，以落实美国总统奥巴马在《国情咨文》中提出的"赢得未来"的战略目标。

　　除了上述政府部门或与政府密切相关的机构所发布的各种战略报告外,民间机构、智库等更是热衷于各种战略研究,特别关注美国未来实力地位的变化及挑战。而各种针对各地区、次地区发展趋势的战略报告也不少。

　　由此可见,美国从来不缺战略思考。回顾历史,美国超级大国地位的确立,少不了一系列战略报告的支撑,它们是其各阶段行动的指针。二战刚结束,美国就提出了"遏制"战略,后来又提出"新边疆"战略、"星球大战"计划、"超越遏制"等。这些战略报告最突出的特点是前瞻性强,特别是预判世界可能出现的变化前景,以及美国可能面临的威胁,从对世界格局演变的认知到研判,从国际体系的变迁到调整,从维护美国霸权地位到应对新兴大国的崛起,从威胁的变化到相应对策等等,并制定应对方略,特别是有针对性地加强体制、机制的调整、能力建设以及预案设计,真可谓未雨绸缪,居安思危。这些着眼于中长期布局、思考的成果,在不同历史时期都对美国的对外政策产生了举足轻重的影响。

　　还需要指出的是,美国政治体制、机制中人员的广泛流动、交叉也为其战略思考扩大了空间,不断提供活水,使之能够完成一次又一次的战略转身。

　　21 世纪是思想激荡、描述能力博弈、话语权战争的世纪,自我封闭的城邦国家奉作经典的兵来将挡、水来土屯的被动应对和保守防御,早已不再适应全球化时代的需要。如缺乏对国际局势、竞争对手、自身处境的中长期战略判断、战略规划与设计,缺乏大量独立思考、战略思想的宝贵积淀,缺乏在此基础上的提前布局和潜心运作,事到临头的手忙脚乱和疲于奔命往往难以避免。美国思考者及他们与执政者的积极配合与互动,在确保国家安全、发展中所起的作用,也许能给予我们些许启迪。

四、隐形的战线

美国影响世界的方式多种多样，战争军事手段是看得见的，是轰轰烈烈的，高调的，飞机大炮导弹军舰的轰鸣声中，一些国家的政权倒台，版图被重划；但通过国际关系、国家机制范式、执政理念与众多思想产品、榜样的作用、民事力量、金钱外援、公共外交手腕等等隐形的战线，去改变、影响世界，渗透性地、四两拨千斤地达到其目的，却往往被大家所忽视。如果说前一种手段的司令部是美国的国防部，那后一种手段的指挥部就是美国的国务院。它能调动的力量，远超拥有全球最先进军事机器的五角大楼。因为大到国际组织，小到美国普通民众，到了国务院手中，都能成为善加利用的工具。

美国善于把自己的关切转化成国际关切，把自己的利益镶嵌于国际社会的利益之中，再调动多方力量，"借力打力"，达其目标，而国际组织、国际同盟就是它实现这一切的最好平台。其他国家即使有这个心，也没这个本事，没有途径和能力如法炮制，因为，当今的世界，仍然是美国一超独大。因此，由于各国在世界舞台上的分量不同，导致国际组织中角色作用的不对称性。美国可以通过国际组织对他国施加影响或压力，其他国家却难以获得相应的对美国的影响力。

好处往往伴随着责任。在看待世界与自身的关系上，美国依然在挑三拣四中犯着种种错误；不过，在用规则与机制影响世界的同时，即便使出双重标准，也仍就摆脱不掉应尽的义务。

走进国务院这一深宅大院

美国首都华盛顿市中心的西北区，有一片18世纪末19世纪初的老街区，因其所处地段正位于波托马克河的河边，容易雾气弥漫，因而得名"雾谷"。这也是规模庞大的美国国务院总部所在地。它是C街2201号的一幢灰色大楼，又称杜鲁门大楼，与白宫相距不远，正门开向宪法大街，毗邻林肯纪念堂和肯尼迪艺术中心。由于身在雾谷，所以华盛顿的政治圈常常以"雾谷"代指美国国务院，亦指国务院发言人的发言经常模糊不清，云里雾里。虽为谐称，我却觉得它除了

美国国务院"雾谷"

轻松有趣，更有不少引人深思的内涵。

　　这是我在华盛顿工作期间需要经常光顾的深宅大院。每次进去办事都得经过安检，打开车的后备箱查看，然后到前台用身份证换访客牌，由主人陪同。有一段时间去的次数较多，以致工作人员见到我就说，你又来了。这倒没什么，最难办的是停车。国务院大楼前有一排停车场，最多也就停十来辆车，而硕大的美国国务院整天人来人往，根本就不够用。有一次，应邀去国务院参加一场活动，我盘算早点去，生怕没地方停车。很不巧，那天的人格外多，停车场根本就进不去。一位黑人保安很客气地说，里面的车位已满，你可以旁边等候，看来他把我当司机了。我说，我是来参加活动的，如停不了车，会迟到的。他表示无能为力。我想今天算是倒了大霉，起个大早赶个晚集。只得去外面找车位，结果泊到了三个街区之外的停车场，然后一路狂奔，气喘吁吁地跑到会场，活动已经开始。我只得擦擦汗水，稍作镇静后再进场。

　　美国国务院是联邦政府负责外交事务的行政机构，相当于中国的外交部，其行政长官就是美国的国务卿，职责大致相当于其他国家的外交部长。1789年7月27日，美国国会立法建立"外交事务部"，它是美国宪法生效后，联邦政府成立的第一个行政机构。其名称很快就改为"国务部",中文一般翻译为"国务院"。同年 9 月 29 日,美国总统华盛顿任命当时的驻法国公使杰弗逊为第一任国务卿。自 1947 年以来,国务院总部搬入了现在的杜鲁门大楼。目前,美国与世界 180 多个国家有外交关系,与众多国际组织有联系,共有 250 多个国际职位。美国国务院 2010 财年的预算为 493 亿美元。[1]

国务卿是美国外交官团队的一把手,也是美国总统的首席外交顾问;在总统继位顺序中,国务卿排在副总统、众议院议长、参议院临时议长之后,名列第 4 位。按照美国政府礼宾安排,在礼仪场合,国务卿要排在美国其他部长之上。在薪资待遇上,国务卿和其他部长都享受同样的内阁官员工资,如 2010 年的年薪标准为 19.67 万美元。总统年薪为 40 万美元,副总统为 22.73 万美元。

在布什政府时期,美国国务院曾发生过一次不大不小的抗议事件。原因是美国要增加派驻伊拉克的外交官,但响应者寥寥。出于安全原因,外交官们不愿意去那个战火纷飞的地方,他们抗议说,连全副武装的军队都只能待在军营里,何况手无寸铁的外交官? 时任国务卿的赖斯软硬兼施,开出更优惠的待遇,涨工资,增加地区补贴,增加年休假等等,所谓重赏之下必有勇夫,这场外交人员罢工危机才得以化解。

美国将对外援助作为重要的外交利器。主管对外援助的美国国际开发署,就设在国务院之下,其预算和工作设想与国务院密切配合、协调,为美国的外交政策增添动力。如 2012 财年美国国务院的预算共约 470 亿美元,国务院核心开销为 142 亿,包括美国驻外使领馆的开销 76 亿,公共外交预算 5.37 亿,文化教育人文交流的预算 6.37 亿,而美国核心对外援助(包括粮食援助)就占了 329 亿美元。[2] 关于美国如何利用对外援助为国家利益服务,后面会有更详细的介绍。

希拉里·克林顿入主国务院后,宣布要仿照美国国防部发布四年一度的防务评估报告的做法,力推出版《外交与发展四年评估报告》,制定美国的外交发展战略,旨在加强对美国外交的长远规划。克林顿提出,美国外交的三大支柱应是三个 D,即外交、发展与防务。

---

[1] http://www.whitehouse.gov/omb/factsheet_department_state/

[2] http://www.state.gov/s/d/rm/rls/fs/2011/156553.htm

编写制作该报告的小组成员，包括国务院和国际开发署的资深政策、外交、发展和国防事务顾问，以及国防部和千年挑战公司的相关人员。在此过程中，国务卿直接扮演塑造、指导和指挥的角色。2010 年 12 月 15 日，该报告面世。我们用不着一一详述这份编写时间长达一年多、内容繁杂的报告，暂且通过它在编写过程中关注的一些领域，看看"雾谷"是如何运作的，那里的精英们是如何看待美国的外交和国家利益，又是如何打造和通过外交途径，为国家的战略利益服务的。

比如，在报告编写、评估的第一阶段，分别由国际开发署和国务院相关负责人共同领导的 5 个工作组，解决下述问题：构建一个全球合作框架，探讨美国政府塑造和使用国际伙伴关系以解决广泛的全球性问题与挑战的能力；领导和支持"整体政府解决方案"，关注在国内外为推进美国国家安全、执行外交政策时，国务院和国际开发署在采取跨部门行动方案上所发挥的作用；避免和应对危机与冲突，研究如何在国务院和国际开发署内部，构建一种民事行动能力，并培养一种行动文化，以完成人道主义维护、稳定和重建任务等等。

在第二阶段设立了 12 个专题小组，在以下领域进行分析并提供建议：评估美国与别国的双边关系；如何提升美国与范围广泛的当地民众，包括生活在该国首都地区之外的民众进行接触的能力；地区化的工作，就如何采取更加地区化的手段解决全球和跨国问题提出建议；多边接触，研究如何更好地在多边机制内，进行外交塑造和采取行动；检讨国务院和国际开发署在建立非国家伙伴关系，以扩大美国政府外交与发展能力方面的合作领域；国务院与国际开发署的协作，明确两者展开高效协作的原则、结构和推动力；关注对外援助效率，完善了一些有关特殊机制的建设，有助于在整个对外援助项目中，始终保证援助的高效性等等。

正是在这片雾谷的世界里，美国的政界精英们好似棋盘圣手，同时对付着多盘云谲波诡的艰深棋局，想方设法调动各种力量，运用各种手法，指挥着遍布世界的各颗棋子，为超级大国的战略地位服务，为美国的国家利益服务。薄薄的雾霭，不知是不是其绝佳的屏障，影影绰绰间，好让外人看不清、摸不透这个雾谷世界中的一举一动；抑或是薄雾迷糊了雾谷中人的眼睛，不仅在他们与外部世界之间形成了一道若有若无的屏障，产生了嫌隙，也折损了雾谷中人的清晰视线，让他们眼中的天下，浩浩然无一不是美国的天下；美国的利益，就是世界的利益，美国面对的问题，就是世界要解决的问题，美国的关切，更应该是世界的关切。

把美国的事变成大家的事

美国常常打着人道主义、自由、民主等种种旗号，对世界事务四处插手，指手画脚，施加自己的强大影响。因为其利益触角延展至地球的每个角落甚至上达太空宇宙，下入虚拟的网络空间，所以美国需要关注的世界事务太多，当今国际社会发生的一切，背后都不难找到美国的影子。

在这些影子里，人们最常看到、最易看到的，就是美国超强的军事实力，先进的飞机军舰，派驻世界、武装到牙齿的美国大兵。其实，稍加留心，就不难发现"影子"中少不了动辄对全世界发表讲话、对他国事务胡乱点评、横加干涉的美国国务卿。年过 6 旬的希拉里·克林顿，无疑是目前全世界最忙的外长。截至 2012 年 7 月，她访问的国家超过百个，累计有 337 天在出访的路上，其身影遍布全球。因为美国对世界的超强影响力，除了使用武力、战争这种高调、轰轰烈烈、引人注目的手段外，还一直在苦心经营着另一个没有硝烟、隐蔽、悄然于无形、持续不间断而且战线绵延无边的战场，那就是由美国国务院精心筹划、指挥并冲在前面的所有外交努力。

要说外交是美国这个超级霸主影响世界、维护其国家利益的另一只手，可能有些让人费解。这只手是如何发挥作用的？我们通过它实现战略目标的路线图和方法、工具，对此问题抽钉拔楔。

美国利用其超强的实力及对国际规则的娴熟掌握与运用，在国际事务中纵横捭阖，软硬兼施，发挥影响。在外交上，美国尤其长袖善舞，对维护美国在国际上的主导地位贡献颇大。它发挥影响的最主要方式，常常是通过美国的强势地位，想方设法将"内销"转"出口"，将"美国制造"偷梁换柱为"世界制造"，把美国欲实现的国家目标，包装成国际社会的目标，将美国议题转化为"国际议题"，把美国的关切变成"世界的关切"，从而巧妙地将美国的利益转化为"国际社会的利益"，并让人们相信，做什么、怎样做，才最符合"国际社会的利益"，从而符合美国的利益。为此必须了解美国这一战略议题转化的路线图。

首先，美国要将美国的关切转化为"世界的关切"。美国语境下的世界有诸多威胁。常听美国人说，美国现在多么担心什么，或当今世界最令美国担心的是什么，以描绘、营造出一个悲情、险恶的世界，而作为救世主的美国面临着多么严重、繁多的危险，所以时不我待，实际就是为下一步采取相关行动制造舆论。

反恐即是典型例子，美国将"9·11"事件称为对全球自由世界的袭击，进而放大为对全球安全的威胁，这等于把美国的关切或威胁，放大为世界的关切或威胁。其逻辑就是，美国受到了恐怖袭击，就是民主世界受到了恐怖袭击；美国挨打了，说明世界多么不太平，恐怖活动又是多么猖獗，再不反击，整个世界都会身陷险境。在如此急迫、险恶的情形下，谁不支持美国的行动，谁就是美国的敌人，进而就是国际社会共同的敌人。"9·11"事件后，美国的第一要务就是反恐，为此它拉上盟友，开着飞机大炮绕了大半个地球，来到伊拉克和阿富汗，相继发动了两场战争，世界也就进入了"反恐时代"。

其次，美国善于将美国的利益转化成"国际社会的利益"。当然，我们也不排除某些情况下，美国的利益与国际社会的利益有一定的交叠之处，但我这里要说的美国利益，是指那些美国想实现的国家目标，它更多的是美国的私有利益。

此话看似费解，美国的利益就是美国的利益，怎么成得了国际社会的利益？简单说来，就是给美国利益涂脂抹粉，再为它穿上一件光鲜的"国际社会"的外衣，把美国的喜好变成世界其他国家的喜好。这与上述美国把自己的关切变成世界关切的道理一样，目的在于，绑架国际社会后，无论美国采取什么措施，都符合国际社会的利益。你要反对，你就站到了整个国际社会的对立面。

比如，美国要制裁伊朗，以阻止伊朗的核计划，就要求其盟友加入制裁伊朗的行列，欧盟便于2012年7月1日起对伊朗进行石油禁运。但它还要求其他国家削减甚至停止从伊朗进口石油，不从者"斩"。6月底美国宣布给予中国豁免权，观察期半年，可以续。美国无来由的"豁免"反成了奖励，与中国一道"获奖"的有约20个国家。美国明显在用"制裁"绑架世界，如此一来，美国一己的利益就变成了国际社会的利益。

第三，将美国的舆论导向转化为世界的舆论导向。美国有世界上最强大的传媒机器，占据着世界话语的高地，其发出声音的分贝也是世界上最高的。加上美国的新兴媒介是全球最发达的，手握如此众多的优势资源，很容易制造、设置舆论的议题，操控国际话语权，从而向人们进行是与非、丑与恶、正义与邪恶的心理暗示。有时甚至不惜颠倒黑白，不惜指鹿为马，不惜一切代价，不达目的誓不罢休。

　　国际社会也仿佛形成了这样一个潜规则：美国关心什么，大家就该关心什么。或者说，CNN的镜头指向哪里，世界的目光就会投向哪里，CNN在说什么，大家就得听什么。如CNN连篇累牍地报道萨达姆·侯赛因有大规模杀伤性武器，后来成为美国发动伊拉克战争所编造的借口。为此，时任美国国务卿的鲍威尔跑到联合国安理会做证，在100多个国家和地区代表面前，振振有词、言辞凿凿，现场还放映了有关情报的录像和照片等。可美国大兵攻城略地、遍地狼烟后掘地三尺，也没找到这些罪魁祸首。为堵决决之口，美国不相信国际核查小组，自己又专门派人到伊拉克去找证据，最后仍旧无功而返。后来鲍威尔不得不承认，他在联合国安理会的做证，是他一生中最黑暗的时刻。

　　美国将一些重要问题如反恐、朝鲜核问题等，诉诸联合国安理会，要求安理会通过某些决议，向有关国家施压。为此美国不惜多层次、多渠道、花大力气做工作，广泛动员国际力量，多边外交与单边外交结合，摆出不达目的誓不罢休的架势，旨在将美国时间表，转化为联合国安理会的时间表，以便让国际社会统统跟上美国的步伐和节奏。

　　为此，美国细化工作目标和阶段，重在抓旗帜、出议题、定规则、推日程。如果可能，再将有关倡议制度化，由此将美国的利益放大。如通过其盟友协调立场，组成"志愿者同盟"，发表声明，通过会议文件；再如推动联合国安理会对有关问题表态，通过决议或发表声明等等。这样做的好处，就是增加了美国行为的合理性和合法性，其影响也就自然而然地实现了制度化。

　　在美国一些人看来，现在正是扩展美国国际影响的天赐良机。冷战期间，美国只是西方世界的代表，不得不与以苏联为首的另一阵营对峙。换句话说，美国的国际影响也就局限于西方世界。冷战结束后，苏联解体，东方阵营瓦解，加上全球化的加速发展，地域间的距离几近于无，世界日益一体化，国家和地区间的利益与发展结合紧密，无论经济还是安全，独善其身的可能性几乎没有，这为美国在全球范围内发挥影响提供了绝佳条件，也让它的外交影响力成倍加速、增强。

　　因此，美国正利用这一有利时机，通过国际议程的设计，通过召集各种重要的国际活动、会议，通过有关决议等，为未来世界制定规则，并巧妙地将美国的利益织入国际社会的利益网络，将自己的影响从西方世界扩展到全球，从而实现美国国际影响力的历史性飞跃。如美国在金融危机之后，立即倡议召开20国集团会议；为挤搭亚洲经济增长的快车，积极推进跨太平洋战略经济伙伴协定（TPP）等等，都是上述策略的体现。而每当这个时候，其他国家还都不想缺席。一位美国朋友将这种做法称为"催化力量"，即美国善于顺势而为，一呼百应。

当然，这并不是说美国可以在国际社会为所欲为，它的所思、所想、所为有成功的时候，也有失败的教训。事实上，美国在推进其国际日程时，也不时感到力不从心，常常抱怨其他国家的不合作、多方阻挠。也许在今后，美国这种力不从心的现象不会减少，而国际社会对美国国际议程的"建设性纠偏"也将越来越多。

巧实力：一个美国三个帮

没错，美国是当今世界的唯一超级大国，拥有独孤求败的超强实力。但这种实力要转化成对世界、对他国的影响力，不能仅靠野蛮、血腥的武力手段，而要用思考的力量，紧跟形势的发展，贴近美国国家利益在不同时期的不同需要，创造多样的手法，变换实施方式，将强大的霸权干涉与强权影响化于无形。"巧实力"就是这种思路和做法与时俱进的成果之一。

实力就是实力，还能分出"巧"与"拙"来？这里的"巧"，主要指如何更巧妙、更聪明地使用力量，在展示实力、发挥影响时讲究方式方法，以便达到事半功倍的效果。奥巴马国家安全班子组建后，就着力使美国外交政策"去军事化"，谈论更多的是如何提升美国非军事方面的能力，试图将自己塑造成"21世纪全球和平的缔造者"。换个说法，就是奥巴马的外交政策试图"以德服人"，重振领导威信。这些举动的背景，是因为就职后的奥巴马继承了"亮着红灯"的美国外交。小布什总是以军事实力为杠杆，损害了美国的形象，减弱了其吸引力。

在《思考的力量》一章中，提到过"巧实力"概念的出台。在2009年1月13日美国参议院听证会上，国务卿希拉里·克林顿10余次引用"巧实力"的概念，以阐述她担任国务卿后的外交理念。她说，美国必须加强领导世界的能力，要确立这样的形象——美国是国际社会的一支正面力量。为此，必须多交朋友少树敌，共同对抗威胁，并抓住机会。军事力量虽是必需的，但仅是最后的手段，美国会加强利用国际组织与他国协作，加强经济发展，共同解决争端。

同年5月，奥巴马政府推出首份《国家安全战略报告》，克林顿国务卿在布鲁金斯学会就此演讲时指出，美国需要以不同方式运用自己在全球的力量，不再采用"军事化的外交模式"，将把外交、发展与军事力量并列为同等重要的手段。她强调说："我们的力量没有减少，但是我们需要以不同的方式来运用我们的力量。我们将从直截了当地使用力量，转变为更巧妙而且更困难地融合间接力量和影响力。所以'巧实力'并非一句口号，它的确意味着新的内涵。"

7月15日，克林顿在美国对外关系委员会上就美国外交政策发表讲话时，进一步针对"巧实力"谈到，它可体现为五个领域的具体政策方针：首先，准备更新和建立与伙伴进行合作的手段；第二，将致力于与我们持不同意见的人进行有原则的交往；第三，将把"发展"提高到美国实力的核心支柱地位；第四，将在冲突地区采取民事和军事行动相结合的行动；第五，将调动美国实力中的关键资源，包括经济实力和榜样的力量。

那么，在具体的外交实践中，"巧实力"究竟巧在哪些地方？

首先是充分发挥各种国际组织、联盟的作用。国际组织或联盟可分成两大类，一是所有主权国家都可以参加的、全球性、公共性质的国际组织和机制，它以联合国及其附属组织为典型代表。二是排他性的，某些国家自行拉帮结派组建的国际组织或机构，如北大西洋公约组织等。

美国自己出面、自当老大组建的第二类国际联盟最多。欧洲有北约，亚洲有美日、美韩等军事同盟关系，世界范围内有8国集团等。美国极重视联盟外交，虽是世界上国力最强的国家，却也是拥有联盟最多的国家。尽管联盟队伍被它私下分成三六九等，但美国仍把他们拢在一起，自立为王，替自己带来不少好处。种种联盟好似复制美国关切的利刃，在这些联盟内，美国办事相当方便，它的意图和利益，稍加运作，就变成了某某国际组织的集体共识进而共同行动。所以，这些联盟实际是美国霸权的重要有机组成部分。

美国的霸权可分为物质霸权与话语霸权两大类，前者是有形的，如金融霸权、军事霸权等，后者是无形的，如议题的设置和控制。不论是哪一类，为了争取做强做大，"以德服人"，掩盖其赤裸裸的战略利益企图，美国都需要工具和棋子，需要随声附和的同盟，需要共同行动的伙伴，方便把美国的关切复制成"世界的关切"。

常言道，一个好汉三个帮。美国在设计国际议题时，需要别国的呼应；美国身陷危机时，需要拉他国壮声势强国威；美国在联合国或其他国际组织中有所动作时，需要他国敲边鼓；最重要的是，在美国采取行动时，需要有人共挑重担、共负责任；美国发动战争时，需要他国冲锋陷阵，分摊巨额军费，分散风险。虽说世界唯一超级大国的这顶高帽风光无限，但霸权也意味着沉重的负担。为此，美国正在寻求霸权减负，除了继续利用它自己掌握的三六九等联盟关系，还试图拉新兴的崛起大国"入伙"，以增添其霸权的合法性。如此一来，"巧实力"的"巧"得以真正体现，因为不仅可以振臂一呼跟者众，众口得以铄金，避免势单力薄，责任还能借此外包。

在小布什政府时期，美国认为联合国碍手碍脚，更多采用单边主义。而奥巴马倾向于采取多边主义，更多地利用国际组织，服务于其战略目标。"巧实力"的应有之义，也在于更多地通过成员较多的国际组织或机构，推进美国的外交议程。

以北约为例，其建立的初衷是控制欧洲、压制德国、遏制苏联，其实质是以美国为轴心的同盟关系。说穿了，就是其他国家围绕美国而转。它是美国的最好工具，以调动欧洲国家，让它们成为棋子，为推动自己的战略目标、拓展和达成美国的战略利益服务。美国发动的伊拉克战争、阿富汗战争以及利比亚战争中，均有北约活跃的身影。

公共外交成新宠

公共外交与金元外交，历来是美国外交战略中的有力武器，但在奥巴马入主白宫、希拉里进驻"雾谷"担任"谷主"以来，在"巧实力"战略的指导下，二者升级换代，已晋升为美国外交的核武器级别。

公共外交，可视作美国影响国际社会的第二大类"巧实力"。公共外交的任务之一，就是培育、支持、鼓励目标国家的亲美力量。连指挥庞大战争机器的美国前国防部部长盖茨都说："从长远来看，我们无法通过杀戮或俘虏来夺取胜利。在20世纪，非军事行动——劝说和激励——是赢得意识形态对抗的重要武器。在21世纪同样如此，甚至更为重要。"

按照美国官方的界定，"公共外交就是通过了解、启发、影响外国公众，以确保美国的国家利益"。而所谓启发，就是先精心挑选信息，再策略性地向国际社会传递，以此影响国际公众对局势的分析和判断。这种外交手腕其实非常可怕，其威力不逊于甚至远超飞机大炮，它可以取得春风化雨、从量变到质变的效果。所谓榜样的作用是无穷的，"思想战"的厉害，就在于它不费一枪一弹，可以日积月累、悄无声息地对他国人民进行洗脑，把美国的价值观、世界观传播甚至融入他国的文化里，达到培养亲美力量的目的。

雾谷的总指挥、国务卿克林顿强调："为在新世纪发挥领导作用，我们必须经常采用新的领导方式……为增进美国的利益和弘扬美国的价值观，带领其他国家解决 21 世纪面临的共同问题，我们必须首先依靠我们的外交人员和民事专家，由他们来建立美国力量的第一形象。"也就是说，在新世纪里，美国要通过民事力量发挥领导作用，要让众多的美国人作为美国形象的代言人，作为美国价值观、世界观的榜样，去影响目标国的民众。这样的方法好使不贵，与战争等手段相比，民事力量是对美国民众极具成本效益的投资，它是预防武装冲突和控制危机的强有力工具，是刺激经济增长、为美国产品打开市场、促进国内就业的催化剂，更是应对 21 世纪各种复杂问题的必要手段。

民事力量，指的是整个政府和公民社会的民事人员的综合力量，包括美国派驻世界各地的 271 个使团及其外交人员、派往 100 多个国家的发展专家以及为增进美国在全世界核心利益而共同努力的其他美国政府机构的专家等等。

奥巴马政府派驻中国的大使骆家辉，就有意展示公共外交的水平。从他的许多似乎不经意的故事中，大家不难看到美国"巧实力"的组成部分——榜样的作用，雾谷精英对公共外交的娴熟运用与高超手腕。从他亲自手提肩扛行李、带着一家大小出北京机场、坐面包车，到坐经济舱外出开会等，无一不引起众多媒体的大肆宣传与报道，更引来大批中国人的围观与赞叹，真正是高效益、免费的"美国正面力量"的最佳广告。再与部分不争气的中国官员的做派相比，美国大使、美国官员，继而是美国的"光辉形象"油然而生，甚至被拔高至美国政府、美国政治体制的优越与先进，这样的洗脑效果、亲美力量的培养速度，不知强过多少刻意的、高成本低效率的对外宣传努力。

美国大量的民间组织、慈善机构在公共外交领域取得的成就更是辉煌。比如美国帮助兔唇儿童的"微笑行动"慈善组织，每年组织国内的医务工作者，在世界各地做义工，免费为大量贫穷的兔唇儿童做矫形手术，让无数家庭重拾希望。

美国小学生上街宣传环保

像这样的民事力量所起到的榜样的作用，在塑造美国的正面形象上，胜过无数政府广告或官方宣传。

除政府资源外，美国政府越来越重视非政府组织和新媒体在维护国家利益方面的作用。美国国务卿克林顿大力推行"全民外交"和"互联网外交"，特别是积极利用互联网作为新外交的利器。如白宫同时在社交网站"我的空间"、"脸谱"、"推特"等开设网页；现在白宫和国务院官方网站的首页，就有它们在社交性网站的网页链接，美国专家称之为"公共外交2.0"。美国主流舆论要求美国的工商、慈善、宗教、传媒、教育、文化、非政府组织乃至普通公民，都肩负起外交使命。美国人相信，非官方组织比官方组织更容易赢得国际民众的信任。

美国的公共外交出现一体化趋势，目前正从以下三个要素着手，以图收获更佳的效果：资源整合、理念提升和战略协调。先是资源整合。美国的目标是建立跨部门的"战略传播办公室"，它直属美国总统办公室，负责全面协调美国白宫、政府和军方的公共外交。目前负责公共外交和公共事务的副国务卿，其大部分职责将划给"战略传播办公室"主任。

二是理念提升。公共外交是软实力的重要成分，是国际对话的重要手段，"巧实力"的实施途径，是维护国家安全的核心工具。美国的专家们建议，公共外交的首要任务不是自我营销，而是摧毁对方的意识形态，粉碎对方政策与行为的合法性基础，进而影响目标国民众的认知。这样的见地，实在让我不寒而栗。我们已经在近来横扫西亚北非的"阿拉伯之春"中,见识过它的威力。突尼斯、利比亚、埃及、叙利亚等国政府相继风雨飘摇甚至政权被更迭。

三是战略协调。美国负责公共外交的前任副国务卿格拉斯曼说,意识形态博弈的三大武器是言语、行为和画面。他说,美国将继续运用传统的公共外交工具——教育与文化交流、私人与官方间的政策建议和信息交流,包括私有企业和媒体的对外传播。

巧实力实施的第三大途径,就是拼支票本的厚薄,即对外援助的地方和援助金额的多少。用美国前国防部长罗伯特·盖茨的话来说,就是"必须改变看法,承认像国务院和美国国际开发署这样的机构所发挥的重要作用"。明摆着,这是以钱开路办外交。

根据奥巴马政府提出的2011财政年度的预算方案,联邦行政当局请求国会拨出近587亿美元用于本财年的各项外援项目。这里说的外援,不包括美国民间公司、组织和个人的大量海外慈善捐助。参与外援的有20多个政府机构,主要管理部门是美国国务院和美国国际开发署。在经济预算吃紧之时,为何仍需维持数额庞大的对外援助项目?外交是需要钱的,外援是美国外交的一项重要工具。

根据美国国会研究部的报告,按照奥巴马政府2011财年拨款申请,第一受援国是阿富汗,申请总额为39亿多美元;排名第二的是阿富汗的邻国巴基斯坦,总额逾30亿美元。第三是以色列,30亿美元。埃及位居第四,接近15.6亿美元。伊拉克排在第五位,7290多万美元。2011财年美国的10大受援国接下来是:肯尼亚、约旦、尼日利亚、南非和埃塞俄比亚。

用于阿富汗和巴基斯坦的巨额援助款项跟战争有关。用于伊拉克的外援经费在2006年和2007年曾高居首位,近年才减了下来。2010年1月,海地发生特大地震,美国在2010财年为帮助海地拨出17.78亿美元,超过当年对埃及的援助。如果把这些特殊拨款抛开,只考虑"常规"援助项目,那么,以色列一向是美国最大的受援国,而自从1979年埃及和以色列签订和约后,埃及就是美国的第二大受援国。美国对以色列和埃及的援助主要都是军事援助。以色列是美国在中东最重要的战略盟友,而埃及则是美国统合阿拉伯国家的领头羊。

那么,美国有没有援助中国?奥巴马政府2011财年向国会申请的中国援助款项总计1290万美元,少于2010年的2720万美元。对华援助主要用来帮助培育中国的公民社会，并加强两国在全球健康和共同关心的环境问题上的合作。美国对中国的军事援助为零。根据经合组织公布的报告，中国 2007 年到 2008 年从外国政府获得了超过 25 亿美元的援助，美国排在日本、德国、法国和英国之后。

在美国政府对外援助的问题上，美国的战略利益和价值观有时会有所冲突。比如，美国向友好的威权政府提供军事和经济援助，看起来似乎有助于地区稳定和国际反恐，可弄不好在国际和国内会落下扶持专制者镇压民众的骂名。在埃及问题上，美国就遇到这样的难题，批评者指责它支持埃及的独裁者穆巴拉克，这并不符合美国要推广民主、人权价值观的理念。

另外，经济援助和军事援助哪个才更有利于受援国的长期发展？这也是人们不断议论的话题。国务卿克林顿就说，美国对外援助要加强外交与发展，不能过于偏重防务。

外援助长当地统治集团腐败的现象也时常遭人诟病。美国政府目前正努力加强外援的透明度和问责制。2010 年 12 月，美国国务院和美国国际开发署共同推出了"外援看板"网站，用易懂的方式，让美国公民、民间组织、捐助方、国会以及政府机构，清楚外援资金的流向。目前，看板数据只包括美国国务院和国际开发署管理的资金。当局表示，以后该网站会纳入其他项目。

实际上，外援本身就常常成为批评目标。目前，美国经济不好，政府预算赤字巨大，很多美国纳税人对拿自己的税钱贴补外国颇有微词。但其实对外援助经费只占联邦预算的 1%！

2011 年 3 月 2 日，克林顿国务卿在参议院外交委员会听证会上称，美国处于同中国争夺全球影响力的"直接竞争"中，若美国外交事务的预算遭到删减，则存在竞争中输给中国的风险。她指责众议院企图削减 16% 的国务院预算，称这将带来灾难性的影响。而众议院外交事务委员会主席罗斯·莱提南，却质问克林顿，增加给外国的援助到底为美国带来了多少回报？克林顿斩钉截铁地表示，对外援助可以保持美国的海外影响力，比如，正是美国对埃及军方的援助，才"训练"出一代埃及军人没有向开罗的抗议群众开火。如果美国减少对外援助，跟美国竞争的对手将会填补这个空白。

撬动世界的杠杆

美国对世界施加影响的方式多种多样，可利用的资源相当丰富：美国的"苹果"热销全球，美国的非政府组织遍布世界，更有无处不在的、令人眼花缭乱的文化符号，如自由女神像、华尔街、百老汇、麦当劳、NBA、可口可乐、希尔顿、万宝路、迪斯尼、硅谷、感恩节、超人、白宫、橄榄球、爵士乐、星巴克、沃尔玛、好莱坞、哈佛大学、芭比娃娃等等，某种意义上，世界都生活在美国元素的包围中。美国的军事触角延伸到世界每个角落，美国大兵的身影出现在世界各地，要么发动战争，要么通过驻军、签署安全同盟条约，要么通过军事威胁或制裁高压，颇有顺己者倡、逆己者亡的霸道。

美国影响世界的工具和途径远不止上述这些，它借以四两拨千斤、撬动世界的杠杆之一，是制定国际社会的规则和法则，使之最大限度地符合美国的国家利益。历史上，美国不断地通过战争改变世界，同时，美国也在通过确立规则影响世界，通过话语权塑造世界。

制定新规则或符合自身利益的规则，需要通过国际组织或机构作为载体来加以实现。好比一个电脑游戏，光有游戏内容和规则，却没有游戏玩家，这个游戏是没有生命力的，它对经营者没有任何意义，经营者也不可能从它身上收获任何利益。而正是基于两个或多个国家间的某个或多个条约、规则，才可能形成由这些国家组成的国际联盟。由此，很多国际组织自诞生之日起，就注定了其命运是掌握在条约、规则制定者手里，而这个角色往往由美国独霸。

美国是世界第一强国，也是世界上盟友、伙伴关系最多的国家，是国际机构或组织中最重要的玩家。虽然美国为所欲为的可能性越来越小，但是美国想做的事，鲜有做不成的；美国不想做的事，其他国家做起来也相当艰难。

从根源上讲，国际组织源于18世纪康德的自由、民主、独立、合法共和国将克服无政府国际体系状态的"和平联邦"设想，通过它可以永久避免战争爆发的危险。康德还认为创立和平联邦可以增加民族国家的相互依存。当今世界上的国际组织，是国际体系的重要载体和参与者，是极其重要的政治、经济、社会、军事和文化事务的协调与合作力量。它得益于早期欧洲民族国家兴起所带来的政治、经济、金融事务的增多，19世纪时得到大发展。

1989 年到 1991 年冷战终结，核军备竞赛的结束，经济和金融的全球化高歌猛进。与此同时，也出现了政治和文化上的碎片世界，这增加了国际组织成为磋商、协调和仲裁的作用。进入 21 世纪，加上交通与通讯的飞速发展，也出现了新的挑战，即新的非国家行为体的大量涌现。传统的只靠民族国家的方式已经不能应对层出不穷的跨界问题。国际组织与联盟的作用，正有越来越重要的趋势。

在 20 世纪多数时期，美国都是国际组织的建造者和发展者：1919 年在第一次世界大战后，美国领导和创建国际联盟；在吸取一战国际联盟失败的经验后，1941 年制定了大西洋宪章；在 1944 年的敦巴顿橡树园会议基础上，美国在政治安全领域筹划和主持建立了联合国，并在相当长时间内主导了联合国的事务。

与此同时，美国还主导创建了一系列国际政治与经济机构。在经济方面，1944 年布雷顿森林会议上，争取多国同意建立了世界银行和国际货币基金组织，确立了以美元为中心的固定汇率制体系，保持了美元的霸权地位。

在军事安全方面，冷战的出现使美国建立了新的军事组织，它在 1949 年组建的北大西洋公约组织，是一个与以苏联为首的华沙条约组织相抗衡的军事集团，形成国际政治中长达半个世纪的两极格局。在此期间，联合国，特别是联合国大会沦为空谈会，成为美苏打口水仗的场所。冷战后，华沙条约组织解散，而北约不仅没有因失去对手而消失，相反保持着扩大之势。

美国不仅是战后众多国际组织的建设者，更是这些国际组织所带来利益的真正受惠者。如美国联合国安理会常任理事国的地位，有助于通过于美国有利的决议。联合国安理会通过决议，严厉谴责恐怖主义行为，对美国打击恐怖主义表示支持，为美国出兵伊拉克和阿富汗祭出了道义的大旗。紧接着，美国在欧盟和其他国际组织中如法炮制，北约启动了集体防卫条约的第 5 款，将多国部队交予山姆大叔的统领之下，为美国而战。国际组织的利用价值由此可见一斑。

美国掌控着世界银行与国际货币基金组织两大金融机构，这在相当大程度上建立并确保了美国在全球的金融霸主地位。国际货币基金组织的领导人历来由欧洲人担任，但世界银行的行长角色一向是美国人。二者的管理结构类似于股份制公司，出资额的高低与权益密切相关，因此均实际掌控在发达国家手中。世行的表决权、国际货币基金组织的投票权中，美国分别占据 15.85%（截至 2010 年）、16.8%（截至 2011 年）的最高比例，因为二者在重大问题的表决上，都有 85%

票数支持才获通过的规定，所以美国是两个组织中唯一对重大问题有一票否决权的国家，可以左右任何改革。

虽说通过国际组织影响世界，为自己捞取了不少好外，但美国对国际组织的态度却绝对是实用主义，有用则用，无用则弃。美国既是大多数规则的制定者，也是规则的违反者。换句话说，美国制定规则、创立国际组织，就是为了限制别人、方便自己，当然不会因此束缚自己的手脚。只要规则在手，美国追求其国家利益的行为便有了合法化的外衣。

美国在以双重标准处理国际争端方面，可谓坚定不移。所谓双重标准，说得不好听，其实就是依仗其膀大腰圆，耍无赖。它要求他国遵守国际法，大肆指责别国的人权问题，而自己却视之如儿戏，例如伊拉克虐囚，关塔那摩非法关押大批未经审判的囚犯，野蛮轰炸南联盟等等。美国可以随意干涉他国内政，但自己的行动自由或主权却丝毫不许触及。无人侦察机可以在他国领空随意进出，拉上盟友、伙伴到别的国家门口任意军演，舞枪弄棒，随意提出对他国的进出口商品的反倾销制裁，在美国看来，这些做法全都理直气壮。

美国对国际组织欲迎还拒

虽然美国是战后多边国际组织和机制的主要创建者，这些组织和机制是美国撬动世界的杠杆，从中捞了不少好处，但美国对它们一直抱着欲拒还迎、或欲迎还拒的矛盾心态。美国对多边国际组织的利用很好理解，因为可以增加美国的影响力，可以发挥更大的"领导作用"，可以利用它们为己服务，那美国的矛盾心态又从何而来呢？

通常美国对国际组织和多边国际机制都比较敏感，担心它们可能会成为枷锁，制约美国的行动自由，或者可能对美国的主权造成潜在的影响。以下三个因素有助于帮助我们理解美国的这种矛盾心态。

第一，美国是个超强力量，当然也会超越国际组织的约束。由于美国拥有举世无双的军事力量，又自视为世界秩序的卫士和保障者，一定意义上，它想干吗就能干吗，因此比别的国家更有能耐采取自由行动，一些规则能制约别人，却单单对美国网开一面。这就是美国认定的国家主权。

传统上，美国认为国家主权即是国家隐私，反感外部力量对美国的干涉与影响，这与美国的建国史有一定关联。建国之初的美国有与欧洲脱离的情结，即新大陆要与旧大陆一刀两断，以维护和保持其新社会的独特价值观。建国之初的孤立主义，也使美国不愿卷入那一时期的欧洲事务，同时也反对欧洲介入美国事务。

而参与多边组织或活动，必然要承担相应的义务，要在一定程度上受到外力的影响。因为既然要利用国际组织，组织内部没有达成共识，没有集体的支持，国际组织也就起不了任何作用。正因为此，美国对国际组织的热情，总是被国家可能因此更易受外国势力影响的担心而浇灭。整个19世纪，美国自视为富裕、强大和高度发达的国家，并不依赖从他国获得经济繁荣和技术援助。这种独立和自满的感觉，在冷战结束之后随着一超地位的建立不降反增。所以美国才感到加入国际组织，是给得多、收获少，是"得"小于"失"。

二是美国"例外主义"的历史传统，使美国对保护国家主权、反对或警惕任何国际机制可能对其主权造成的损害都十分警觉。关于这一点，看了前面的章节，相信对此不难理解。

三是美国国内独特的宪政分权制，对美国参与国际组织是个制约。宪政分裂的政治体制，给予美国国会在批准条约、认同全球性的国际安排方面，有关键的发言权，增加了美国承担新的国际责任、履行义务的复杂性。美国总统虽然负责国家的外交政策，包括是否参与国际组织，但囿于国内的权力斗争，并不能完全享有自由行动的权力，以实现其作为盟友之一所应承担的责任。总统先生必须与国会合作、竞争，而国会也因此对外交政策有一定的发言权。美国联邦制的这种分权，限制了联邦政府接受或行使国际组织义务的权力。同时，美国宪政中的自治精神，如私营经济、媒体的独立性、个人权利等，都对美国如何与国际组织打交道形成掣肘。

由是观之，美国对多边国际组织或机制的矛盾心态，有损于其"领导作用"的发挥。而从美国与国际组织错综复杂的关系中，我们也能看出，美国与外部世界的关系，总是在利用与限制、塑造与防范之间摇摆。

美国地理位置优越，东西濒两洋，南北无强邻，使之免于其他地方问题的困扰。这是托克维尔在《美国的民主》一书中的观点。美国人不愿其生活方式、内部权威受到任何外来力量或组织侵扰，这也是当年美国拒绝加入国际联盟的根本原因。虽然后来加入了联合国，但并没有消除这种潜在因素对美国参与世界事务的担心和制约。但在今天，这种地缘优势并不能确保美国的安全，美国不再固若金汤。由于美国的开放性，加上全球化时代世界在技术上的相互依存增加，恐怖主义、非对称威胁不期而遇，打破了美国这种孤立保平安的地缘自信和历史心态。所以进入 21 世纪，美国出现"重新接触"国际组织的政策取向。

美国自第一任总统华盛顿的孤立主义以来，总认为美国的麻烦和问题均来自外部世界。"9·11"事件使这种认识达到顶峰。但这一事件和国际恐怖主义活动的猖獗，2008 年华尔街的金融危机爆发，使美国逐步认识到，应对麻烦和解决问题的答案同样来自外部世界，来自美国与外部世界的合作。它对美国的政治战略和对外政策产生了深远的影响，一定程度上改变了美国对国际组织或机构的消极看法。为有力地打击国际恐怖主义，应对国际金融危机，美国可能摒弃单边主义，而重新"拥抱"国际组织，争取广泛支持。

这种必须与世界打交道的思想，基于如下的认识：无论一国多么强大，都难以有效确保其安全，奥巴马多次讲过这一观点。当然，不能得出这样的误解，主权与国际组织的关系完全是零和的。相反，有效的国际组织需要国家的广泛参与，也只有参与者能够而且愿意承担义务，才能形成有意义的决策，才能实现各项资源的共享，以便实现多边合作。如果国家参与不足，国际机构或组织也就会出现能力赤字，难以维护成员国的利益，结果成员国的主权也会受到损害。

但这也没有从根本上解决美国如下的纠结心理：参与国际组织，将使美国打击恐怖主义或应对其他全球性问题上，有更广泛的法理或舆论基础，但又意味着自己将承担某些义务，让渡部分主权，可能影响到美国的国家行动自由，使美国的国内事务更容易受国际事务的影响，这样就会侵害美国的"国家隐私"。同时，美国担心国内民主与维护国际秩序的义务之间有一定的张力，当美国越来越多地参与到国际机构或事务中去的时候，这种张力就越大。所以，这些机制与组织、自己设定的众多规则，就越发像压在肩上的沉重枷锁。

其实，这其中还涉及另一个重要的问题，即在审视美国与世界关系的时候，需要厘清，世界属于美国，还是美国依附于世界？

美国前国务卿奥尔布赖特说过，美国是个"不可或缺的力量"，其潜台词就是：世界不能没有美国。的确，美国既是诸多问题的根源所在，同样是解决问题的出路，特别是在处理全球性问题方面，美国是一个必须而且能够借助的主要力量。从国际体系和国际制度的制定与维持这个角度来分析，美国是关键的缔造者和首要维护者，目前的世界还没有一个国家或者国际联合体，有着如美国一样的影响力和实力，来承担起这个责任。

但是，美国也是目前这个国际体系和国际制度的主要获益者。美国实现其目标的最主要方式，就是通过构建符合美国利益要求与价值理念的国际体系。正是通过这些体系的建立、完善、更新和不断发展，美国得以在世界风云变幻之中仍旧岿然不动。当然，美国既是这些制度体系的最大受益者，这些制度的建立客观上又规范了美国的国家行为。

所以，美国与世界是相互依存的关系，是相互需要的矛盾体：如果说世界不能没有美国，那么，美国也不能没有这个世界。从 20 世纪开始，美国以一个巨大的工业国出现在国际社会，尽情享受着能源的优势。美国人口虽只占世界的 5%，却要消耗世界 25% 的能源，美国靠这种特权，支撑其发展技术，成功地与世界的其他国家竞争。同时，由于全球化，美国可以超额消费，用贬值的美元付债，将其储备战略力量和资助国家运转的财政赤字，强加给其他国家。如果没有世界，美国政府的巨额财政赤字如何转嫁，美国又何来的世界霸主地位？

当前的国际体系越来越成为一个国际关系的调和剂，成为一个不可或缺的保持国际格局稳定的手段，从中受益的国家不仅仅是那些制定规则的国家，也包括新兴的经济体。因此，目前不是讨论废除这个体系的时机，而是要寻求一个改良之道，使得这个体系能够反映世界不断变化的新情况，更好地服务于世界各国。然而，如果少了美国的支持和积极配合，也是无法实现的。

美国主导的从七国集团（G7）到二十国集团（G20）的转型，就反映出美国战略的原则性与灵活性的结合。维护其老大地位是基本原则，但适当为新兴大国腾出一些空间，调整了中国等新兴大国在国际货币基金组织中的权限比重，以减轻体制压力，就是灵活的体现。

从当前和今后一段时间看，美国所腾让的国际空间对美国并未构成伤筋动骨的影响，美国是从欧洲在国际体系中的"过度代表"中，分出一块给新兴大国。这可能对国际体系的张力产生一时的缓和作用，但难以解决根本问题。因此，当国际体系产生更大张力时，美国是否还会发挥调整这一体系的领导力？假如美国领导力的缺失，又会对国际体系的改革带去什么影响？

对世界来讲，美国以自己意志为主导的、肆意的指手画脚如果有所减少，国际关系也许会更加民主和谐；但对美国来说，要从国际事务中抽身却是不可想象的，特别是不能给外界造成美国因国力下降而"撤退"的印象，反之，会让美国面临日益增多的、来自其他力量的讨价还价。

奥巴马政府对外战略的调整，就是要有选择地减少海外义务，并将重心转向国内，以便更好地分配资源。他上台后反复强调说，美国不能放弃对世界的领导作用，但最好的领导是以身作则，充分发挥榜样的作用；只有把国内的事做好了，美国才会成为更强有力的领导。这话是不是挺耳熟？邓小平早就提出中国的出路在于把国内的事情办好。看来，美国人还是善于学习的。

美国的帝国心态十分复杂。美国的势力触及到世界的每一个角落，没有哪一个帝国有过对世界如此广泛的影响力，它依仗着超强的实力，一贯以霸权主义作为处理国际关系的首选准则，对别的国家颐指气使，蛮横无理，为了自己的利益，根本不顾及别国的利益与感受，气焰嚣张，飞扬跋扈，导致了当今国际上一系列的矛盾与冲突。从美国建国 200 多年的历史看，美国创造了很多辉煌，既是对世界的激励，同样又不断从世界吸取精髓来滋养其创新，美国的进一步发展也离不开世界的支撑。如果只见树木而不见森林，那才是对历史和未来的误读。

不幸的是，在美国，有不少人一直在误读这个矛盾体。

美国体制虽然有其长处，但尺有所短、寸有所长，美国的外交体制也有其严重缺陷，如游说势力气势如虹，其财源充足，对立法的干预无处不在，意识形态分歧严重，妨碍了两党在一些重大外交问题上达成共识。更有讽刺意味的是，作为最大的发达国家，美国公众却对世界事务知之甚少，甚至缺乏对世界地理、历史、文化的基本了解，更缺乏了解的欲望。虽然美国发动的两场战争已历时数年，但鲜有民众能在地图上找出伊拉克和阿富汗在何方，更遑论利比亚。这使迎合民意的外交更有吸引力，而上述缺陷也使任何理性的外交都难以得到公众的支持。所以在"雾谷"的世界里，在"雾谷"的世界观中，在"雾谷"对待世界的种种政策中，取舍得失间耐人寻味之处颇多。

美国人在犯错，也在不断地思考。也许有些错误，也只有美国才犯得起。

丘吉尔曾这样评价美国：在试过各种方法之后，美国总能找到正确的办法。可是，在今天的世界上美国一试再试、一错再错的机会还有吗？

五、战争塑造了美国性格

参观美国历史博物馆，你很容易看到一面墙上的醒目装饰——大大的"战争"一词。如果你手里有一把榔头，那么所有东西在你眼里都不过是钉子。我觉得用这句话形容美国接二连三的战争行为颇为传神。它拎着榔头，昂首挺胸一路巡视过去，看谁不顺眼，抡起榔头就敲下去，敲打得上了瘾，不敲就好似毒瘾发作，浑身说不出地难受。

美国的建国史就是一部战争史。200多年来，从独立战争到1812年美英战争，从内战到一战、二战、冷战、朝战、越战，直至近些年的伊拉克战争、阿富汗战争、反恐战争以及利比亚战争，其间还有数不胜数、如繁星般大大小小的战争，战争已经成为美国的一种生活方式，没有战争是不可想象的。没有战争，美国的经济就失去刺激；没有威胁，美国就无所适从；没有对手，美国就无法凝聚全体民众的意志。可以这样说，自立国以来，美国和平岁月相对短暂，反倒是不停地寻找对手，甚至制造对手、发动战争。战争文化是美国政治、历史文化中最鲜明的标识。

战争是丑恶的，敌我双方都要付出沉重代价。战争就是烧钱，战争就是毁灭生命，持续的战争给美国带来严重的经济负担和社会问题。但尚武已成美国精神的重要组成部分，战争文化已深入其DNA，战争带来的红利，在某些人眼中，远比损失重要而宝贵。对美国来说，战争就是那双穿上就脱不掉，但能舞出举世无双精彩与风姿、舞到精疲力竭、灵魂出窍的红舞鞋。

2009年10月9日，清晨6点，奥巴马总统的电话响了，助手带来意外的好消息：他获得了"诺贝尔和平奖"。

奥巴马刚上任8个多月，并且还在指挥着炮声隆隆的伊拉克战争和阿富汗战争，谁知"诺贝尔和平奖"这样的桂冠却从天而降，如此硬生生砸在了头上，真不知这一国际大奖的评审标准是什么，更不知把这样的奖项颁给战争不断的美国总统，是褒扬还是讽刺。

大家还在揣摩奖项的评审标准和深意，寻思戴上和平桂冠的奥巴马能否为世界带来和平时，他用导弹做出了干净利落的回答。2011年3月19日，奥巴马打响了属于自己的战争——轰炸利比亚，目标是利比亚总统卡扎菲的官邸，有舆论称之为对卡扎菲的"斩首"行动。因为 8 年前的同一天，小布什总统发动了对伊拉克总统萨达姆的"斩首"行动，拉开了伊拉克战争的序幕。

也许，"每一个美国总统都要至少打一场战争"的说法，已经一语成谶。

进入 21 世纪以来，直到今天，美国还同时打着伊拉克战争和阿富汗战争，未来会怎样？在常人看来，这好似哈姆雷特的世纪之问：生存，还是死亡，这是一个值得思考的问题。但对美国来说，用不着思考，不是有没有战争的问题，而是下一场战争在哪儿、何时开打的问题。

五角大楼的神秘体系

据有关统计，在过去的 20 多年间，美国的对外军事干涉行动，平均每隔两年就来上一次，就像毒瘾发作，不能自已。

可能有人会问，战争劳民伤财，美国决策者聪明绝顶，周围门客众多，其中不乏顶尖的专家学者、战略顾问、高参，美国一路战争，有足够多的经验教训，为什么在战与和这一问题上总是情不自禁？为什么明知山有虎，偏向虎山行？这个问题回答起来有点复杂，既涉及美国的历史文化、当时的国际国内环境、政治经济利益，也不能小觑美国炙手可热的军工利益集团的推波助澜。

从历史视角看，战争注定要打上历史必然性的烙印，是美国生存和发展的必需品。战争立国是美国例外主义的有机部分。历史上长期的军国主义、对战争的态度和信仰体系以及迷思塑造了美国的国家认同。[1] 换句话说，这与美国的战争文化史不无关系。美利坚合众国就是靠战争打出来的；后来再通过战争进行扩张，一举成为面向两洋的大国，经历了从战争立国到战争强国的过程；再后来，战争成为治国方略，成为美国霸权的支柱之一，进化到战争治国的阶段。战争是美国国家发展的必然魔鬼。对美国来说，军事越强，技术越先进，就越自信有把握打胜仗，就越看重战争带来的好处，战争也就越具吸引力，反过来，发动战争的冲动和欲望就越强，国际争端也就越容易诉诸战争。

---

[1] Carl Boggs, Imperial Delusions: American Militarism and Endless War(Rowman & Littlefield Publishers, Inc, 2005), p.127

　　美国是移民国家，人民来自全球各个角落，文化背景不同，宗教、价值观等各异，这样一个极具多样性的、碎片化的社会，靠什么把大家团结起来？靠什么塑造其民族性格？靠什么增强国家的凝聚力和归属感？靠什么开疆拓土？靠什么称霸世界？简而言之，靠的就是战争。

　　每年5月的最后一个星期一，是美国的阵亡将士纪念日，11月有老兵节，美国人都会举行许多纪念活动，总统讲话，大小建筑悬挂国旗，商家还打折促销。老兵们戴着大墨镜，身绑彩带，三人一组、十人一队，骑上威风凛凛的大摩托，不远百里千里到首都华盛顿市内绕上几圈，轰鸣声直冲云霄，成为车流中的老大。美国人笑称这些噪音之王为"滚动惊雷"，早已成为华盛顿的一道著名风景。

　　当然，美国各地关于战争的纪念公园或建筑比比皆是。在华盛顿特区，朝鲜战争纪念公园、越南战争纪念墙、二战纪念公园、阿灵顿公墓等均是战争历史的人文缩影。波托马克河畔阿灵顿公墓北侧就是著名的"大旗不倒"巨型雕塑，几名年轻的美军士兵拼死捍卫着国旗的神圣，它取材于一幅二战时硫磺岛战役的照片。如此浓墨重彩地宣扬关于战争的一切，是因为战争对塑造民族认同有着奇效。

　　每当面临战争的威胁、国将不国之时，一个国家的民族凝聚力能瞬间得以提升。抗日战争的一大历史功绩，就是系统性地重塑了现代中国的民族认同。美国著名历史学家亨廷顿历经数年潜心研究美国的民族认同，最后写出《我们是谁》的大部头。其结论之一就是，在危机或美国面临战争时，美国的民族认同可以高度一致，和平时期却不易发现，甚至无影无踪。在"9·11"事件后，美国总统布什曾大声质问："他们为什么恨我们？"这里的"他们"与"我们"的划分和区别，就是"敌"与"我"的截然分野，就是对美国民族认同的激情流露。

　　战争的红利远不止以上这些，其"利润"更惊人地丰厚，让人欲罢不能。军事工业犹如美国的现金奶牛，业已成为美国经济不可替代的发动机。美国在一战和二战中大发横财，也使得军事工业变成宠儿。军火集团渗透到美国工业和信息产业的每一个角落，许多美国大型企业一半的收入来自军事订单，中小企业的生存和发展或多或少也与军事订单有关系。

　　战争往往还对经济、科技的发展有着重大的推动作用。众所周知，美国的军费开支世界第一，庞大的军费开支为最新科技的研发提供了充足的资金，加强军备建设则是推动科技保持领先的强劲动力。而这些科技实力一旦"军转民"，不

美国阿灵顿公墓中的无名战士墓

仅对社会经济发展有着巨大的促进作用，而且还能确保美国科技在世界上的领先地位。美国的大型跨国公司，既生产民用品，也生产军需品，如波音公司、通用公司等，都是这种典型的"双面人"。

研发和制造出先进武器，既是自用的需要，好让自己手中的"榔头"随时升级换代、威力无敌、永保霸权，更是贪欲的驱使，枪炮弹药不论新旧，通通可以出口他国，赚取高额利润。要劝人买，或者说要让人自觉自愿地买、心甘情愿地买、迫不及待地买，那就得布局、设套、制造紧张，才能让人觉得有买的必要，甚至非买不可。卷入战争，或受到战争的威胁、有开战的危险、有挨打的可能，买家就会主动找上门来。

在这方面，美国绝对是市场营销高手。随时利用自己世界第一的超强地位，再拉上几个同盟国，制造点国际紧张局势，进而扩大武器出口，才能满足美国这个全球最大军火商的胃口。美国的军火工业水平是世界第一，生产量世界第一，武器装备的出口量也是世界第一，自第二次世界大战以来莫不如此，真的很有水平。

美国的武器出口额每年约 400 亿美元，2011 年超过 600 亿美元，主要是亚洲、中东海湾等地区和国家。2009 年的美国军售中，阿联酋 79 亿，稳居第一，阿富汗花了 54 亿，沙特阿拉伯 33 亿，埃及 21 亿，伊拉克 16 亿，中国台湾 32 亿，韩国 7.1 亿……仔细瞧瞧这些大买主都来自什么地方，你不难发现，武器出口，还是美国影响地区局势、炫耀实力、浑水摸鱼的重要手段，对谁最有利，傻子都看得出来。

　　战争能带来的红利还真不少，它还是医治经济危机创伤的良方。从 20 世纪 30 年代大萧条的历史经验看，高额的军费开支非但没有拖累经济，相反提振了经济的恢复。扩充军备是使生产获得重新组织、配置的超强原则和引擎。1931 年到 1940 年间，美国的国内生产总值为 775 亿美元，平均失业率为 19%。到 1944 年，美国的国内生产总值增加 217%，达到 2100 亿美元，失业率却降低到 1.2%，个人的实际收入翻倍。所有这些均发生在这样一个事实面前，1945 年美国的国防开支接近国内生产总值的 40%，占联邦预算的 86%。[1] 这说明对振兴经济而言，军费开支与其说是毒药，不如说是灵丹妙药。

　　说到战争不能不说五角大楼，它坐落在与华盛顿隔河相望的弗吉尼亚州阿灵顿县，是美国国防部所在地。五幢边长 281 米的大楼，相连成由内向外扩散的一环环的正五边形，楼高 5 层，从空中俯瞰，这座建筑呈正五边形，故名"五角大楼"。它能容纳职员 23000 人，仅外面的停车场就可停车上万辆，是世界最大的办公楼。我曾去过五角大楼，其走廊上到处都是英雄事迹宣传画、标语口号等，战争文化被从不同侧面加以演绎，均跟爱国主义、美国必胜主义紧密相连。

　　为战争发狂的何止军火商，也不限于美国军事机器的代表五角大楼。美国发动的多场战争，实质上是在对生死攸关的战略资源的抢夺。战争能拉动国内经济发展，而追求地缘政治优势、寻找新的敌人，反过来又加强了美国的国防工业建设，形成炙手可热、盘根错节的国防工业体系，提高科技、军事水平，推动美国对外战略的军事化。

　　有人为此发明了一个专用词汇，叫"五角大楼体系"。这是指与战争相伴的、复杂的一整套运作环节及其所牵涉的部门、带来的作用，它对科技研发、国内生产、就业机会、消费的影响，实际上早已超越五角大楼权力本身，涵盖、影响更广泛的社会、文化、政治和国际关系等等层面。

　　五角大楼体系形成于二战时期珍珠港事件之后。美国为追求全球海陆空、太空、网络空间等的主导地位，进行了一系列战争和海外军事干预，为它的成熟创造了无数的有利条件。由于深受"五角大楼系统"的影响，美国社会也高度军事化。作为一个精英支柱，军事原则、军事优先已经影响到教育、政治、科学、技术、

[1] Mark Helprin, "America's Dangerous Rush to Shrink Its Military Power", Wall Street Journal, December 27, 2010

媒体以及流行文化。[1]

五角大楼系统不仅是军事、工业、政治、全球网络的核心，更牵涉武器系统、军事基地设施、通信系统、就业机会以及军需品合同订单、政客实力等等，其影响力超过普通人的想象，因此成为众多游说家包围、进攻的对象。说客、政治家、政治行为委员会、智库、媒体、大学和大公司都虎视眈眈，竞相要分一杯羹。大公司仅游说费用一项，就每年豪掷几百万美元。2000年大选时，洛克希德·马丁、TRW（美国汤普森－拉莫－伍尔德里奇公司）、雷神和波音公司就捐助了600多万美元。[2] 当然了，今后的武器订单和对外军售，会让这些公司只赚不赔。

自"9·11"事件以来，美国一直处于反恐战争状态。2001年10月，一向分歧重重的美国国会迅速通过了一项重大法案，即长达342页的《爱国者法案》，给予联邦政府诸多大权，如调查和监视电子通信、查看个人或金融机构的记录、电脑硬盘或其他个人资料。该法案的产生和实施充分表明，安全重于民主。实际上，这种政府权力的极限扩大，意味着的是滚滚的订单和利益分配。政客、承包商和利益集团狼狈为奸，各得其所。

连年战争也给美国带去沉重的经济负担，截至2012年9月，美国的财政赤字超过15万亿美元，政府赤字已连续三年超过一万亿美元；未来10年，美国也甩不掉这个大包袱。奥巴马总统的前任经济顾问萨默斯感叹说，作为世界上最大的债务国，"世界上最强大的国家"，其一超地位还能保持多久？美国参谋长联席会议主席马伦上将则说，对美国来讲，最严重的国家安全威胁莫过于一场经济灾难。

那为什么美国还不削减军费开支，以缓解赤字呢？一句话，战争已成红舞鞋，忍不住、脱不掉了。虽然战争也给美国带去创伤，朝鲜、越南两场败仗给了美国人深刻教训，近年的伊拉克战争、阿富汗战争也远谈不上胜利，但总的看，美国在战争中"得"大于"失"。

许多国际政治观察家都同意这样一种看法：传统的军事力量是20世纪权力政治的硬通货。进入21世纪后，军事力量的局限性日益显露，使用成本也越来越高。伊拉克战争又一次让世人看到，迷信军事力量只会误入歧途。美国可以用军事力

[1] Carl Boggs, Imperial Delusions: American Militarism and Endless War, p.23

[2] 同上, p.26

量推翻萨达姆政权，却赢不来伊拉克的和平。

军火承包商、国防航空员与国会之间的"潜规则"

你肯定知道美国是立法、行政和司法三权分裂的政体，立法部门就是美国的参、众两院，也就是说，美国的议员有可能影响国家法律的制定。但你不一定听说过"波音参议员"。此人名叫亨利·杰克森，多年来公开支持波音公司的利益，因为他是华盛顿州选举出来的，波音公司的老家就在此州，而波音公司是美国最大的军工承包商。像他这种坚定支持某大型军工企业的政客，正是"军工复合体"三路诸侯之一。

要说清楚美国与战争之间的特殊暧昧关系，就不能不说说美国庞大而复杂的军工复合体。这个怪物是由美国前总统艾森豪威尔命名。它源于美国在二战期间建立的战时经济体制，是一个由军事部门、军工企业、部分国会议员和国防科研机构所组成的庞大利益集团。军工复合体中有个"铁三角"，也有人称之为"错乱的家庭关系"，指军事力量、军工承包商和国会议员三者之间形成的象征性伙伴关系。说白了，就是需要和使用武器的、制造武器的和批准立项或购买的三方沆瀣一气，狼狈为奸，其中政治、经济和官僚利益犬牙交错，彼此心照不宣，相互利用，互为依托。为此，公司高管和国防部高官的身份可通过"旋转门"相互切换，一大批军官、国防部官员可由下台、退休、辞职等渠道，摇身一变成为军火工业的承包商，将其与国防部的关系变成白花花的银子；而议员们也可由此捞取政治资本。

目前，洛克希德·马丁公司、波音公司、雷神公司、诺斯罗普－格鲁曼公司和通用动力公司，已经成为支撑美国经济的五大军工企业巨头，无论其资产数额还是产品覆盖领域，在美国都处于压倒性的垄断状态，是美国军工集团的代表。

在全美国，约三分之一的企业与军工生产有着千丝万缕的联系，作为美国经济龙头的军工业，自然就与美国政治有着广泛而微妙的关系。无论在美国政府还是在国会，都有不少代表军工集团利益的政治家。对军工复合体来说，维持军火需求与维护国家安全同等重要。美国前国防部长拉姆斯菲尔德，就是这种双重利益代表里的典范。拉姆斯菲尔德担任国防部长时，之所以大张旗鼓地推行导弹防御计划，就是因为他曾担任过洛克希德·马丁公司系统的智囊团——兰德公司的

朝鲜战争纪念公园

董事长。规模空前、耗资巨大的导弹防御计划，无疑为军工集团提供了大发横财的好机会。美国副总统切尼的夫人也曾是洛克希德·马丁公司的高管。

军火承包商与国防部官员对战争一往情深，这容易理解，但国会议员的利益又在哪儿呢？国防部的预算是一块大蛋糕，是国会议员为其选区竞相争取的地方建设资金。比如前面提到的"波音参议员"，首先，他是华盛顿州选举出来的，那就得代表所在州的利益，为自己的选区争取好处。所以，不少议员纷纷为自己的选区争建军事基地，承包某项武器的研发制造，以拉来国家投资，增加就业机会，促进当地的经济发展；反过来，也提高了自己的支持率和连选连任的几率。

由此，军工商、国防部与国会之间形成了一种封闭的铁三角关系，对国家安全政策和巨大军费开支具有非凡的影响。有了它们的努力，就不愁战争机器少了润滑剂。

如果进一步考察，还可以发现，铁三角中任何一方又包含诸多利益争夺者，相互间构建了盘根错节的关系网。以国防部为例，它位高权重，其部内可划分出陆军、海军、空军和海军陆战队等势力范围，形成了一个所谓的军工势力范围卡特尔，这个垄断组织拥有自主制定新战略的权力，以及开发新型武器的决策权，这就意味着庞大的市场份额与预算，是必争、必保之地。对内，它们各守一方，其共识是互不干涉，不得侵犯其他任何一方的势力范围，即使命和利益。对外，则组成一个严密的卡特尔，枪口对外。[1]

铁三角关系之间有一些潜规则：如国会关键委员会的成员之间不自相残杀，给对方所钟情的项目放水；又如军工承包商和国防部要确保研发或推动新的武器项目，利益均沾，以便获得更广泛的政治支持。只要国防部和国会议员携手，就可以形成冲击波效应，就像船处在冲击波上，随着项目的推进，所需花费节节攀升，日益膨胀，直到冲高回落。[2] 如此一来，军工复合体集财力、物力与权力为一体，聚拢一批思想库、利益集团作为游说工具，为其制造话题，影响美国的防务政策。

国内有关项目的开支可以缩减，但军费开支却扶摇直上，这带来的是私营承包商的滚滚财富，国防部战争武器的更新换代，国会议员所在选区的经济发展和自己的更高支持率。国会议员最关心的是他的选区能分多大一杯羹，而国防部和承包商则更在乎如何启动新的项目，如何把利益落到实处。军火公司高管和国防部高官之间通过"旋转门"提出或保持新项目，而国会议员也竭力争取推进或获得新项目的订单。这三方个个贪得无厌，难怪美国的战争机器想停都难。

里根政府竭力推动的"星球大战"计划，是铁三角关系的生动体现。该计划自 1983 年提出，到 1986 年时，其研发合同遍布美国 50 个州中的 42 个州，包括国会参议院军事委员会议员们代表的 19 个州中的 17 个州，以及拨款委员会议员们所代表的 26 个州中的 20 个州。不仅如此，军工复合体还出现国际化趋势，"星球大战"计划还向西欧和日本推广，从而争取到更广泛的国际支持。[3]

美国的军工复合体现象是世界上独一无二的，它早已渗透进美国体制运作的所有细胞，不仅仅是一个经济问题，更是一个政治问题。历史上，通过领土扩张、完成工业化、经过两次世界大战和冷战，美国的军火集团获得了巨大的投资与长足的发展。美国军火商与政界的紧密合作是公开的秘密，从华尔街到大企业，各个领域都可以看到军事部门与政府机构人员忙碌"勾兑"的身影，他们都在利用自己的职权和影响力，争取获得更多的军火订单和好处，进而左右美国防务政策的制定。

[1] Hedrick Smith,The Power Game: How Washington Works (Ballantine Books, 1988), p.194

[2] 同上，pp.173–179

[3] 同上，pp.176–182

找个理由打一仗

战争文化为美国的社会、经济、政治、外交以及生活的方方面面打上深深的烙印，但烙印再深，战争的红利再高，无论如何，出兵攻打他国总得有理由，"师出"必须要"有名"。

在美国，战争早已不只是五角大楼的事，而是实施美国全球战略的重要手段。要想召唤、驱使战争这只魔兽，只需在不同时期，为它戴上不同的高帽，涂上不同的油彩，扮作不同的正义之神，比如国家利益、天定命运、门罗主义、美国世纪、反恐，甚至在全球推广民主与自由等等。这些光鲜、神圣甚至有几分圣洁的借口，让美国对他国的侵略、军事干预等行为变得崇高起来，仿佛美国军队就是正义、公平的庄严化身。

要劳师远征，须争取、获得本国老百姓的首肯。美国民众不甚清楚，没有"威胁"，美国就没有理由维持高额军费；不维持高额军费，就无法维持美国整个工业和信息产业的运转；没有高额的军费预算，就不可能有强大的军队；而没有强大的美国军队，美国金融集团的全球金融霸权、强势的美元地位甚至美国世界第一的头衔全都无法维持。这一点，美国政府、美国金融巨子、美国军火集团和美国媒体却最清楚。为了这些，美国的政、商、舆论等各界精英们不得不用"威胁"这样的大白话，来引导和挟持美国民众乃至盟友。

换言之，美国战争经济的兴旺发达得益于外部威胁。这种威胁，不管是真的还是想象甚或捏造出来的，都可幻化为对普通公民生存和安全的某种潜在危害，也就可以堂而皇之向公众进行市场推销。

自二战以来，这个被妖魔化的世界接连不断地对美国国家安全带去"威胁"，国内长期的爱国主义教育与总动员也就有了良好的民意基础，更有了必要在全球进行投棋布子，有机会把触角伸向世界的各个角落。如此一来，美国便长期处于战争状态，比如2011年，美国就同时打着三场战争——伊拉克、阿富汗与利比亚战争，战争已经常态化、平常化甚至生活化，国外炮火连天、血肉横飞，国内照样歌舞升平、醉生梦死；时刻都在流血、死人的残酷战事，与美国国内普通人的生活与工作好似毫无瓜葛，它仅是社会精英的军事冒险、政府官僚日复一日的无聊工作。战争的胜利果实赢来民众对国家战争政策的拥护与欢呼，进而转化为对国家的忠诚与热爱。

战争毕竟是魔鬼，丑恶狰狞的面目实在需要涂脂抹粉，插花戴帽。美国的政治、外交词汇中充斥着各种对于战争的辩解，乍听起来冠冕堂皇，但字里行间难掩冷血与残忍。例如，美国的外交、媒体、政治语言中经常出现"邪恶"一词，有的国家被称为"邪恶轴心"、"邪恶帝国"、"邪恶势力"，总之，它们的行为是"邪恶"的行为，是对西方文明的"威胁"。被侵略与被军事干涉的国家，往往不由分说地称作"无赖"、"邪恶"的典型，武装到牙齿的美国大兵则摇身一变被美化成正义之师，代表"正义"的美国，也就自然而然拥有打倒"邪恶"一方的权力，这样，所有的"师出"也就有了合理的名分。

为了混淆视听，让自己的暴力行为合法化，美国决策者在解释自己的战争行为或对他国实施政权更迭时，大都沿袭了"正义战争"的传统思路。这可是支撑《联合国宪章》和国际准则的一大理论支柱，反映了人类生命和尊严的神圣不可侵犯。因此基于如此高尚的借口，天生的魔鬼用不着美容就变成了后天的帅哥，"正义之师"以邪恶手段或战争手段公然践踏联合国宪章和国际法准则，也是合理合法的。

那么，当美国的"正义之师"清剿"邪恶"势力时，造成的伤害谁来负责？美国学者博格斯称，如果说"邪恶"成为残害生命的暴力的另类说法，那么美国军事机器所发动的战争，并不比"9·11"策划者所残害的生命要少。仅越南战争中，美国所侵害的生命足以使之成为世界的头号"邪恶势力"。[1]

2003年3月20日，美国入侵伊拉克，到2010年8月31日撤出全部战斗部队，美国在长达7年零5个月的伊拉克战争中，耗费了7400多亿美元，4400多名官兵命丧黄泉，约3.2万名军人受伤。这场师出无名的战争，更给伊拉克人民带去巨大灾难，数十万人流离失所，死伤者不计其数。美军撤走，伊拉克人亦喜亦忧。美军推翻萨达姆政权后，肢解了伊拉克政府军和一些重要机构，国家机器被拆散打乱，能力缺失，整个国家陷入混乱，暴力活动频仍，政府难以应对，时至今日，伊拉克的稳定与发展仍面临严峻考验。

民主是美国立国的骄傲信条之一，但民主在美国已经变成了另类宗教，甚至

---

[1] Carl Boggs, Imperial Delusions: American Militarism and Endless War, preface, p.17

是一种极端的原教旨主义信条。美国的例外主义者大力宣扬"上帝的选民"、"山巅之城"和"白人优越"这些带有极强宗教意识的美国政治文化，以爱国之名，输出美式民主，占领道德高地，为其富国强兵提供借口。

君不见，美国在民主的旗号下，屡屡发动战争，进行了多次血腥远征，同样是在民主的面纱下，数不胜数的无辜生命被摧残。咱们先以最近的利比亚战争，看看美国的"正义之师"，是如何以民主、人道之名，行侵略之实的。

别以为只有学富五车的中国古代文人才会用典，美国这场对利比亚的战争，就取了个极有文化内涵、极富正义感的代号"奥德赛黎明"。奥德赛一词源于古希腊荷马史诗，讲述的是远征特洛伊的战争结束后，主人公奥德赛修斯乘船返回家乡，一路坎坷，在海上漂了10年，但王国被人窃取，妻子遭逼改嫁。在女神雅典娜的帮助下，奥德赛终于重返故土，并夺回一切。由此可见，美、法、英等国将此次空袭行动比作此典故，企图以奥德赛的英雄故事，来包装其行为，赋予其正义性。

这是自2003年发动伊拉克战争以来，美国最大规模的军事行动。

美国与利比亚有难解之结。1969年9月1日，年仅28岁的上尉通讯连长卡扎菲发动军事政变，推翻了亲美的伊德里斯王朝，建立了"大阿拉伯利比亚人民社会主义民众国"。卡扎菲上台后清洗了亲美势力，与美国关系急转直下。1970年6月，卡扎菲下令收回美国在利比亚的惠勒斯空军基地，赶走6000名美国军事人员。这使美国失去了在非洲的最大军事基地，削弱了美国在黑海、地中海及非洲、中东的战略利益和军事存在。随后利比亚从苏联购进100多亿美元的武器，将惠勒斯空军基地转手交给苏联人使用，另附赠5个海空军基地。1986年3月，里根总统实施了"草原烈火"行动，轰炸了利比亚首都的黎波里和第二大城市班加西，击沉利比亚导弹舰5艘，摧毁利军雷达多部。1988年，利比亚人迈格拉希制造了洛克比空难，美国泛美航空公司因此遭重挫，三年后宣告破产，而259位罹难者大都为美国人和英国人。美英法继而联手推动联合国安理会通过一系列决议，对利比亚进行了严厉制裁。

利比亚的战略地位和石油资源，是它成为兵家必争之地的诱因。600万人的利比亚2011年初日产原油160万桶，是世界第12大原油出口国。拒不合作的死硬派卡扎菲，早就是西方眼中的刺头，是里根总统眼里的"疯子"，必先除之而后快。

2010 年底突尼斯发生反政府示威游行，如星星之火，迅速延烧到埃及、利比亚、也门、巴林、叙利亚等国，进而演变成"政权更迭"，美国国内又有人兴奋难耐，摩拳擦掌，认为是重新掌控中东大局的良机。于是美国对突尼斯和埃及的"和平革命"、顺利实现"民主过渡"褒奖有加，不仅增加援助，国务卿希拉里·克林顿还亲赴埃及的解放广场现身说法、打气鼓劲。邻国的抗议之火已经传递到利比亚并大有燎原之势时，卡扎菲却不为所动，于是美国加紧介入，先推动在联合国安理会通过有关在利比亚设立"禁飞区"的决议，以便增加其军事行动的合法性。接着就对利比亚、叙利亚这两个抗拒不从的国家给予军事打击或高压制裁，杀鸡给猴看，为其他阿拉伯国家树立奖惩标杆，用赏罚分明进一步昭示、强化自己的霸主权威。

2011 年 3 月 17 日晚，联合国安理会通过第 1973 号决议，决定在利比亚设立"禁飞区"，以"帮助保护平民"。但美法英等国将此故意歪曲为对利比亚进行军事打击的绿灯。两天后，美国空军发动了对利比亚的空袭，110 枚战斧导弹从天而降，密集摧毁利比亚的军事和民用设施，造成当地大量平民伤亡。

因为有沉重的政府赤字包袱，加上伊拉克和阿富汗两场战争的烂摊子需要收拾，与一贯作风不同，美国在参与法、英等国第一阶段的空袭后，便退居二线，让北约接棒，奥巴马称之为"从幕后领导"。法国总统萨科齐出于大选需要，成为打击利比亚的急先锋。英国首相卡梅伦迫不及待地参战，是为了切割前工党政府与卡扎菲政府的关系。2009 年 8 月，由于英国释放了身患重病的洛克比空难制造者迈格拉希，激起了美国朝野的强烈不满，使两国产生嫌隙。为改善与美国的关系，卡梅伦首相上台后，多次承认英国释放洛克比空难元凶是一个"错误"。

美国与西方对利比亚的军事打击，使所谓的阿拉伯之春发生了质变。联合国安理会 1973 号决议中的保护平民目标，早被异化成在利比亚实行政权更迭的战略企图，相反，美法英等国的军事行动在利比亚造成了不少平民伤亡。

在美国国内，奥巴马两面不讨好，对利比亚的空袭受到共和、民主两党的批评。共和党方面指责奥巴马没向公众讲清楚这场战争的目标何在。一些民主党人则批评奥巴马在发动空袭之前，没有寻求国会的同意，越权了。瞧见了吗？美国国内政界精英对奥巴马的批评，丝毫不涉及是否该对远隔重洋的另一国利比亚扔炸弹，而是扔炸弹的时机、扔炸弹的程序。换句话说，美国要对他国动粗、开战，不成问题！虽然"正义之师"的师出之名是避免人道主义灾难、保护平民，输出民主自由，但他国人民的生死安危，不在正义之师的操心范围。

再来看看美国的阿富汗战争。美国对阿富汗的介入可以上溯到20世纪80年代。当时美国为培植反苏力量，中央情报局花费35亿美元，资助阿富汗的右翼伊斯兰极端主义势力，恐怖组织塔利班便是其中之一，并与之称兄道弟。苏联撤军后，90年代的塔利班威风八面，权倾一时。然而，"9·11"事件使形势突变，小布什政府发动反恐战争，旨在铲除塔利班和阿富汗的"基地"组织，原来的哥们儿塔利班和"基地"组织转而把黑洞洞的枪口对准了美国。

到奥巴马上台时，美国对阿富汗的战争已打了8年。他先严厉批评小布什政府2001年打垮塔利班政权后，没有乘胜追击，却错误地挥师伊拉克，让塔利班苟延残喘。正是这一错误才造成塔利班在短短数年之内，不但死灰复燃，而且渐成气候，到2008年底，已控制72%的阿富汗国土，形成对阿富汗首都喀布尔的严重威胁。塔利班的势力还扩展到距巴基斯坦首都仅100公里左右的边境地区，对巴基斯坦的社会治安和经济发展造成严重影响。

这场旷日持久的战争为什么而打？奥巴马认为美国在阿富汗的长期利益定义不清。要全盘考虑阿富汗战争的新策略，就必须重新界定美国在阿富汗的利益。在此问题上，美国内部已形成两种对峙立场：共和党参众议员及右翼赞成立即大幅增兵，目标是彻底清除塔利班及"基地"组织势力，以保证美国国土绝对安全；但以副总统拜登为首的一派则持怀疑态度，认为阿富汗"基地"组织势力残缺衰落，难以再度对美发动袭击，而且塔利班内部也并非铁板一块，有温和与极端的分野，所以美国应当降低在阿富汗战争中的既定目标，以便为脱身寻找台阶。但诱人的战争红利哪能说减就减，五角大楼、军工复合体的强大压力不容小觑，奥巴马总统权衡再三，最终同意增兵阿富汗，先增后撤。

2009年底，奥巴马宣布向阿富汗增兵3万，并任命美国前资深外交官、民主党人霍尔布鲁克为总统特使，专司阿巴事务；更换美军阿富汗战场统帅，改由特种部队出身之麦克库里斯多将军充任。

正是这位阿巴事务特使，用自己的临终遗言点出了美国在阿富汗战场上的最佳出路。2010年12月10日早上，国务卿希拉里·克林顿在美国国务院第七层会议室召开会议，主要讨论阿巴问题。会议中霍尔布鲁克突然脸色大变，倒地不省

美国洛杉矶气派现代的水晶大教堂

人事，被紧急送往附近的乔治·华盛顿医院抢救。医生看他睁开眼，便劝他放心休息、别太操心。霍尔布鲁克有些不高兴，激动地说："结束阿富汗战争——才能使我放心！"言毕，心脏即停止了跳动。

彼得大帝曾说过，谁征服了阿富汗，谁就征服了世界。但从古自今，阿富汗均号称"帝国的坟场"，自公元前4世纪起就屡遭侵略。长期霸占它的波斯帝国早已灰飞烟灭；号称"日不落"的大英帝国自19世纪起曾三次大规模入侵阿富汗，最终被撵出国境；20世纪又让不可一世的苏联折戟沉沙；如今唯一超级大国美国也在里面"闪了腰"，留下难以抚平的伤痕。对此，霍尔布鲁克心知肚明。

美国历来自视为爱好和平的调停者，只有在为了"世界民主安全"的情形下，才进入世界事务。然而在学者博格斯看来，美国一直为新军国主义所主导，"9·11"事件后更是如此。关于美国的新军国主义，应从冷战结束、美国崛起为唯一超级大国、高技术战争、跨国公司驱动的全球化以及"9·11"恐怖袭击事件来理解。[1]因为这种全球政治的剧变，使美国的军国主义在新世纪来临之际更具扩张性冲动。

[1] Carl Boggs, Imperial Delusions: American Militarism and Endless War, p.7

恐怖主义威胁更加强化了这种冲动。[1] 美国军国主义是以下几大力量的结合体：官僚体系、公司利益、军事凯恩斯主义、资源目标、争夺全球地缘优势以及政治家为了转移公众的注意力。[2]

为了确保其全球唯一超级大国的地位，美国必须保持陆海空、网络等全球公共领域的优势地位，这需要建设大规模的军事基础设施、社会的军事化准备、投入大笔资金用于先进武器的研发、发展覆盖全球的通信网络，以及保持对全球任何角落的准入权和力量投入。所以，战争是必须打的，为战争"用典"、找一个响亮而具道义性的出兵理由，也只是程序性地取个名而已。

不论战争的名义多么高尚，不论发动战争的是天使还是恶魔，都改变不了它杀戮、毁灭的残酷本质。

美国如何征兵？

美国有一部名为《信使》的电影，以特殊角度讲述战争对人的心灵伤害。军官威尔·蒙哥马利完成在国外的驻守任务回国，被调派到了军队的伤亡通知服务中心任职，与搭档一道，专门向伤亡家属通报失去亲人的不幸消息。威尔好不容易活着从前线回到后方，特别希望有一个安宁、适合治疗心灵创伤的环境，但每次执行任务，都必须面对失去亲人的父母、妻子或孩子的悲痛与震惊。军人家属的痛不欲生，一次次撕裂着威尔内心并未愈合的伤口，也让观众反复咀嚼战争的残忍。

美国现役官兵人数 140 多万，其中陆军 55 万，海军 33 万（包括 11 个航母战斗群），海军陆战队 20 万，空军 33 万；美国在伊拉克、阿富汗、欧洲和亚太都有驻军；美国同 40 多个国家和地区订有多边和双边军事条约；在 30 多个国家和地区设有 200 多处军事基地；向 40 个国家和地区提供军事援助；与 90 多个国家和地区订有援外军事训练计划。可见，美国非常需要人民踊跃当兵。

美国从 1973 年起实行募兵制，也就是自愿参军，青年人不用服兵役。而美国人也并非天生好战，拿自己的生命去冒险、穿军装、扛枪上战场，毕竟不是所

---

[1] Carl Boggs, Imperial Delusions: American Militarism and Endless War, p.8
[2] 同上，p.31

有人的温馨美丽梦想。美国军人的大多数，也是没有更好的选择才去参军的。

有意思的是，美国大部分年轻人还没有当兵的资格。美国有一个退役军事将领的组织，名叫"时刻准备"。它 2009 年 12 月发表报告指出，17～24 岁的美国年轻人里，75% 都不适合参军。他们或者没有高中毕业，或者有犯罪记录，或者超重肥胖。"时刻准备"组织认为，军队能够完成征兵任务，主要是因为经济不好，高失业率逼得很多人投身军队，所以能招到不少符合条件的人。一旦经济好转，更多高素质的人会被私营企业吸引走，而符合入伍条件的人本就匮乏，国家安全难免会受到损害。

2010 年 9 月 29 日，美国国防部长盖茨到杜克大学发表演讲，做变相的招兵宣传。他说，大多数美国人与伊拉克、阿富汗战争太过脱节，民众把当兵视为"别人的事"；由于从军者人数极少，保家卫国的任务对他们和国家都是难以承受之重。

他说，美国政府、国防部不得不扩大花费，包括投放丰厚的红利和教育福利，来吸引人民入伍并长期服役。美国自 2001 年出兵阿富汗以来，国防部的人事和福利开支从 900 亿美元增加到 1700 亿美元，上涨将近一倍。但过去 10 年来，在伊拉克和阿富汗逃过一死的士兵退不了伍，只能转地再战，和家人长期分开，有的执行任务长达 18 个月，付出的惨痛代价包括士兵自杀率上升，军人离婚率增加一倍。另外，美国目前几乎只剩 5 个州有军事基地，造成全国民众普遍与军人隔绝。美国的志愿兵主要来自乡下，尤其是南方和西部山区。阿拉巴马州人口 500 万，有 10 个军官储训中心，而洛杉矶都市区人口 1200 万，只有 4 个，人口 900 万的芝加哥只有 3 个。盖茨还对美国大学生不想当兵表示遗憾，他说，杜克大学 6400 名大学生，只有 34 人参加"预备军官训练计划"，耶鲁大学 5200 名学生，只有 4 人参加。

为扩充兵源，美国绞尽脑汁。美国的征兵广告不仅在公立高中四处可见，还在电视里频繁地插播。在美国当兵，自己和家属都能享受到很多"好处"，比如退役后可获得一笔丰厚的报酬，上大学可以减免学费，军人及其家属能去专门的、价格便宜的商店购物等等。笔者曾在朋友陪同下，去过美军太平洋司令部设在夏威夷的一个军人特供商店，其规模只能用宏大来形容，东西应有尽有，货价通常比外面同样的东西便宜三到四分之一，让人大开眼界。

当然，最让人承受不起的"好处"，是死后有资格埋入美军的阿灵顿公墓。

为吸引国内的更多年轻男女奔赴战场，2010 年 12 月圣诞节前，美国国会通过了一项法案，推翻了"不问不说"规定。新法案同意美军服役男女公开自己的同性恋身份，可以将以前的地下情光明正大地公布于世。奥巴马总统签署此法案的场地，特地选在了宽阔的内政部，以便让那些为促成这一结果而游说多年的同性恋者见证"历史性时刻"。奥巴马在签字仪式上说，军人为保卫国家浴血奋战，不该因性取向再牺牲自己的人格，而废除"不问不说"政策，使得"数万军人不必再生活在谎言之中，或为此焦虑不安"。

针对军队同性恋问题的"不问不说"政策始于 1993 年。当时执政的克林顿总统与军方妥协后规定，同性恋军人只有不公开性取向，才能在军队中服役，否则将被开除。后来美军有 1400 多人因违反或藐视该政策而被逐出军队大门。奥巴马上台后，一直主张废除该政策，国防部长盖茨也明确支持。2010 年美国五角大楼公布了一份美军同性恋问题的调研报告，宣称超过 7 成的受访士兵希望废除该政策，并认为此举不会削弱美军战斗力。

吸引美国人的征兵招数似乎再不能推陈出新了，那就举目四顾，把眼光瞄向那些渴望成为美国人的外国人。要想拿美国的长期居留证"绿卡"吗？来当兵吧！要想赶快成为正式的美国人吗？来当兵吧！要想结束东藏西躲、不能见光的非法移民身份吗？来当兵吧！

目前，美军中的外国人达到 2.9 万，每年仍有约 8000 名外国人加入美军。一般情况下，普通人获得绿卡 5 年后才可入籍，而军人只要获得绿卡后，3 年就可入籍。2002 年 7 月，布什总统宣布持有绿卡者如参军即可迅速获得美国国籍，导致外籍士兵迅速增加。2010 年 7 月 4 日，在美军巴格达胜利营营地的国庆仪式上，156 位来自 56 个不同国家的士兵火线入籍，转正为美国人。

既然有这么多外国人愿意为美国打仗，死了也在所不惜，美国在干涉外国事务、随意用兵方面就更肆无忌惮了，反正死的不是美国人；就是不死、入了美国国籍，美国照样获利，不是还需要劳动力吗？对那些外国人来说，以生命搏国籍，也可能是加入梦想之国的捷径了。

美国陆军还表示，将把征兵范围扩大至难民、寻求庇难者以及其他非移民签证持有者。报名者只需笔试、面试及背景调查合格，就有望成为美国大兵，并进而成为美国公民。美军 2009 年推出了试行计划《对国家利益至关重要的征兵》。计划规定，过去征兵时仅放宽到绿卡持有者，现在那些寻求庇难者或难民，只要笔试达到 50 分以上，流利掌握汉语普通话或粤语，且具有一定的医学常识，又通过背景调查，就可应征入伍。据《洛杉矶时报》报道，2009 年以华裔为代表的亚裔参军人数增加了 80%。

美国为了保证战争机器的持续轰鸣，不惜千方百计地广开门路。2010 年 12 月美国国会还讨论了《梦想法案》，该法案允许大学生以及从军两年的、16 岁前来美国并居住五年以上的非法移民高中毕业生，获得合法身份。奥巴马认为，该法案是增强美国经济竞争力和美军作战状态的关键，而且在未来 10 年内可以减少 22 亿美元的联邦赤字。然而，该法案在参议院进行程序性投票时，未能获得 60 张票而遭搁浅。

战争是昂贵的。2011 年 6 月 29 日，美国布朗大学发表报告指出，美国在伊拉克和阿富汗的战争支出、在巴基斯坦的行动费用，总共耗资将近 4 万亿美元。这个数字包括迄今为止为战争花掉的费用、未来必须支付的退伍军人的福利，还有因欠债而需支付的利息 1 万亿美元，光利息就要支付到 2020 年。即使除去奥巴马总统计划撤回的 3.3 万名军人，驻阿富汗的美军还有近 7 万人，估计每个人的费用是 120 万美元。报告的一位撰写人、波士顿大学的政治学教授尼塔·克劳福特说，其他成本还包括因为把钱花在战争物资上而损失掉的发展机会。他说："设想一下这些战争的年度经费，如果说过去十年中每年花去 1300 亿美元，把这笔经费用在教育体系中，就可以创造 90 万个工作职位。"[1]

伊拉克战争和阿富汗战争每月烧掉 150 亿美元，但比这更宝贵的，是那些年轻的生命。上述报告指出，直接死于战争的有 22.4 万至 25.8 万人，其中有 12.5 万是伊拉克平民。《华盛顿邮报》不定期公布阵亡美军将士的资料，包括照片、年龄、军衔、军种、死亡原因等，通常是整整两个版面。一张张年轻的面孔却瞬间定格在二三十岁的青春年华，令人不胜唏嘘。据美国国防部的报告，美国老兵的自杀率也在大幅增加。

---

[1] http://www.huffingtonpost.com/2011/06/29/cost-of-war-iraq-afghanistan_n_887084.html，报告请见 http://costsofwar.org/

美国在世界各地建立了许多军事基地，建军事基地的历史就是一部血泪史，美国大学教授戴维·维恩以美国建立迪戈加西亚军事基地为例，做出较详尽的描述，并称之为"耻辱之岛"。[1] 他在书中写道，迪戈加西亚本是英属印度洋领地，后成为美国本土之外最重要而隐秘的军事基地之一，它位居印度洋的中心，只有军事运输方式才能到达。不为外界所知的是，该基地是美国发动伊拉克战争与阿富汗战争的跳板，还是囚禁恐怖嫌疑犯，并对其进行酷刑审讯之地。另一个"令人震惊"的情况是，美国在英国的支持下，将该地区的土著查戈斯人强制驱逐出境，遣返到毛里求斯和塞舌尔群岛。直到今天，这些人基本过着极端贫穷的生活。

中国的首都、古城北京有一条闻名遐迩的中轴线，它串起了前门、天安门、故宫、景山公园、奥运会主体育场鸟巢。美国的首都华盛顿也有那么一根线，从东北往西南串起的是总统官邸白宫、华盛顿纪念碑、林肯纪念堂和美军的阿灵顿公墓。

与首都一河之隔的阿灵顿公墓，始建于1864年，埋葬着无数的美军将士。对不少美国人来说，去世后能在这儿占有一席之地，是一种殊荣，因为只有那些当过兵、服过役的军人及其配偶，才有此资格。这里还是著名的旅游景点，成千上万块白色的墓碑，静静地矗立在绿草茵茵的草坪与山坡之上，其间零星点缀着家人敬献的鲜花。公墓的山坡顶上，专设了无名战士墓，有士兵日夜站岗。每年5月的阵亡将士纪念日，美国总统都会到这儿发表演讲。

初夏的阿灵顿，蓝天白云，轻风微醺，草木葱茏，面对眼前白茫茫一片亡灵墓碑，再举目看看远处清澈宽阔的波托马克河、同为白色的林肯纪念堂、华盛顿纪念碑、白宫，战争，真的那么诱人吗？

更多枪还是更少枪

2012年7月20日，美国科罗拉多州丹佛市，一名白人青年霍姆斯在《蝙蝠侠前传3》的电影首映现场先投掷催泪弹、后开枪射击,导致12人死亡,59人受伤,令人震惊。

如前所说，美国经历了战争立国到战争强国，再到战争治国的阶段，尚武精

[1] David Vine, "Island of Shame:The Secret History of the U.S. Military Base on Diego Garcia"

神早已深入人心。在很多美国人看来，枪支和柴米油盐一样，都是生活必需品；美国的自由，当然包括拥有枪械的自由。军工业的发达，也让枪支的自由买卖不仅拥有充足的货源，更有了促销的必要。于是，枪支的泛滥也就成了必然。

美国是世界上第一个公民拥有持枪权的国家，枪支泛滥早已成为其社会毒瘤。美国人的枪支拥有量高居世界第一，平均每百人就有 90 多条枪，平均每年约 3 万人死于枪支暴力，另有 20 万人因枪支犯罪受伤。

枪支对社会造成的危害如此之大，美国不是法治国家吗？政府为什么不立法加以限制，或干脆禁枪呢？后一种可能性没有探讨的必要，因为根本就不存在；咱们还是实际些，暂且透过两次枪击惨案后美国社会展开的大讨论，看看他们到底是要更多枪还是更少枪。

2007 年 4 月 16 日，手持一把 0.22 厘米小口径手枪和一把 0.9 厘米自动手枪，美国弗吉尼亚理工大学的韩国籍学生赵承熙横扫校园，共造成 33 人丧生、29 人受伤，制造了美国现代史上最为血腥的平民枪击惨案。限枪的呼声再次高涨，但与之相伴的，是捍卫美国人持枪权力的声浪一浪高过一浪。

针对早有争议的美国校园禁枪规定，这次惨剧照样再掀讨论热潮。支持者认为，这一规定虽然有悖于美国宪法第二修正案，但是能让校园枪击事件得到控制。但

美国阿灵顿公墓

反对这一规定的人则说，美国学生应该有权携带枪支进入校园，以便及时保护自己。

　　每一次发生新的恶性枪击事件，都会激起美国朝野和社会各界对枪支管制新一轮的辩论，但每一次都无果而终。这次依然没能例外，33条鲜活、美丽的生命，就这么消失了。

　　悲剧还在延续。2011年1月8日，一个平凡的星期六，美国西南部亚利桑那州图森市的一家超市停车场，联邦众议院女议员加布里埃尔·吉福兹在会见她的选民，22岁的男子贾里德·罗纳突然拔枪射击，6人死亡，其中包括一名联邦法官和一名9岁的女孩，19人受伤。吉福兹头部中弹，伤势危急。

　　美国历史上，国会议员遇刺案比较罕见，此案是自众议员瑞恩1978年在圭亚那被刺后，最严重的一起针对国会议员的暴力案件，震惊全美，也让国会工作陷入停顿。奥巴马总统当晚在白宫说，这一事件是"不可言喻的悲剧"，是"整个国家的悲剧"。另外，刺杀案件多发生在历史动荡和社会重大变革时期，而目前美国国内似乎风平浪静，歌舞升平，那么该事件是否是长期以来美国的暴力文化诱发的恶果，是否折射了美国社会的仇恨文化，是否意味着美国社会更加走向分裂？同时，关于是否修改持枪法的争论，特别是更多枪还是更少枪的问题再次成为焦点。

　　从20世纪60年代开始，枪支管制运动在全美形成声势。时至今日，它已经成为美国政治生活中一个最具争议的问题。长期以来，美国社会形成了"持枪派"和"禁枪派"两大阵营，各执一词。两派各自组成势力强大的院外游说集团，争相影响美国政治。学界精英也参与其中，用自己的学术功底和研究成果，积极主动地替这场政治斗争送枪填弹。

　　具体到图森枪击案，持枪派认为，假如当时在场的另一人有枪，完全可能把嫌犯撂倒，而不是像一群绵羊，眼巴巴看着嫌犯一个接一个地杀人而毫无作为。因此，假如有更多的人持枪，那么就可以阻止暴力和杀戮。禁枪派则认为，如果对枪支进行严格控制，肯定会减少枪击案。禁枪派更希望利用这个案件来推动他们的主张，即应当修改宪法第二修正案，剥夺个人的枪支拥有权。

　　结果，最高法院一槌定音：个人拥有手枪是美国宪法第二修正案赋予的权利。此裁决结束了美国人两百年来关于个人拥枪权的争论，也标志着美国反对个人拥枪权运动进入一个变禁枪为限枪的新阶段。

上面多次提到美国的宪法第二修正案，内容究竟为何？其实，被当成宝典频繁搬出来的它，也就语焉不详的两句话："管理良好的民兵，为保障自由州的安全所必需；人民持有和携带武器的权利不得侵犯。"说实话，这一修正案的模糊不清并充满歧义，正是美国今天枪械泛滥成灾的根由。保守派持"个人权利说"，强调它保护的是个人持枪权；自由派坚持"集体权利说"，认为它只保护民兵的集体持枪权。

因为此条法典涉及个人持枪权的合法与否，竟有较真的美国人为了它的具体解释而打上几年的官司，为美国广大的持枪人讨个公道。这就是有名的赫勒案。

1976 年，美国首都华盛顿颁布了一条手枪禁令，规定除现役和退役的执法人员、以及此禁令通过前的手枪拥有者之外，该市居民一律不准拥有手枪；所有其他武器，包括步枪和散弹猎枪，必须存放在家中，而且"必须上锁或分拆，子弹不能上膛"。一位名叫罗伯特·列维的人认为，该禁令违反了宪法第二修正案，决定出钱，打一场公益官司。经过一番努力，他终于找到了来自不同地区、阶层和族裔背景的六位原告。2002 年 2 月，他们将华盛顿市政府告上地区法院，市政府的态度十分明确，认为宪法第二修正案仅适用于民兵组织而非个人；如解除禁枪令，枪支的暴力案件将大幅增多，因此希望法院撤销本案。

由于对第二修正案的两种解释并存，加上枪械问题早已成为美国政治的烫手山芋，地区法院遂接受了华盛顿市政府的请求，撤销了此案。原告不服，继续向哥伦比亚特区联邦上诉法院上诉。2007 年 3 月 9 日，上诉法院推翻地区法院的撤诉判决，判定华盛顿市政府败诉。法院宣布，受第二修正案保护的持枪权"并不仅限于民兵组织"，"个人所享有的权利也不依赖于其是否加入民兵队伍"，裁定华盛顿市的禁枪令违反了宪法第二修正案。华盛顿市政府再将官司打到美国联邦最高法院。最高法院最新裁决列出三个例外，为各州、市政府立法限枪留下了三条生路：限制对社会有危险的人物购枪；限制枪支进入高危场合；限制枪支在社会上的流动，禁止大杀伤力的枪支。

要在美国禁枪，面临的难题远不止于此。除美国宪法赋予民众拥枪权外，禁枪派也拿不出有力的数据或研究成果，证明社会枪支的多寡与犯罪率成正比。倒是持枪派振振有词，宣称首都华盛顿地区自 1976 年严格禁枪后，谋杀率非但未减，反而明显增加。

　　民间的争议反映在政治上，就是驴、象两党在枪支管理问题上的长期对立。共和党人始终为个人持枪权充当喉舌，而民主党则每每在枪击案后跳出来推动枪支管控法案的出台。围绕枪支问题的斗争，常常有着很浓的政治火药味儿。1968年美国国会就通过了枪支管制法案。里根总统任内禁止了好几个猎枪种类的进口。1989年老布什总统也下令永久禁止43种半自动攻击型步枪的进口。

　　1994年，民主党控制的美国国会提出了一项"禁止19种攻击型枪支的制造、销售和进口"的议案，但遭到共和党人的强烈反对。为了使议案得以通过，克林顿政府做出妥协，同意法案有效期为10年。即便如此，民主党也付出了沉重的代价。在当年的中期选举中，这项法案使民主党至少失去了20个国会议员的席位，丢掉了议会多数的地位。克林顿为此感慨万分："全美步枪协会是共和党控制众议员的原因。"

　　实力雄厚到能影响美国国会、能与美国总统及其政党相抗衡的全美步枪协会，是美国的拥枪游说团体。它积极游说国会，以维护持枪者权益为名，一直反对加强枪支管理，阻挠立法，在美国实施枪支管制的道路上设置了重重障碍。它有着呼风唤雨的神奇本事，在美国拥有400多万名会员，每年几千万美元的宣传费、公关费，是民间主张枪支管制团体的几十倍。从1980年以来，如果共和党的总统候选人想赢得白宫宝座，争取全美步枪协会的支持不可或缺。

　　在2000年的美国大选中，枪支管控再次成为总统大选的重要议题，结果当时的副总统戈尔坚决支持加强枪支管理而在一些关键的州失利，最后将白宫宝座拱手让给了小布什。2004年，克里挑战小布什时，同样在枪支问题上栽了跟斗。

　　2004年9月13日，克林顿时期签署的《联邦攻击型枪支管制法案》10年期已至，全美步枪协会利用手中的选票，威胁、利诱两党人士，导致此法案的延期未被排入国会讨论事项，最终到期作废。尽管民调显示，高达2/3的美国人支持这项法案延长有效期，但在全美步枪协会的积极运作下，连曾经表示支持法案延期的小布什总统，也只能含糊其词。支持枪支开放的团体将之视为"民权自由"的一大胜利，同时否认此法案实施时有降低犯罪率的效果。弗州理工枪击案发生的第二天，全美步枪协会就表示，如果枪击事件发生时有师生带枪，就可以一枪结果凶手性命，制止这场惨剧的发生。

　　但美国国内支持这项法案的团体对其废止深感不安。著名反持枪团体布雷迪防止枪支暴力中心表示，他们依据美国司法部公布资料得出的研究结果显示，自从攻击型枪支管制法案在 1994 年实施以来，与攻击型武器相关的犯罪案件减少了 66%。该中心是以吉姆和莎拉·布雷迪夫妇的名字命名。1981 年，时任里根总统发言人的吉姆·布雷迪在里根被刺案里中弹受伤，康复后便协同妻子投身反枪支暴力运动。

奥巴马在 2008 年大选期间，曾表示将重新讨论禁止攻击型武器，但《华盛顿邮报》社论称，奥巴马远未兑现其竞选承诺。在图森枪击案后，奥巴马飞到图森发表了 34 分钟的演讲，被形容为"疗伤"和"包容"，也就是和稀泥，不明说支持谁反对谁，而是主张和解、仁慈、宽容，呼吁团结。正是这些理念使他左右逢源，正反通吃，得分不少。

图森枪击案后不久，美国《外交政策》杂志刊文，题为《如何让枪支疯狂的社会领导世界》。文章说，该事件不仅令受害者付出惨重代价，也极大地损害了美国领导世界、推行自身价值观的进程。在全球背景下，美国需冷静地自我反省：事件的发生是文化怎样的一种表述？这类问题的出现将如何损害美国的领导力？许多人可能也本能地注意到，其他文化中也存在类似的缺陷，却没有任何国家和社会能像美国这样，在世界上有如此重要的"示范"效应。美国需要做出改正，不仅已经落后于国际规范，更重要的是丢失了以正确、道德和理智为基准的行事原则。

也是在图森枪击案后，具有牧师资格的民主党众议员克利弗曾率领众人向上帝祈祷："帮助我们摆脱黑暗，走向阳光照耀的世界吧！"在我看来，在关于更多枪还是更少枪的问题上，在关于战争与和平的问题上，美国人民都还得在黑暗中继续摸索。

六、奥巴马的故事：搭火车出席就职典礼的总统

2009 年 1 月 20 日，白宫迎来了一位新主人——巴拉克·侯赛因·奥巴马，47 岁，美国历史上第一位非洲裔总统。他是半个多世纪以来首个搭火车出席就职礼的候任总统，也是美国第 27 位当上总统的律师。

奥巴马要追随先贤的足迹，沿着 1861 年林肯总统就职的路线，乘火车从费城抵达首都华盛顿。奥巴马手抚 19 世纪林肯用过的《圣经》，宣誓就任美国第 44 任总统。美国总统宣誓就职誓词基于美国《宪法》第二条第一款——"我谨庄严宣誓，我必忠实执行合众国总统职务，竭尽全力，恪守、维护和捍卫合众国宪法。"

就任美国总统时，手抚《圣经》宣读誓词是一种传统，但不是宪法规定。西奥多·罗斯福于 1901 年宣誓就职时，就省去了这个环节。这本《圣经》是 1928 年林肯的家属捐给国会图书馆并收藏至今的宝贝。

在国会山宣誓就职典礼结束后，新任总统发表就职演说。奥巴马的就职演说名为《自由的新生》，其灵感来源于林肯的《葛底斯堡演说》。同一天下午，小布什总统和第一夫人劳拉·布什离开华盛顿，白宫实现新老交替。新任总统和副总统从国会山返回白宫，并在白宫观看传统游行。当晚，举行了至少 10 场庆祝总统就职的正式舞会，奥巴马夫妇盛装出席，而第一夫人当天所穿的礼服，总是时装界的重大新闻。

次日早晨，新任总统要参加在华盛顿国家大教堂举行的祈祷仪式。整个就职活动至此宣告结束。

奥巴马的就职仪式还出现两个插曲：一是奥巴马念了两遍誓词。由于当时主持宣誓仪式的法官念错了誓词，跟读的奥巴马将错就错。这可不是小事，要是不改正过来，奥巴马的宣誓就是无效的。于是奥巴马不得不重新再念一次。二是仪式上的音乐表演是假演，音乐家们的装模作样只是为了配合事先录好的演奏录音。后来美方解释说，这么安排是因为担心天气太过寒冷，影响演出效果。

就在宣誓就任美国总统的当天，奥巴马便签署法案。那段电视画面令人印象深刻。奥巴马在坚毅桌上签字，内阁大员们围绕周边。奥巴马大笔一挥，随后自

言自语道："我是左撇子，今后你们得习惯！"即便像奥巴马这样的"自谦"之人，也情不自禁地说出如此霸气外露的话，不知他雄心勃勃开启的新政，是否也能霸气始终？

无畏的希望

奥巴马的口头禅是"无畏的希望"，这也是对他身世的最佳诠注。

1961 年 8 月 4 日，奥巴马生于夏威夷州檀香山。母亲斯坦利·安·邓纳姆是堪萨斯州人，后随家人搬到夏威夷，并在那里结识了在夏威夷大学学习的肯尼亚留学生老巴拉克·奥巴马。两人于 1959 年结婚，1961 年生下小奥巴马。在传记《我父亲的梦想》中，奥巴马将自己的母亲邓纳姆描述成一个害羞的小镇姑娘，同时又是一位天真的理想主义者。

两年后，老奥巴马抛妻别子，先到哈佛大学读研究生，然后返回肯尼亚。小奥巴马后来仅在 10 岁时见过父亲一面。1982 年老奥巴马在肯尼亚遇车祸去世。1967 年，奥巴马 6 岁，他母亲再婚，嫁给了一位印度尼西亚石油公司的主管，全家移居印尼首都雅加达。奥巴马在那里上了四年学。奥巴马后来回忆说，那时母亲每天早上 4：30 叫他起床，给他补习功课。1971 年回到夏威夷，同外祖父和外祖母一起生活。

奥巴马在夏威夷私立学校普纳侯读至初中毕业。他有一位著名校友，即中国革命先行者孙中山先生。孙中山曾任中华民国临时大总统，奥巴马是美国首任非裔总统，这所学校培养出中美两国的总统，恐怕是空前绝后的成就。

奥巴马后来再次离开夏威夷，去洛杉矶就读西方学院，两年后转入哥伦比亚大学。1983 年获得哥伦比亚大学文学学士学位。为了寻找自我、实现人生奋斗目标，奥巴马辞去了在纽约一家国际咨询公司做金融撰稿人的工作，于 1985 年去了芝加哥，到芝加哥南城的一个社区教会联盟做了三年的社区组织工作。这是一个贫困的非洲裔城区，因当地经济从制造业向服务业转型而遭到重创。这段基层工作经验使奥巴马受益匪浅，后来他常常自豪地提及这段社区工作者的经历。

他认识到，为了真正改善贫困社区，需要通过立法和政治途径。于是 1988 年进入哈佛法学院就读，并成为有威望的《哈佛法学评论》杂志社社长，也是该杂志社的第一位非洲裔社长。1991 年，奥巴马以优异成绩毕业于哈佛大学，回到第二故乡芝加哥，开始做民权事务律师，并在芝加哥大学讲授宪法课程。

1989 年，奥巴马在芝加哥的西德利与奥斯汀法律事务所当实习生，负责指导他的女士名叫米歇尔·鲁宾逊。她生长于伊利诺伊州一个工薪阶层家庭，在学校学习用功，于 1985 年进入普林斯顿大学，后来进入哈佛大学法学院学习。这就是后来的第一夫人。1992 年两人喜结良缘，育有两个女儿，玛丽亚和萨沙。

同一时期，奥巴马开始在芝加哥从事推动选民登记的工作，帮助比尔·克林顿及其他民主党候选人竞选。

对这段"开始注意到自己身外世界"的生活经历，奥巴马总是回味无穷。2008 年 5 月 25 日，他在卫斯理安大学毕业典礼上发表演讲时，专门谈及这段经历，以及他要发挥"变革催化剂"作用的愿望。他说："我开始积极参与反对南非种族隔离制度的运动。我开始关注我们国家有关贫困和医疗保险问题的辩论。因此，我在大学毕业时满脑子只有一个狂热的理想——我要从基层做起，实现变革……通过服务，我找到了一个热情接纳我的社区、有意义的公民行动以及我一直寻找的方向。通过服务，我看到了我特殊的个人经历如何融合在更广义的美国经历中。"

从这些表白中，我们可以看出奥巴马向来极有抱负，他相信，投身政治才能

绿草茵茵的白宫南草坪

更好地实现自己的理想。1996年，奥巴马当选为伊利诺伊州参议员，6年后顺利获得连任，8年后当选联邦参议员。2007年2月10日，奥巴马宣布参加2008年总统大选。

美国宪法规定，竞选美国总统必须符合三个条件：美国出生、至少35岁、在美国生活14年以上。如前所说，尽管奥巴马出生于夏威夷，但直到2012年，反对者仍在怀疑奥巴马的出生证有诈，进而质疑他的总统资格。不胜其烦的他除亲自辩白外，还翻出发黄的出生证明，"晒"到报纸、电视上。

奥巴马是名副其实的"黑马"。当这位年轻的参议员宣布参加总统大选时，他并不在人们的政治雷达屏幕上。他的知名度、政治资历、从政经验，都远远不如其他总统候选人，加上其非裔身份，一开始并不为人们所看好。但他祭出口头禅"无畏的希望"，从不放弃，稳扎稳打，将不利因素巧妙转化为优势，以清新的政治形象，从华盛顿的政治圈中脱颖而出。

2007年2月10日，奥巴马在伊利诺伊州春田市宣布参加总统竞选，发表了《我们的过去、未来和美国的憧憬》的讲话。他说："今天，在林肯曾经向分裂的国家发出团结呼吁的老州议会大厦的投影中，在这个共同希望和共同梦想犹然存在的地方，我站在你们面前宣布，我将竞选美国总统。我意识到，这项宣布显得有些自恃，有些大胆。我知道，我了解华盛顿行事方式的时间还不长。但是，我在那里的那些时间，已足以使我认识到，华盛顿的行事方式必须改变……我们听到马丁·路德·金发出的让公正似水奔流、让正义如泉喷涌的呼声。一次又一次，总有一代新人站出来，完成时代的要求。今天，人们再次受到召唤——现在是我们这一代人响应时代要求的时候了！"

2008年11月4日，奥巴马在全国选举中获得近6300万张选民票，创下美国的历史最高纪录。他52%的得票率，也是自1964年以来美国历次大选中，总统候选人里最高的。有评论说，奥巴马的当选，是借助美国政治机制发动的一场针对美国政治传统的"颜色革命"。

奥巴马在获胜演讲中称，"我曾经是最不可能赢得白宫的候选人"。但时势造英雄，美国正处于转型期，小布什在任8年，美国深陷伊拉克、阿富汗两场战争，金融危机雪上加霜，80%以上的美国人认为国家走在错误的道路上。奥巴马个人魅力四射，顺应民意，高举"变革"大旗，将自己作为希望的化身，赢得民心，平步青云，一路高歌猛进，成为美国政治万花筒中呼啸而来、势不可挡的一匹黑马。正是凭着坚定的信念和勇气，奥巴马超越了"布雷德利效应"[1]，克服了"十月意外"[2]，过五关斩六将，终于笑到了最后。

奥巴马骄傲地宣称，他的故事说明，在美国，万事皆有可能。

神话总是让人着迷，让人产生历史正随着一种强大意志而驿动的感觉，并不由自主地随之起舞，生怕错过这样的历史机遇。

其实，奥巴马真正的一炮而红是在 2004 年当选伊利诺伊州联邦参议员，并在同一年召开的民主党全国代表大会上，发表了慷慨激昂的主题演讲《无畏的希望》："是奴隶围坐萤火高唱自由之歌时所怀抱的希望，是移民向远方异乡出发时所怀抱的希望，是海军少尉（指当年的民主党总统候选人克里）勇敢巡逻湄公河时所怀抱的希望，是工厂工人之子勇于克服险阻时所怀抱的希望，是瘦巴巴又有个古怪名字的小孩儿（指自己）认为美国必有其一席之地时所怀抱的希望。"

也许正因为有了种种无畏的希望，"瘦巴巴又有个古怪名字的小孩儿"终于在美国出人头地，入主参议院短短四年，即从多位民主党重量级人物中脱颖而出，最后登上白宫宝座。这与他强烈的取胜欲望、"不喜欢输"的好胜心不无关系。

有这么个故事，可充分反映奥巴马性格中好胜的一面。2009 年 12 月 23 日，圣诞节前，奥巴马总统来到华盛顿东北区的一个少年儿童活动中心，给这里的孩子们阅读圣诞经典故事《北极快车》。离开前，7 岁的男孩尼科要求奥巴马下次再来看他们，陪他玩儿桌上足球。

奥巴马说："你很会玩桌上足球游戏吗？你要知道，我可不喜欢输。"尼科笑了，回答说："我会让你赢的。"说罢，还非常自信地给总统来了一个顶拳。

奥巴马虽然日理万机，却笔耕不断，2010 年 11 月 16 日，他出版了一本插图读物《赞美你：致我女儿们的一封信》，描写了美国 13 位各领域拓荒者的

---

[1] 布雷德利效应（The Bradley Effect），是指 1982 年加州州长选举中，广受欢迎的洛杉矶市长、民主党黑人候选人布雷德利与共和党人德克梅吉恩对垒，布雷德利在民调中大幅度领先的情况下输给了后者。此效应后来就泛指白人选民对黑人候选人口是心非。

[2] 十月意外（October surprise），是指在总统大选投票之前的一个月，即 10 月，选情可能发生攻守易位的大逆转，从而导致选举结果出人意外。

故事，其中包括美国国父乔治·华盛顿、美国职业棒球大联盟第一位黑人球员
鲁宾逊，美国黑人民权领袖马丁·路德·金等，借此向 3 岁以上的儿童传播美
国精神。

奥巴马的精神偶像

奥巴马的获胜，书写了美国黑人从奴隶到总统的传奇故事。奥巴马"无畏希
望"的精神源泉，正是两位与美国黑人命运休戚相关的、他的精神偶像：林肯和
马丁·路德·金。林肯的历史功绩之一是解放黑奴，而马丁·路德·金是名垂史
册的黑人民权领袖。正是这两位伟人的历史功绩，才成就了奥巴马今天的故事。

1619 年，第一批非洲黑奴登上英属殖民地弗吉尼亚。1776 年，美国独立，
但首任总统华盛顿也使唤黑奴。1865 年，美国修宪废除奴隶制。1896 年，联邦
最高法院宣布种族隔离合法。南方各州继续采取了"分离而平等"的种族隔离政策，
公共设施和餐馆、旅店、医院、剧场、车站等，全部以种族划线，白人、黑人各
用各的，井水不犯河水。一旦越界，黑人会受到殴打、坐牢等等严厉惩处。改变
这种残忍分野的两位伟人，正是林肯与马丁·路德·金。

林肯对奥巴马的影响至深，奥巴马的言行处处流露出林肯遗风。无论讲话还
是举手投足，奥巴马似乎将自己作为林肯的化身。在宣布参选总统前，奥巴马就
对林肯赞赏有加。他在书中这样写道：林肯从贫苦中崛起，他克服个人的失败、
锲而不舍的精神……提醒我美国生活的更宽广的基础：相信我们可以不断改造自
己，以追求更大的理想。

奥巴马与林肯实际上是老乡，同在伊利诺伊州，该州又有"林肯州"之称。
2007 年 2 月 10 日，奥巴马特地选择在伊利诺伊州首府春田市，正式宣布参加
2008 年总统大选。前一天，奥巴马在他的个人网站上发表声明："明天，我们将
开始一次伟大的旅程……它将改变我们国家政治的本质。"10 年前，奥巴马的政
治生涯也正是从这里开始。奥巴马偏好春田均与林肯有关。奥巴马说："一位身材
高挑、自学成才的春田市律师（亚伯拉罕·林肯）的经历向我们显示，可以有不
同的未来。"

如果往前追溯到 1858 年，林肯正是站在同一地点，发表了著名的"反分裂
之家"演讲，呼吁终止奴隶制度。林肯当年为废除奴隶制所付出的努力，使今天

身为非裔的奥巴马参选美国总统成为可能。

2009年2月12日，奥巴马总统在美国国会山纪念林肯诞辰200周年。正如他在讲话中所说："在我们纪念我国第16任总统诞辰200周年之际，我不能说我对他的生平和业绩的了解像今天多位演讲者那样深入，但我能说我对这位伟人怀有特殊的感激之情，我个人的历程，以及整个美国的历程，在很多方面都要归功于他。"

林肯是自学成才的杰出代表。1809年2月12日，林肯生于美国肯塔基州一个贫困的农民家庭。父母是英国移民的后裔，以种田和打猎为生。1816年林肯全家迁往印第安纳州，9岁时母亲去世。由于家境贫困，林肯没有受过正规的教育，当过摆渡工人、种植园工人、店员、木工和土地测绘员。1830年，林肯全家搬迁到伊利诺伊州。他在1834年8月初选为伊利诺伊州众议员，并连任3届到1842年。他刻苦自学法律，在1836年通过考试当上了律师，开办律师事务所。他在春田市当了近25年的律师，口碑甚佳。

林肯在1847年到1849年选入国会众议院。他早年加入辉格党，1856年因强烈反对奴隶制而退党，加入新成立的反对奴隶制的共和党。1854年共和党建立之时，林肯还是一个名不见经传的普通律师，那年秋天，伊利诺伊州民主党参议员道格拉斯在国会提出堪萨斯－内布拉斯加法案，林肯被推荐为辩论人发表演说。他把道格拉斯驳得体无完肤，此战使他一鸣惊人。

1858年6月，伊利诺伊州共和党代表会议上，林肯被提名为国会参议员候选人，他在会上发表了著名演说："一幢分裂为两半的房子是无法站立的，我坚信，

林肯纪念堂内的林肯雕塑

这个政府不会永远容忍这种一半是奴隶制、一半是自由制的状况，我不希望联邦解体，也不希望分裂的家庭崩溃。"同年 7 月 24 日，林肯向道格拉斯挑战，两人在伊利诺伊州展开了 7 场马拉松式的辩论，这就是美国历史上有名的林肯－道格拉斯大辩论。辩论使更多的美国人认识了林肯反对奴隶制的立场，最终选择他为美国第 16 任总统。

这里不得不说几句美国的废奴运动。拓展北美殖民地，需要大批劳动力，黑奴制应运而生。从 1686 年到 1786 年的 100 年间，约有 25 万非洲黑人被贩卖到英属北美殖民地。1776 年美利坚合众国成立后，制定了联邦宪法，但宪法保留了奴隶制，维护了奴隶贸易。到 1860 年，美国黑人已达 400 万。19 世纪上半叶，美国民众开展了广泛的反对奴隶制运动。1852 年，美国女作家斯托夫人的小说《汤姆叔叔的小屋》出版，书中对黑人奴隶的悲惨生活做了生动的描写，在社会上引起强烈反响。1859 年，废奴主义者约翰·布朗率领 21 名白人和黑人起义，把废奴运动推向高潮。

1860 年 11 月 6 日，林肯当选为首位共和党总统，次年 3 月 4 日，林肯在阴冷的天气里宣誓就职。他在演讲中强调"联邦不容分裂"。林肯的当选使南方奴隶主忧心忡忡，并加快了脱离联邦的分裂活动。林肯上任仅一个月，南卡罗莱纳州唯一由联邦军队占领的要塞萨姆特堡，在南方军队优势兵力和炮击下于 4 月 13 日沦陷，从而揭开了美国内战的序幕。4 月 15 日，林肯宣布国内存在叛乱状态，发布征召 75000 名志愿军的命令，19 日宣布封锁南部联邦，美国进入战争状态。

其实，林肯起初对南方宣战的唯一原因，是要捍卫联邦的统一，并未涉及解放南方黑奴问题。因为很多北方人愿意为联邦统一而战，却不愿为解放奴隶而战。但由于北方军队战斗不利，为保证战争能继续得到支持，林肯被迫承认奴隶问题是无法回避的重大问题。1863 年元旦那天，林肯签署《解放黑奴宣言》，宣布从 1863 年 1 月 1 日起，废除所有叛乱州的奴隶制，黑人奴隶获得自由，它宣告了在美国长达 200 年之久的奴隶制寿终正寝，许多黑奴受到鼓舞，纷纷加入北方军，大大瓦解了南方叛乱各州的战斗力，扭转战局。

1865 年 4 月 9 日，南军将领罗伯特·李宣布投降，南北战争眼看就要结束了。4 月 14 日星期五，林肯携夫人玛丽出城郊游，晚上去白宫附近的福特剧院看喜剧《我们的美国亲戚》，演员布斯趁总统保镖离开之际，溜到总统包厢，举枪瞄准了林肯的头部，林肯不幸遇刺身亡。事发后，布斯与同谋戴维·赫罗尔德逃跑。12 天后，他们在弗吉尼亚州北部一农场的牲口棚内被发现。布斯拒绝投降，被当场击毙，赫罗尔德于同年7月6日被执行绞刑。然而，有历史学家认为，布斯当年成功逃走并隐姓埋名，又活了近40年。布斯的后人希望利用基因检测技术，验证这一说法。

1865年12月18日，《宪法第13条修正案》正式生效，该法案规定，奴隶制或强迫奴役不得在合众国境内和管辖范围内存在，从此美国废除了奴隶制。因为其历史功绩，林肯被美国人视为最伟大的总统之一。

华盛顿特区的林肯纪念堂是为人熟知的地标建筑。这是一个希腊神庙式的建筑，林肯坐式雕像神情自若，目光深邃，像高5.8米，由28块白色大理石砌成，墙壁上刻有名言"民有、民治、民享"。殿堂前的巨型喷水池正对华盛顿纪念碑，可谓高低错落有致，浑然一体，每天都吸引着成千上万的参观者。

林肯遇刺时正值丁香盛开。诗人惠特曼为纪念林肯，写出了"当丁香在庭院最后绽放，巨星在西方的夜空陨落"的著名诗句，表达对林肯的怀念。

林肯虽然解放了黑奴，但内战之后的相当长时间内，美国的种族不平等、歧视黑人现象仍然存在。任何改变都并非是自愿的，必须要经历革命。历史火炬交到了另一位伟人手中，他同样是奥巴马的精神偶像——马丁·路德·金，美国著名的黑人民权领袖,1964年度诺贝尔和平奖获得者。美国人喜欢称他为"金博士"。

1929年1月15日，马丁·路德·金出生在美国亚特兰大市奥本街501号，一幢维多利亚式的小楼里。父亲是牧师，母亲是教师。1955年获神学博士学位后，到阿拉巴马州蒙哥马利市一家教堂当牧师。

当年12月，蒙哥马利市警察局以违反公共汽车座位隔离条令为由，逮捕了黑人妇女罗莎·帕克斯。金博士遂同几位黑人积极分子组织起蒙哥马利市政改进协会，号召全市近5万名黑人，对有关条令与汽车公司进行长达1年的抵制，迫使法院判决取消地方运输工具上的座位隔离。这是美国南部黑人第一次以自己的力量取得斗争胜利，它揭开了持续10余年的民权运动的序幕，金博士也成为民权运动的领袖。

林肯去世98年后，即1963年8月28日，站在林肯纪念堂台阶上的黑人民权领袖金博士，面对来自全美各地的25万名听众，发表了他最令人热血沸腾的演讲——《我有一个梦想》，将黑人民权运动推向高潮。

1968年4月4日，他在前往孟菲斯市领导工人罢工时，在旅馆阳台被枪手击中喉咙致死，年仅39岁。1986年起，美国政府将每年1月的第三个星期一定为马丁·路德·金全国纪念日。

由马丁·路德·金领导的民权运动直接催生了两部重要法案，使黑人参政从20世纪60年代风起云涌。1964年美国国会通过《民权法案》，宣布在公共场所实行种族隔离是违宪的；不得以种族、肤色、宗教、性别、国籍为由，出现雇佣歧视。1965年8月，国会通过《选举权法》，明文规定废除投票权的文化考试。此后，美国黑人的投票率大大提高。在1940年，仅有2%的适龄黑人选民参与投票，到50年代末，该比率增加到20%，到1970年时，黑人投票率高达60%。

黑人投票率增加的结果，是黑人参政议政的热情高涨。到70年代末，全国已有18位黑人国会议员。1972年黑人雪莉·齐索蒙开始在民主党的初选中角逐总统候选人，后来杰西·杰克逊在1984年、阿弗雷德·夏皮洛在2004年也都在民主党内角逐总统候选人，只是最终未能获得党内提名资格。1989年，鲍威尔成为首位担任参谋长联席会议主席的黑人，后来成为第一位担任国务卿的黑人。

今天，马丁·路德·金的雕像庄严伫立在华盛顿的潮汐湖畔。整个纪念公园呈开放式，其主题呼应他的名言"从绝望之山中劈出的希望之石"。金博士双臂

马丁·路德·金雕塑，上刻"绝望之山中劈出的希望之石"

环抱胸前，象征着"绝望"中化身而出的"希望"，在秋阳下显得那么壮观，那么刚劲坚强。

在雕塑的右下方有一行中文，是该雕塑的作者、中国艺术家雷宜锌先生的签名。2000年开始，马丁·路德·金纪念基金会在全球范围物色雕塑家，雷宜锌从52个国家的近2000名雕塑家中脱颖而出。2007年开始雕塑工作。石像在福建雕成，2010年运抵美国。

奥巴马进驻白宫后，对白宫进行了一系列的重新装修和布置，其中最引人注目的，是民权领袖马丁·路德·金肖像，取代了前英国首相邱吉尔；当然，林肯的肖像依旧高挂墙上。

奥巴马在大选中并没有刻意打黑人悲情牌、种族牌，甚至有意与激进黑人划清界限。他要让人们相信，他并非黑人总统候选人，而是一个碰巧出身在黑人家庭的总统候选人。这样他可以让白人选民相信，他并非那些非裔美国人，整天喋喋不休地谈论种族问题，而使白人不安，如果选奥巴马，可以使人们增加对自身和种族关系的好感。如今他更是将马丁·路德·金的梦想，转变为现实，并终于圆了其中之一，当上了美国第一个非洲裔总统。

政治明星

奥巴马是一位天生的政治明星。之所以下这个定义，是因为他除敏锐的政治头脑外，更拥有文体明星的许多特征：较强的个人魅力，很会宣传自己，造势功夫一流，有专业的幕后团队，经营了大批粉丝……

先来看看他的造势本领。

首先是对网络的充分利用。奥巴马又被称为Web2.0总统；如果说肯尼迪当年靠电视当选总统，使美国进入了电视总统时代，那么，奥巴马则靠互联网赢得白宫宝座，将美国带入了网络总统时代。在竞选中，他几乎用尽了互联网上的所有宣传方式和手段，改变了政治家组织支持者向投票者做广告的方式。通过使用互联网交互工具，奥巴马在虚拟世界里成功地与选民互动，宣传自己的政治理念，与其他候选人进行攻守较量，加强了民众的归属感，大大激发了年轻选民的参与意识。据统计，大选中支持奥巴马的选民，有76%是网络的使用者。

奥巴马充分利用互联网组织支持者。通过这一便捷高效的传播工具，他能在极短的时间里将数千人轻而易举地号召、动员并组织起来。而在过去，他需要大量的志愿者，散发广告、组织演讲、举行集会等等，还得为组织者付费。在 2004 年总统选举中，互联网的力量还相当小，但到了 2006 年的中期选举，不少候选人都开通了博客，网络的力量大大增强。到 2008 年时，网络的影响已无处不在。为加强对网络的利用，他还高薪聘请网络游戏"魔兽世界"的高手当顾问。

奥巴马经常通过网络视频发表讲话，还成功地利用了优兔免费广告的优势。与电视广告相比，网络视频广告更有优势，因为网络使用者除了从网站上看到这些广告外，也能充当广告者，转发广告信息甚至链接给朋友，更可以从他人那儿获得这些广告信息。另外，网民在收看上有更多的主动权，可以选择观看或是下载视频广告内容，收看时间和地点也不再受限，收看时可快进、可回放，而不必像电视广告那样，处于完全的被动地位。奥巴马的宣传团队开发的优兔广告内容，收看时间在 1450 万小时以上；而如果在电视上做 1450 万小时的广告，要花费约 4700 万美元。

奥巴马是第一位真正上网冲浪的总统、第一位在办公桌上连接了互联网的总统。他经常收发电子邮件。据《华盛顿邮报》报道，一位资深顾问说，奥巴马"经常"在线，他在网上获取的信息，影响了他的想法以及他对某些问题的考虑。另一位助手说，他"像一般成年人一样使用互联网，在线阅读新闻以及查看比赛结果"。奥巴马在网上看些什么？他的顾问说，他会看一些不落俗套的博客和新闻，追踪第一手报道和一些文章作者对他政策的意见。奥巴马的资深顾问戴维·阿克塞尔罗德说，总统还经常看《纽约人》、《经济学家》、《体育画刊》和《滚石》等杂志。

也许正是尝到了互联网带来的好处，奥巴马当选后不仅表示要扩大互联网的普及率，还于 2009 年底，任命了网络安全协调人，加强对网络的管控。目前美国高速互联网的普及率，排世界第 15 位。2009 年 6 月 23 日，美国国防部长盖茨已正式下令创建网络司令部，协调网络安全及指挥网络战。美国是世界上第一个提出网络战概念的国家。美国媒体称，五角大楼此举，意味着美国准备加强对网络空间权的争夺。

奥巴马的"吸金"能力惊人，其中的奥妙在于他充分利用网络募集竞选经费，广泛收集小额筹款，集少成多。奥巴马阵营筹集的资金超过 6 亿美元，其中绝大部分是不足 100 美元的小额捐款，远远多于 2004 年小布什创下的筹款 3.75 亿美元的纪录。奥巴马的个人网站 MyBarack-Obama.com 更建立了 200 多万笔支持者资料。这使奥巴马在竞选中财大气粗。

奥巴马调动、驾驭媒体的功夫，也属一流。大选中的奥巴马一直是媒体的宠儿。在与共和党总统候选人麦凯恩对决之际，奥巴马在媒体中的曝光率，是麦凯恩的两倍以上。而且，美国哥伦比亚广播公司（CBS）、美国广播公司（ABC）和美国国家广播公司（NBC），均派出得力的记者，对奥巴马进行全方位的跟踪报道，不仅在国内紧追不舍，而且跟到国外，200 多名记者竞相找情报挖新闻、采访报道，这对奥巴马宣传其政策主张有利而无弊。相比之下，麦凯恩出访外国时，往往见不到媒体记者。这使奥巴马在舆论战中总占上风。

媒体是跟着权力和明星跑的，而奥巴马显然与这二者都沾边。有关研究显示，跟克林顿和小布什这两位前任总统相比，奥巴马在上任头 100 天获得的媒体报道显然更多，也更正面。针对三大电视网 50 天的晚间新闻进行研究，发现 CBS、ABC 和 NBC 美国三大传媒巨头，花了将近 28 小时报道奥巴马的消息，远远超过它们在过去同一时期报道克林顿与小布什政府的新闻时间总和。

皮尤研究中心新闻卓越计划对美国 7 大媒体做了更广泛的研究，结果发现，在上任的头 100 天期间，42% 的新闻报道、社论和专栏都是支持奥巴马的，负面的只占 20%。而在历史同一时期，克林顿获得的正面报道占 27%，负面报道 28%。媒体同样给予小布什 28% 的负面报道，正面报道只有 22%。

皮尤研究中心指出，美国新闻媒体对奥巴马领导作风和个人特质关注的程度，显然远超他们对克林顿和小布什这些方面的注意。这项研究发现，美国媒体有关奥巴马的报道中，44% 是在谈他的人格特征、领导能力和作风；但有关小布什与克林顿的报道中，却有 74% 和 71% 是专注于他们的政策。这充分反映出奥巴马具有明星般的个人魅力。

为了获得更多人的支持，赢得一批忠实的粉丝，奥巴马还想方设法拉近与选民的关系，用他极具煽动力的演讲口才，让选民们现场亲耳聆听、亲眼目睹他超强的亲和力和影响力，扩大、加深并巩固他的竞选优势。例如，2008 年 5 月在丹佛召开的美国民主党代表大会，主要目的就是确认奥巴马获得民主党内的总统提名，并把奥巴马正式介绍给美国的全国选民。为了最好地传递这两个信息，大会的重要内容就是讲述奥巴马的人生故事：父亲是肯尼亚黑人，母亲是堪萨斯州的白人；他出生在拥有多元文化的夏威夷，少年时期曾在印尼生活过4年；他是单亲妈妈带大的孩子；他从顶尖大学毕业，脚踏实地努力工作；然后来到因钢铁工业倒闭而满目萧条的社区工作，就是要帮助芝加哥的穷人。总之，要让大家得出这样的印象："哇！他其实和我们差不多，来自中产阶级家庭，上学也靠奖学金。"

作为伊利诺伊州资历尚浅的参议员，40多岁的奥巴马，魅力就在于年轻而富有活力，即便是只在华盛顿做过一个任期，似乎缺乏治国经验的缺陷，也正好成了他的优势。由于他是新人，没有染上495内的那些坏习惯，奥巴马看上去更能满足民众渴望变革的心理需求，可能拯救华盛顿支离破碎的旧政治。他也有意与"旧时代"划清界限，当提到华盛顿时，总称之为"他们"。

不过，当大选进行到最后，由初出茅庐的年轻黑人律师奥巴马，对决老谋深算的老年白人、资深参议员麦凯恩时，谁更有优势？

毫无治国理政经验的奥巴马，是否能给美国带来安全？这是大选中他一直备受指责和批评的重大问题。就连他的民主党同仁、重量级人物希拉里·克林顿，对此也毫不讳言。她在初选中攻击奥巴马的一则广告，内容就是警告选民："大家想象一下，凌晨三点在白宫接红色电话机的人，谁会让你更安心？"

尽管如此，奥巴马以"变革"应对麦凯恩的"安全"，以"希望"应对"恐惧"。这成功地将他与麦两人描述为两个时代的象征：麦凯恩代表过去，而奥巴马代表未来。这场选举的激烈紧张之处，并不在于二位竞选者的施政纲领会有多大差别，而在于一场变革已势在必行。实际上，美国选民并非不明白，每一位总统候选人，都试图把自己描绘成手握"变革"魔法钥匙的人；但上任的第一天，他就会发现，只靠一个坚定的态度，仅按照自己竞选时信誓旦旦的许诺，并不能解决堆积如山的问题。

奥巴马擅长于寻找、利用对方弱点，并抓住时机进攻。比如2008年大选时，正是美国人心思变的时候，奥巴马的变革口号正好切中要害，有利于他争取中间选民，特别是在大选的最后阶段，奥巴马确保了"摇摆州"的支持。

在美国选举政治中，支持共和党的称为"红州"，支持民主党的称为"蓝州"，分别是两党的稳固地盘，双方很难在对方的势力范围内有所作为。而剩下的那些"颜色"不明的州，就是所谓的摇摆州。美国大选最激烈的时刻，就是对这些摇摆州的争夺。从近几次大选的情况看，佛罗里达、俄亥俄、宾夕法尼亚、密歇根等就是关键的摇摆州。奥巴马成功地利用这些州对小布什的不满，争取到摇摆州的支持，最终奠定胜局。

要成为明星，绝少不了背后强大的支持团队。

在大选期间，每天早上8点，奥巴马都会准时接到芝加哥竞选总部发来的两封电子邮件，一封是关于过去24小时发生的重大国际事件，一封是可能被问及的国际问题清单和备用答案口径。在这些电邮的背后，是一个约300人、有"小国务院"之称的顾问团队。这个团队根据不同地区或问题，划分为20个小组。其中不少人曾经在克林顿政府时期任过职，或者曾为著名政要的助手、顾问。比如团队中的苏珊·赖斯，曾当过克林顿政府负责非洲事务的助理国务卿，之后在布鲁金斯学会当研究员。由于奥巴马缺乏国际事务经验，这样一个顾问团队显得尤其重要。除此之外，他还在美国各州建立了770多个竞选办公室，另有大量专业的工作人员和近200万志愿者。

相比之下，其对手共和党总统候选人麦凯恩，仅在全美国建立了370个竞选办公室，顾问团队也小多了，只有75人左右，而且相对分散，不如奥巴马团队组织有序。在2004年的大选中，民主党总统候选人克里也有大约300名的顾问团队，但其影响远不如奥巴马团队。

奥巴马团队中除老同学、老朋友外，另有不少经验丰富的前政要的智囊们。比如后来被媒体称之为"芝加哥四人帮"核心小组，包括白宫发言人吉布斯，白宫前办公厅主任伊曼纽尔，前《芝加哥先驱报》记者、奥巴马的高级政治战略顾问戴维·阿克塞尔罗德，芝加哥女富商瓦勒丽·杰瑞特，四人均来自芝加哥，组成了一个密不透风的小帮派，具有很强的私密性，甚至连后来的副总统拜登，都没能进入这个小圈子。他们为奥巴马当选立下汗马功劳，深得奥巴马的信任和器重。其思维和行事模式均固守"一切皆有可能"。

在用人上，奥巴马眼光独到，对大选的谋局布子真称得上未雨绸缪，苦心经营，他安插亲信的时间和位置，无不经过精心的中长期设计和筹划。

就拿白宫办公厅主任这个重要位置来说，2008年当选后宣布的第一项人事任命，就是把它委派给关系亲密的朋友伊曼纽尔。到了2011年1月6日，奥巴马又把这一位置换给了威廉·戴利。原来的白宫大总管伊曼纽尔呢？回芝加哥竞选市长，为奥巴马备战2012的总统大选谋篇布局。

戴利家族可谓赫赫有名，是美国芝加哥最有实力的政坛世家，执掌芝加哥市市长一职长达 42 年之久。戴利三兄弟的父亲理查德·J·戴利 1955 年开始当选该市市长，在职长达 21 年，直到 1976 年去世，他 20 世纪 60 年代曾被誉为“造王者”，被视为助选的“香饽饽”。如果哪位芝加哥市的候选人，甚至是全国候选人能够得到他的支持，此君必定胜出。

三兄弟中的大哥理查德·M·戴利于 1989 年当选芝加哥市市长。2010 年 9 月 9 日，宣布不再谋求第七个市长任期，原因据称是他的妻子身患癌症。二哥约翰·戴利也步入政坛，担任伊利诺伊州库克县行政长官。

奥巴马表示，很少有美国人能在威廉·戴利面前夸耀丰富的政坛经验。他曾担任克林顿总统的商务部长和其他重要政府职位，还带领过一些大公司，如出任芝加哥摩根大通公司的高管。他对创造就业和推动经济增长有着深刻的见解，将以其丰富经验、强烈的价值观、前瞻性的眼光效力白宫。

鉴于总统先生与国会山的鲸鱼们嫌隙太多，共和、民主两党党争不断，为应对新一届国会的挑战，更好地与共和党协商谈判，奥巴马需要寻求一批富有经验的顾问团队，更需要一位既有商业背景又能促进两党合作的人。分析人士指出，奥巴马挑选戴利作为新一任白宫幕僚长，可能有两个方面的考虑，一是戴利和他一样来自芝加哥，应该不难融入其行政团队，同时他家又是芝加哥很大的政治家族，可以给奥巴马政治上以支持；二是戴利与华尔街颇有渊源，奥巴马可以借重戴利的企业人脉，修补他与企业界的关系，最终获得美国工商界人士的支持。

然而，戴利任职一年之后便挂冠而去。2012 年 1 月 9 日，美国总统奥巴马宣布，白宫办公厅主任戴利向他递交辞职申请，希望回到故乡芝加哥，与家人共度更多时光。其职位由现任白宫行政管理和预算局局长雅各布·卢接替。卢曾在前总统克林顿时期担任白宫行政管理和预算局局长，在再次进入白宫前，他在国务院担任国务卿希拉里·克林顿的副手。奥巴马任期内办公厅职位已三易其人，足见这一位置不好干。

对手团队

美国实行总统内阁制，内阁由总统任命的各行政部门的最高长官组成。总统内阁早在第一任总统华盛顿的时候就形成了。他时常召集部下的“四大金刚”——

国务卿、财政部长、战争部长（国防部长）和司法部长商讨国家大事，这是美国
内阁制度之始。美国总统是民选产生的，但内阁部长们是由总统任命，再经参议
院批准。他们只是"凭总统的喜好而效力"的政务官，一旦白宫易主，他们就得
走人，除非新总统挽留。

　　目前，总统内阁包括副总统和联邦政府 15 个部的部长。白宫目前还设有 6
位内阁级官员，分别是白宫办公厅主任（白宫幕僚长）、环保署署长、管理与预
算办公室主任、美国贸易代表、美国驻联合国大使、经济顾问委员会主席。虽然
同为部长，但是各内阁大员在排行上还是有大小的。当总统在白宫西厢的内阁室
召开内阁会议时，各部长以及内阁级官员在椭圆形长桌前都有各自的交椅，他们
的座次安排，要遵循固定好的礼仪次序。排位顺序和总统继位顺序类似。

　　历史最悠久、在总统继位顺序中最靠前的四巨头，就是前面说的四大金刚。
在内阁礼仪次序中，他们的地位最高，其中国务卿更是当仁不让的老大。按照内
阁座次安排，总统和副总统分坐对面，两人都在椭圆形会议桌两侧的中间。国务
卿和国防部长分坐总统的右手边和左手边，副总统的右手边是财政部长，左手边
是司法部长。其余的部长按照本部级别，交叉排位。

　　如今的美国总统其实并不经常召集内阁全会。奥巴马总统在 2008 年 1 月宣
誓就职，到了 2009 年 4 月才召开第一次内阁会议。杜鲁门总统时期成立的"国
家安全委员会"简称国安会，成为总统和高级顾问与内阁要员们商讨军机大事的
首要途径，它还是总统协调政府各部门政策的一个主要机制。

　　既然要凭总统的喜好挑选内阁要员，组成一届政府，那就很能看出他们的用
人方略。奥巴马在取得大选胜利后，效仿其偶像林肯，组建了对手团队。手下大
将既是竞争对手，政见并不完全一致，不是一家人，但现如今又都进了一家门，
必须在磕磕碰碰中求同存异，协商着前进。

　　如前所述，林肯与道格拉斯在竞选时是对手，但在林肯当选总统后，却邀请
道格拉斯为其副总统，表现出林肯式的大度，唯才是举的胆识，为人所称道。同样，
奥巴马面临如何与大选中的对手，特别是民主党的重量级人物希拉里·克林顿相
处的挑战。奥巴马决定邀请希拉里出任国务卿，化干戈为玉帛，既表现出自己不
计前嫌的团结者气度，又招安了一位潜在的政治挑战者。还有评论说，奥巴马开
"一份工资却雇了两人"，指的就是希拉里·克林顿出任国务卿，必定能得到其老公、

前总统比尔·克林顿的诸多帮助与支持，可谓一举两得。

奥巴马选择希拉里当自己的国务卿实在出人意料。想当初，二人为争夺民主党总统候选者的资格而针锋相对，明里暗里纷争不断。在电视辩论中，二人当着全国人民的面，撕破脸相互指责，揭短攻击，吵得不可开交。但奥巴马的提议一出，希拉里也从大局出发，摈弃前嫌，维护奥巴马的地位，维护党内的团结，甚至让丈夫、前总统克林顿有所收敛，不要喧宾夺主，抢了奥巴马的风头。作为妥协之一，奥巴马则愿意在一些问题上让步，接受希拉里更加强硬的世界观。这两人从竞选对手变成合作伙伴，成为名副其实的"敌中友"。

当奥巴马得知希拉里的女儿切尔西·克林顿要结婚时，还问她是否需要在白宫办婚礼。希拉里谢绝了奥巴马的好意，称这并不合适。当奥巴马去檀香山时，希拉里专门在纪念奥巴马母亲邓纳姆的花园里讲话，称赞奥巴马的母亲。

虽然奥巴马将希拉里揽入内阁，然而，她与奥巴马的关系远不及小布什与其国务卿赖斯的关系那么亲密。希拉里虽然名义上是美国外交政策的"总推销商"，但她本人并非奥巴马的核心圈内人，而且希拉里团队与奥巴马团队之间还"残留着分歧"。希拉里的办公厅主任谢丽尔·米尔斯说，希拉里与奥巴马并非好朋友，他们怎么可能是呢？当然，在公开场合，国务卿尊重奥巴马，表现出对总统的"绝对忠诚"。但"她的丈夫当过总统，她一心想当总统，她仍然还有机会"。[1]

克林顿的支持者称白宫官员为"红衣主教"，指他们的控制欲太强，而奥巴马的支持者称国务院为"希拉里地盘"。奥巴马既想维护自己在一些重大国际问题上的立场，如他对伊朗、伊拉克、中东的政策设想，又不愿让美国外交政策的主要制定者和执行者克林顿觉得受到约束。白宫与国务院的这种特殊关系，对奥巴马政府的外交政策带来不容忽视的影响。

奥巴马的决策模式是白宫中心式，以便加强白宫在外交决策中的作用。由于奥巴马团队中没有像基辛格这样的大外交战略家，奥巴马成为"他自己的基辛格"。奥巴马身边的幕僚说，"总统希望所有的列车都经过椭圆形办公室"，许多大事均由总统亲自定夺。有评论说，这是自尼克松总统以来白宫权力最集中的时期。[2]

---

[1] "Waiting on a sun king", Financial Times, March 31, 2010
[2] 同上

可见，奥巴马政府内部存在国务院派和白宫派的微妙关系。国务院派基本上是克林顿派，所谓夫唱妇随，政策取向从前总统克林顿到现今的国务卿克林顿一脉相承，具有较强的延续性。媒体称，奥巴马在决定让希拉里·克林顿出任国务卿时，双方达成了君子协定，即希拉里对国务院的人事任命有决定权。她延揽了前朝老将，作为辅佐自己的左右二膀，这就是常务副国务卿斯坦伯格和负责东亚事务的助理国务卿坎贝尔。

更有意思的是，希拉里与国防部长、共和党人盖茨走近，两人一唱一和，盖茨称他和希拉里关系不错，两人世界观相似。一次两人同时出席在乔治·华盛顿大学举办的研讨会，盖茨竭力为国务院说项，称国务院的预算太少，与所要承担的任务不成比例，还不及国防部先进武器采购的一小部分。听起来，盖茨好像也成了国务卿。传统意义上，国务院与国防部之间起协调作用的应该是国安会，但两人却联手对付白宫。[1] 盖茨在接受《新闻周刊》和美国有线电视新闻网采访时，表达了自己担任防长的诸多见地，还谈到同希拉里如何相处、如何影响整个华府。

尽管自前任国防部长拉姆斯菲尔德之后，盖茨面临着急迫改善五角大楼同国会关系的任务，但盖茨2006年接管五角大楼后，首选同国务院发展关系。对小布什当总统、共和党政府时期遗留下来的国务院同五角大楼就伊拉克战争的龃龉，盖茨心知肚明。于是当希拉里担任国务卿后，盖茨邀请她到五角大楼吃午餐。盖茨在2011年6月19日回忆说："我就告诉她（希拉里），凭我个人经验，这一届政府如何运作，将主要取决于我俩如何相处。"盖茨认为，如果他和希拉里相处不错，这一信息不只传遍五角大楼和国务院，而是整个华府。

盖茨称，希拉里确实没有在国防预算方面和他唱对台戏，尽管盖茨和希拉里最近也有摩擦，但主要集中在美国针对利比亚设立禁飞区，以及以地面突袭捕杀本·拉登等问题上。也就是说，盖茨针对国务院的相处战略奏效了。再说，希拉里也是快要退休的人了。俩人似乎多了些不谋而合的感觉。盖茨调侃道："希拉里和我都自称是（奥巴马领导班子的）'前辈'，而我必须说的是，这是我一生中第一次为一个比我年轻20岁的总统效力。"

如前所述，国务院与白宫之间保持着某种微妙平衡关系。智库新美国安全中

---

[1] "Waiting on a sun king", Financial Times, March 31, 2010

心，与美国负责东亚事务的助理国务卿坎贝尔关系密切。2009 年 9 月 24 日，该中心举行题为《中国来了》研究报告的发行式，美国常务副国务卿斯坦伯格在演讲中提出，美中要增进"相互再确保"的看法，以便使对方放心。敏感的观察家认为，斯坦伯格提出"相互再确保"是有深层考虑的，很可能成为与佐立克"利益攸关方"异曲同工的重要论调。但后来，该概念并没有引起多大的反响，不久便如泥牛入海，无影无踪。原因何在？据说，这一提法可能事先没有得到白宫的认可。

2010 年 9 月初，美国白宫决策班子两位重量级人物，展开对中国的三天访问。最为引人注目的，是该代表团由奥巴马的总统国家安全事务副助理多尼隆、白宫经济委员会主任萨默斯带队。访华的目标之一，是要为今后几年中美关系的发展确定路线图，以显示白宫在对华政策方面，战略考虑与努力均不输于国务院。

怨恨在白宫扩散

奥巴马竞选总统期间曾承诺，如果他胜出，美国人将会看到"一个被治疗的国家、一个被修补的世界，和一个重拾信念的美国"。他似乎认识到，美国面临一场修补美国梦的真正战争，而战场不在别处，就在国内。因此他誓言把恢复美国梦作为其执政的中心目标之一，要以此"赢得未来"。

奥巴马认为，美国的强大源于国内。他借鉴中国"把国内的事情办好"这一成功经验，大力拼经济，要找回昔日的信心。上台之后，进行了自 1952 年以来联邦历史上最大的政府干预行动，包括推行救市、重组汽车业、加强金融监管、医保改革大举措等。

2009 年 2 月，刚上台的奥巴马政府为刺激经济恢复与增长，出台总额为 7870 亿美元的刺激经济计划，为美国历史上该类计划的最大规模。其中三分之一用于为美国 95% 的家庭减税，三分之二用于政府投资，重点是基础设施、科研、可再生能源等领域。该计划虽然对推动美国经济走出衰退发挥了作用，但另一方面，美国经济也恐怕就此患上"政府依赖型复苏"的病症。紧接着，2010 年 12 月，在经过紧张激烈的辩论之后，奥巴马政府推出第二个经济刺激计划，主要内容是针对个人和企业的各项税收减免，增加了各方对美国政府赤字和国债规模持续膨胀的担忧。

为了赢得自己的未来，奥巴马政府还不惜让别的国家、整个世界陪葬，以牺牲它们的利益来修补破碎的美国梦。由于美国经济复苏乏力，美国决定推行量化宽松货币政策。说白了，就是大量增印钞票，为银行体系注入新的流通性。量化宽松货币政策是损人利己之举，它有助于刺激美国经济持续复苏，但又将加大美元贬值的压力，加剧国际汇率摩擦。

2009 年 3 月到 2010 年 3 月间，美国联邦储备委员会实施了第一轮量化宽松货币政策，购买了 1.75 万亿美元的房贷支持债券和国债，对遏制和缓解金融危机发挥了重要作用。2010 年 11 月 3 日到 2011 年 6 月底，美联储又购买规模约为 6000 亿美元的长期国债，旨在继续压低长期利率，刺激美国经济的复苏。

美国认为，要拉动美国的经济复苏，出路之一是重新推动出口战略。2010 年初，奥巴马提出在今后 5 年内出口翻番。其着眼点在于创造 200 万个就业机会。有关数据表明，美国出口额年增加 10 亿美元，就可创造 6000 个就业机会。奥巴马政府要求商务部、财政部、农业部、贸易代表署、进出口银行等多个部门共同制定出口计划，并任命大企业高管组成总统出口顾问委员会。然而，在世界经济复苏缓慢、总体需求不足的情况下，如何扩大海外市场是一大难题。

美国总体上是个保守型社会，其信条就是相信小政府、大国防和减税。美国人对政府的心态比较复杂。民调显示，自由企业精神在美国人心中根深蒂固，他们不信任政府，从来就不想要一个面面俱到、事事皆管的大政府。然而，他们却又要求政府提供医疗、国防；为防止金融和地产崩溃，政府也得有相应作为。

而奥巴马的变革似乎正在摧毁这一信条，点燃了美国国内关于大政府还是小政府的激烈争论。批评者指责奥巴马想当"总分配师"，搞社会主义。对此，奥巴马的回答是：没有大政府还是小政府之分，只有是否有效之分，他奉行的是"效率政府"。

奥巴马怀着无畏的希望，试图开启 21 世纪的崭新美国梦，试图把美国人从旧梦中敲醒，说服他们变革的时代已经到来。但打破别人的梦境往往不那么受欢迎，奥巴马因此遭到怨恨，这种怨恨在他入主白宫后就迅速扩散。

2009 年 10 月 15 日，奥巴马造访 2005 年遭受卡特里娜飓风侵袭的新奥尔良。在市镇厅大会上，一名四年级的 9 岁男童这样问道："为什么人们恨你？他们应当爱你。"

奥巴马这样回答:"首先,我被选为总统,所以不是每个人都恨我。事实上,如果你最近看电视,每个人似乎随时随地都很愤怒。而我认为你必须对此持怀疑态度。其中一部分只是政治,一旦一个政党胜选,另一政党就要批评你,让你战战兢兢。有时候人们只是担心他们的生活,现在很多人失业、失去医疗保险,或者房子被拍卖,他们感到很沮丧。而当你是美国总统时,你必须承担这一切。"

有评论说,美国正在经历一场新的"文化战争",它不同于以往的关于枪支、同性恋或堕胎等文化冲突,而是两个截然相反的、关于国家治理和未来观念的冲突。一方坚持有限政府,依靠市场来促进企业精神和获得报酬。另一方却认为,美国越来越滑向欧洲式的国家主义,官僚机构臃肿,经济管理过多,政府主导对财富进行重新分配。一边是自由企业精神,一边是不断膨胀的家长制政府,"这两个观念不可调和,我们必须做出选择"。[1]

应当看到,奥巴马为了赢得未来,在当下推进这些"力争上游"的变革举措时,困难重重,反对声浪高涨,"文化战争"也演变为"阶级战争"。这何尝不是美国的转型之痛。

奥巴马重视经济,对其经济班子千挑万选,同时也十分重视国家安全班子的建设,在招纳相关人员时可谓煞费苦心。奥巴马外交政策的核心机构,是白宫的国家安全委员会。它是根据1947年美国《国家安全法》建立起来的,于1949年正式划归总统行政办公室。

在冷战背景下,联邦政府各项目标和职责中,国家安全占据首位,是压倒一切的"高政治"。该委员会承担了向总统建言和协调华盛顿各部门、军队以及情报部门的任务。随着历史的变迁,该机构从最开始的纯军事安全领域的顾问,发展到军事、安全、政治、经济、外交等综合性的决策机制,是总统协调各部门的主要手段与机制。其成员通常包括总统、副总统、国防部长、财政部长、司法部长、国土安全部长、常驻联合国代表、总统办公厅主任、总统国家安全事务助理。当然,视议题的需要,还邀请其他行政部门和机构的负责人参加有关会议。

所谓总统国家安全事务助理,是总统负责管理日常国家安全事务的个人顾问,因此他由总统任命,不需要国会批准。总统决定国家安全政策,安全事务助理负

[1] "The New Culture War", Washington Post, May 23, 2010

责确保总统获得所有必要的信息与情报，提供全面的政策评估及选项，包括风险评估，有没有法律方面的障碍以及资金方面的问题，执行过程中还可能会遇到什么困难或出现什么情况等。

奥巴马上任后，挑选了退休的四星将军琼斯担任此职。他之前只与奥巴马有过几次简短的会面，被选为如此重要的部门负责人，多少有些让人意外。其实，奥巴马选择琼斯将军为总统国家安全事务助理，是为了防止任何"走后门"的行为，避免重现小布什政府时期，内阁部长和副总统办公室单方面影响或制定政策。小布什的遗产之一，是国务院和情报部门的"军事化"，几乎所有情报部门的领导人，都是现役或退休的将军。这种人事安排的影响表现在多方面，其中克林顿总统不顾军方反对而组建的国际刑事法院、达成的关于禁止地雷的协定、全面禁止核试验条约、禁止化学武器公约等等，统统都被小布什推翻。

可惜，琼斯将军对管理、协调政府部门之间的事务兴趣不大。由于他"不理朝政"，无为而治，奥巴马有时只好亲自主持国安会的会议，更多时候，则由总统国家安全事务副助理多尼隆来负责，后来多尼隆接替辞职的琼斯。这也使白宫国安会负责亚洲事务的高级主任，在对华决策方面发挥着极其重要的影响。

有人批评奥巴马让琼斯担当此职，并没有完全摆脱小布什将情报系统军事化的痕迹。琼斯是个不折不扣的政策执行者，而不是一个有大智慧的思想家、战略家，而且对外交事务并不在行，不利于创建一个具有战略思维的国家安全班子。也有人认为，奥巴马对国家安全事务助理、国务院及国防部班子的人事如此安排，是有意使其相互牵制，以进一步显示奥巴马的权威。

从个人方面讲，奥巴马在国外远比他的前任更受欢迎，个人声望也较高，但奥巴马竭力改变美国形象的努力，却因为其无力改变美国国内政策而受到限制。当提及关闭关塔那摩监狱、大幅削减美国碳排放量时，国会似乎对美国在这些方面成为"山巅上的光辉之城"不感兴趣。

2011年2月6日，在美国橄榄球大联盟超级碗的赛前报道中，美国福克斯新闻台的主持人比尔·奥赖利对奥巴马进行专访，谈及眼下一些热点时事和入主白宫两年来的感受。在谈到白宫生活时，奥巴马抱怨说，总统生活中让他最不喜欢的，是总觉得"处在一个气泡中"，白宫幕僚、特工和媒体每时每刻都盯着他。虽然不少民众不喜欢他，但他不会放在心上，"那些憎恨你的人，他们憎恨的是你在哈哈镜中的形象，他们不了解你"。除灰白头发变多外，"与就职时相比，我基本还是同一个人"。但他承认，自己已经不像以前那样轻松和自然，"毫无疑问，总统职责会对人产生影响"。

奥巴马还说："所有送到我桌上的事情，都没有人能解决……简单的事已经由其他人解决了，当事情来到我这里，你通常没有简单答案。"

奥赖利经常对奥巴马横挑鼻子竖挑眼，在 2008 年 9 月专访正在竞选总统的奥巴马时，曾直呼他"罗宾汉奥巴马"。在 6 日的专访中，奥赖利问奥巴马，批评是否让他不快，奥巴马回应说："当你来到这里（白宫）时，你必须有相当厚的脸皮。如果你没有，那么你或许无法来到这里。"

奥巴马坦承，自己不是一个容易被击倒的人。作为总统，情况好的时候你可能会得到一些称赞，情况严峻时，你就会被指责，那是总统这份工作的一部分。

第三篇

中国登场

在看待中国的崛起时，美国某些人有意无意间总以西方的世界观、老掉牙的陈旧逻辑来揣测中国，于是不可避免地相信，中国当今的崛起，依然遵循着西方各国当年崛起的老路，即从经济腾飞、控制能源，到划分势力范围，保障国家利益，直至确立地区或世界霸权，以及秋后算账，报仇雪恨。然而美国人错了。

——作者感言

一、华府看中国

在美国东北部罗德岛州的首府普罗旺斯海边有一处古迹，是一个用石头垒成的圆形高台，中间是空的，据说是以前的航标灯建筑。虽经过几百年的风雨侵蚀，至今依旧伫立在一片空旷的绿地上，当然，早就没有了昔日的功能。据当地的朋友讲，关于这一古迹来历的传说之一，是来自海上的古代中国人所修建的。当我站在它的面前，看着凹凸残败的石壁与形单影只的坚持，禁不住遥想它及建造者曾经的辉煌。

通常人们都只相信，最早发现新大陆的是哥伦布；然而，国际学术界还有一种看法，认为这个荣誉应当属于中国人。英国历史学家、前海军军官加文·孟兹斯在其畅销书《1421 年：中国发现世界》中论证说，中国明朝的郑和是第一个发现美洲大陆的人，他到达美洲的时间，比欧洲探险家哥伦布的 1492 年早了 71 年。据一位在罗德岛大学教书的朋友说，无论如何，美国人都不会相信或承认是中国人最先发现了美洲。为什么？因为这事关美国以欧洲基督教为根基的信仰体系，及其对欧洲文明的认同和归属感。

斗转星移，将近 600 年过去了，曾经地广人稀的美洲大陆，早已成为一超级霸主，而几千年风雨兼程的文明古国中国，也从积弱积贫、任凭列强瓜分蹂躏的东亚病夫，奋起直追为 GDP 世界第二的经济大国。普罗旺斯海边那座几百年风吹日晒的灯塔，一直默默注视着隔太平洋相望的两个伟大国家间的蹉跎岁月。

中国的巨变可谓沧海桑田，对习惯于把世界当作自家后院的美国来说，心中必定纠结与酸涩：中国经济的高速发展，国力的愈发强大，触角难免会伸向全世

罗德岛的废弃灯塔

界，会触及美国所圈定的利益领地；美国虽为世界霸主，却欠中国的钱最多，而中国还是它最重要、增长最快的海外市场之一，两国间依存度有增无减，剪不断、理还乱的关系相互交织；再加上两国间实力差距的日渐缩小，逼迫两国在跌跌绊绊中摸索、寻找新的相处之道，协商沟通之外，适当的妥协必不可少。对那位似乎一夜之间创造奇迹的东方巨人，美国不得不放低身段，重新审视与掂量其身价；正是这种心不甘、情不愿，让华盛顿在对待日益崛起的中国时，心理调适与角色转换是那么地不愉快，不自在。

谈论中国是华盛顿的时尚

有一天，我在华盛顿市中心的杜邦转盘附近用餐，邻桌是一对60多岁的老人，正在兴趣盎然地谈论中国如何发展与拉美国家的经贸关系，扩大在拉美的投资，以及可能对美国产生的影响等。这当然不是我第一次在华盛顿听到陌生人对中国的议论，我在路上听到过行人的议论，在地铁里听到过乘客的议论……这不禁加深了近年来我的一个突出印象：谈论中国，是华盛顿的一种时尚。无论是媒体的报道，还是华盛顿智库名目繁多的研讨会，仿佛只要贴上"中国"两字，就是畅销品，会吸引更多的目光，招来更多读者或听众。

美国智库的涉华研究方兴未艾，其敏感性超乎想象。不少智库纷纷设立中国研究中心或涉华研究项目，标志着中国研究从美国学界和智库较为边缘的研究领域向中心转移。这一点从一些专家学者研究的兴趣变化也看得出来。一些过去长期研究苏联、日本问题的专家都在谋求研究领域的扩大，就是要把中国包括进去，以便不落伍。而有的研究机构，过去曾经就是直接研究东西方关系，但现在要生存与发展，必须转型，其出路就是要研究中国，或做与中国有关的项目，这样才有人肯出钱。

卡内基国际和平基金会早在 2003 年就设立了涉华研究项目，还有中文网页。布鲁金斯学会 2005 年设立约翰·桑顿中国问题研究中心。大部分研究机构都或多或少涉及中国问题的研究。位于弗吉尼亚的美国海军分析中心，竟有二三十个专门研究中国事务的专家。

不少智库通过举办研讨会、专题演讲会、发表专著和研究报告等，就美国的对华政策建言献策。美国还有一些"台湾通"，关注岛内、两岸事务，为美国的对华、对台政策服务。

这里需要提及的是位于弗吉尼亚州的 2049 研究所。该所成立于 2008 年，其总裁薛瑞福曾担任美国副助理国务卿，他在 2008 年的美国大选中，是共和党总统候选人麦凯恩团队的亚洲事务顾问。他称选择 2049 项目作为研究所的名称，是因为 2049 是中华人民共和国成立 100 周年的年份，他们要关注中国崛起对亚洲乃至对世界的影响。台湾"国防部"曾邀请薛瑞福等"非官方人士"组成台湾国防工作小组前去考察，为对台军售出谋划策。

其实这与美国社会对中国的关注度上升有关。就在胡锦涛主席 2011 年初应邀对美国进行国事访问的前夕，美国皮尤研究中心公布的一项民调显示，冷战结束以来，美国公众第一次认为亚洲超过欧洲，成为美国最重要的利益攸关地区，持此看法者比例高达 47%，而 20 世纪 90 年代初，认为亚洲更重要的人只占 31%。该民调还显示，34% 的美国公众对关于中国的新闻"非常感兴趣"，而对法国新闻感兴趣的人只占 6%，德国为 11%，意大利为 11%，即使是英国也只占 17%。

皮尤研究中心主席科胡特先生认为，美国公众对中国的关注并非只出于学术兴趣，而是与其生活密切相关。大部分人认为，中国是美国最大的债务持有者，甚至有 47% 的被调查者误认为中国才是世界上最大的经济体，而 2008 年民调时持相同看法者只有 30%。从有关民调的结果可以看出，美国公众对中国持有两种截然相反的看法：一方面，53% 的人认为美国应当对中国采取严厉的贸易政策，另一方面，58% 的人认为美国应当与中国建立强有力的关系。[1]

华盛顿的"中国故事"褒贬兼有，积极、正面的如中国成功举办奥运会，中国的经济腾飞，在应对全球金融危机中的出色表现……与之相伴的是，美国电视、报纸、互联网等连篇累牍地披露"独家新闻"，追踪报道关于中国的坏消息。美国学术界、舆论界对中国经济成就之外的其他问题，批评多于肯定，如环境保护、能源、气候变化、知识产权、腐败、群体性事件、军事威胁等。当然，即便是经济、金融问题的批评也在增多，如人民币汇率、贸易逆差、经济增长方式等。

对中国的诸多误解或误读甚至是歪曲，在华盛顿政治圈子中并非罕见，关于中国未来走向不确定、中国威胁论、强硬论、必胜论等描述俯拾皆是，多数人仍对中国保持片面、刻板的印象，存在先入为主的思维定式和意识形态偏见。而一些人出于"政治正确"的考虑，常常不顾事实，对中国妄加指责。华盛顿不乏顶尖的中国问题专家、学者，他们也常到中国访问，有的数十年与中国打交道，有的访问中国数十次之多，不可谓不了解中国，但在一些场合他们的表述与看法，却与其对中国的了解水平不相称，甚至出现明显的错位现象；而理性、客观、平衡的声音相对较小、较弱。

那么，美国人到底如何看待中国，看待中国的崛起？中国在美国的形象究竟如何？什么人对中国心存狐疑？什么人看到了中国的变化？什么人在批评中国？他们批评中国的什么？我在华盛顿工作期间，无时无刻不在观察与思考这些问号。

中国的形象既抽象，又具体。抽象得像五千年那么悠远，具体得像堆在沃尔玛大卖场角落的玩具。

记得刚到美国不久，就碰上中国输美玩具含铅超标等问题，那段时间，电视、报纸、网络充斥着一波又一波的各种关于中国产品劣质的负面报道，"中国制造"让人敬而远之。2008 年中国举办奥运会，本是中国实现百年梦想的机会，但远在天边的苏丹达尔富尔问题却如影随形，不少美国的抗议团体在中国驻美国大使馆前面，打着反华标语，高呼反华口号，竟然要让中国为达尔富尔的"人道灾难"

---

[1] Andrew Kohut, " Friend or For? How Americans See China", Wall Street Journal, January 13, 2011

负责……

这就是中国所面临的挑战，有人千方百计制造、寻求攻击中国的炮弹，不惜无中生有，而且任何事情都可能被放大，成为炮弹的引线。其实，这从另一个角度反映出美国心态的变化。

美国的心事不好猜

作为怀揣改变、重塑世界伟大理想的光辉的"山巅之城"，多年打遍天下无敌手的纵横捭阖，让美国强大的外表下滋养了一颗脆弱的心，那就是前面讲过的受威胁心理，为保住霸权、霸主地位而担惊受怕。中国的高速发展，让美国惴惴不安，心事重重。

心事之一：中升美降是必然趋势，中国超越美国指日可待，美国将生活在中国的世界里。

从整体国力来看，美国依然雄踞全球，与之相比中国落后太多，但如果把中国上升与美国走低的速度相比，中国未来的预期自然好过美国。新世纪头十年，中国强劲崛起，变身为美国上万亿美元国债的债权人。中国成功应对金融危机，以其独特姿态和方式参与、重塑世界，随着中国成为世界最大出口国，中国的GDP超过日本，在世界上的排名已坐二望一。

中国的发展使西方正以羡慕乃至嫉妒的心情，目睹发生在人类历史上最壮观的新一轮工业革命大潮。以国内生产总值GDP为参数，载入史册的英国工业革命，

胡锦涛主席2011年访美时华盛顿街头悬挂着中美两国国旗

1830 年至 1900 年的 70 年间，GDP 增长了 4 倍，而中国 GDP 在过去 26 年间增长了 10 倍。21 世纪初，美国 GDP 超过中国 8 倍，但现在几乎不到 4 倍。即使是在 2007 年至 2009 年的金融危机期间，中国经济迅猛增长的脚步也没有停下。如果高盛首席经济学家吉姆·奥尼尔的预测是正确的，那么中国最早将在 2027 年赶超美国，这又还有不到 20 年的时间。

《华盛顿邮报》分析说："美国经济目前比中国大两倍，但在 20 年之内，这一格局将出现逆转。从 1990 年到 2010 年，中国在全球贸易体系中的份额从 1.6% 猛升到 9.8%。到 2030 年，该份额将高达 15%，将是美国的两倍。"[1] 有的预测甚至说，中国经济总量赶上并超过美国，不过是未来 10 年内的事。

《华盛顿邮报》一则新闻分析，题目是《许多美国人认为美国的影响在下降，而中国的影响在上升》。这是《华盛顿邮报》与美国广播公司的联合民调得出的结果，调查问卷共有三个问题：

有人说 20 世纪是美国世纪，因为美国在世界事务中占据主导地位。你认为 21 世纪美国的作用……是否与 20 世纪一样，或更大还是更小？结果是：经济方面，53% 的人认为更小；世界事务方面，46% 的人认为更小。

就主导地位而言，你猜一猜，21 世纪是美国的世纪还是中国的世纪，或别的什么？结果是：在世界经济中，41% 的人认为是中国世纪，40% 的人认为是美国世纪；在世界事务中，43% 的人认为是中国世纪，38% 的人认为是美国世纪。

如果美国在 21 世纪的作用减小，你认为这对美国是好事、坏事或者不好不坏？结果是：在世界经济中，43% 的人认为是坏事；在世界事务中，39% 的人认为是坏事。[2]

有一次与美国学者聊天，他说，"中国速度"正悄然进入美国人的视野，但凡访问过中国的人，都会对中国大规模基础设施建设的成就印象深刻。虽然现在不少美国人对此不以为然，主要是他们还不太习惯中国会走在美国的前面。但早晚有这样一天：美国将不得不习惯中国跑在美国的前面。

心事之二：中国的崛起正在改变世界的发展模式，美国人热衷谈论"华盛顿

---

[1] Robert J. Samuelson, "At War with China", Washington Post, October 7, 2011

[2] "Many Americans see U.S. influence waning as that of China grows", Washington Post, February 25, 2010

共识"寿终正寝，"北京共识"应运而生。

"华盛顿共识"是指根据 20 世纪 80 年代拉美国家减少政府干预、促进贸易和金融自由化的经验，提出并形成的一系列政策主张。"北京共识"由美国《时代》周刊高级编辑、高盛公司资深顾问乔舒亚·库珀·雷默首先提出，他将中国通过艰苦努力、主动创新和大胆实践、循序渐进、积聚能量摸索出的适合本国国情的发展模式称之为"北京共识"。

中国的发展不仅引爆了美国媒体的纸上风云，也折射出美国人超乎想象的忧患意识，吸引不少精英学者参与论争，卷起重重的脑力风暴。有人持肯定态度，认为中国模式对发展中国家具有无法抗拒的诱惑力，因为这种模式带来了世界经济史上前所未有的一轮增长；但也有不屑与鄙视，甚至几分不安与恐惧，认为中国模式正在冲击以美国为首的西方价值观，使东西方的吸引力有如雨后的花园，绿肥而红瘦。

在看待中国的崛起时，美国某些人有意无意间总以西方的世界观、老掉牙的陈旧逻辑来揣测中国，于是不可避免地相信，中国当今的崛起，依然遵循着西方各国当年崛起的老路，即从经济腾飞、控制能源，到划分势力范围，保障国家利益，直至确立地区或世界霸权，以及秋后算账，报仇雪恨。

加之美国的国民心态开始变化，变得自信心不足，敏感性、脆弱性上升。在过去的 25 年中，美国的民调机构一直跟踪美国人对国家的信心，却发现目前是美国人最为悲观的时刻，对自己在世界上的被需要性持浓厚的怀疑感。"当我们在争论'他们'为什么恨我们时，'他们'却在埋头苦干。世界已经从反美国主义，转变为'后美国主义'了。"[1]

美国自信心下降的一个副产品，就是有意无意地夸大中国国力，夸大中国的战略意图，把中国人正常、合理的诉求，简单以傲慢论、必胜论加以放大拔高，并不幸地描述成为一种"政治正确"。要是谁不如此认为，就是政治不正确，就会成为万众抨击的对象。于是乎众多评论均渲染中国的行为方式，已经一改韬光养晦、绝不当头的戒律，在外交场合高调亮相，言辞犀利，似乎迫不及待地展现已经崛起的大国实力。

---

[1] Fareed Zakaria, "The Rise of the Rest", The Newsweek, May 12, 2008

　　《新闻周刊》说，中国正在积极参与全球新规则的制定，争取在制定未来规则和标准方面的真正发言权。人们都认同，中国对其周边事务应当有很大的发言权。但多数人没注意到，北京也想为世界制定——至少是协助制定新的规则。主要的国际性机构如世界银行，是由以美国为首的少数国家建立起来并主导的，其政策充满美国价值观。现在，中国的全球影响力扩大了，国内民意使得北京开始更强势地争取改变国际体系，使之更有利于中国。

　　《时代》周刊网站发表文章《为什么我们害怕崛起的中国？》，直截了当地说"中国经济模式正挑战西方。美国人对中国人持有如此之多的美国债券深感不安。日本持有的美国债券与中国差不多，但似乎并没让任何人感到不安……最糟糕的是，中国经济增长背后的政治意识形态，与西方关于民主和人权的理念截然相反。中国不仅在世界市场上与美国竞争，还提出了一个完全不同的经济和政治体系。中国正依靠美国人所鄙弃的理念取得成功……中国挑战的似乎不仅是当今的经济正统和秩序，还有世界的政治和军事框架。中国不满足于把更多的电视机卖到世界上。中国人希望对世界有更大的控制力，他们希望利用自己的经济影响力来实现这一点"[1]。

　　前美国官员、现剑桥大学教授哈尔珀认为，"后西方世界"源于两个现象：西方以外的新财富和非民主的资本主义。中国崛起过程所塑造的新世界显示，中国正在出口中国模式的"专制资本主义"。中国带领的这个趋势，是既不与西方磕碰冲突，也不要西方化，而是让西方越来越孤立、越不重要，将西方的影响力及价值观局限于北约国家。中国正在终结美元时代，中国崛起打破美国霸权万岁等等神话，二战后填补亚太地区权力真空的美国，将无法在接下来的时间里继续占据主导地位。即使美国还拥有二战后那几十年巨大的经济和财政优势，情况也不会改变。作为一个政府赤字缠身，不得不向某些东亚新兴力量每年借数千亿美元的国家，美国将在经济增长的压力下，削减其安全承诺。因此，美国应该停止自欺欺人了。

　　但近来美国也认识到，这种看法到头来很可能只是某种幻觉或一厢情愿。坦率而言，中国离世界强国还很远。同时，这种逻辑忽视了一个激荡世界风云的现实：

---

[1] http://curiouscapitalist.blogs.time.com

当今的世界，从经济、消费、信息到文化均互相依存，荣辱与共的程度日渐加深，它正改变国家与世人的思维和行为方式，这种历史潮流，将重新定位大国崛起的历史背景和未来的价值与责任。

心事之三：中美必然冲突论。美中之间只能是你输我赢、你得我失的零和游戏，美国必须趁中国羽翼未丰之际，对中国下手，如再不加以遏制，美国将会在某一天将世界老大的位置拱手让给中国。这是典型的零和思维，将崛起的中国视为美国的掘墓人。

有这种心事的美国人不在少数。在国际关系中，有人以"权力转移"论为思想基础，认为在守成大国与新兴大国之间，在两国实力对比日益接近之际，将是两国关系最动荡、最容易发生冲突的时期。美中两国力量的变化，使二者的相处正进入这样一个动荡、冲突的时期。美国芝加哥大学教授米尔斯海默提出"大国政治的悲剧"说，认为中国难以和平崛起，美国与中国必将迎头相撞。还有一种"能力决定意图"论，认为随着中国实力的增强，中国的意图必然生变，挑战美国是迟早的事。另一些悲观论调认为，中美政体不同，价值观相距遥远，难以摆脱国际关系史上两强相争、不共戴天的历史宿命。

2011 年 7 月美国《国家利益》杂志，发表了一篇题为《有中国特色的霸权》的文章，作者普林斯顿大学亚伦·弗里德伯格教授是共和党总统候选人罗姆尼的外事顾问之一。他称，中国和美国目前正进行着一场没有硝烟却异常激烈的权力角斗，其争斗的焦点不只局限于亚洲地区，而是已经扩大到全世界范围。尽管很多温和派人士认为，目前中美的斗争只是某些偏见造成的误解，但实际上，中美斗争深受国际体系变幻的影响，同时这也是两国不同政治体制碰撞造成的结果。历史上，在世界霸权更迭的时候，冲突通常是不可避免的。旧霸主想维持它先前的霸权，并继续从中获益，而新兴的国家则要冲破限制。由此可见，中美之间的竞争就不足为奇了。不过，中美之间的状况又有不同。美国是冷战结束后最强大的国家，而中国是冷战后发展最快的国家，两国之间的斗争存在着高风险，爆发冲突的可能性是存在的。随着中国越来越多地参与国际事务，中国国力的不断增强，使得美国的影响力大为降低。

当然，除这些心事重重的未雨绸缪、杯弓蛇影之外，美国也有清醒的"挺美派"。他们认为，在短时期内中国仍然无法真正与美国相抗衡，根本不必惊慌失措。

用哈佛大学著名教授、美国最有影响的外交政策思想家之一的约瑟夫·奈的说法，在世界形势的政治、军事、经济三维棋盘中，军事实力这一层面，世界是一极格局，美国将长期遥遥领先。美国在国际制度建设、软实力等方面的优势更是不可取代，中国望尘莫及。

2010年1月17日，《纽约邮报》发表《不要惊慌，中国不会替代美国》一文，它认为，传统观念里，中国是最有可能挑战美国霸权地位的崛起国家，但很少人提醒我们，中国仍旧是个穷国，工人的平均工资是美国的1/8。总的来说，经济和军事上中国仍旧大大落后美国。尤其在军事上，情况是会发生改变，不过在新世纪，美国仍旧不可比拟。"对美国来说，中国还在上学前班。"美国国际战略研究中心中国研究部主任查尔斯·弗里曼说，"美国的产出占全球25%～28%，而中国不到7%。人们说中国是我们的银行家，是我们的债主，但中国只持有不到10%的债权。"

美国2008年军费开支为5520亿美元，而中国为数百亿美元；美国有11艘航母，而他们的第一艘还在建；美国有7000～8000枚核弹头，中国只有几百枚；由于计划生育政策，中国将面临少得可怜的年轻人养活大量老人的局面。哈佛大学教授史蒂夫·韦斯特说："他们从过去20年里看到了中国的巨大增长，不过中国和其他发展中国家一样，随着时间的推移，要经历经济萎缩。"

他的同事、哈佛大学著名教授约瑟夫·奈更是"美国坚挺"论的代表性人物。早在20世纪80年代，保罗·肯尼迪提出"过度扩张"可能导致美国走向衰落之后，他即出版《必定领导》一书，回击美国衰落论。在如今这场热闹的口水战中，奈同样不甘落后，站出来写文章、发表演讲，对那些唱衰美国的观点和思想大加挞伐。他2011年出版《权力的未来》一书，认为中国在21世纪头五十年不可能全面超过美国，"那种认为美国必定衰落的看法是误导和危险的"。[1]

约瑟夫·奈把对中国天花乱坠的宣传称作"异常"。他认为，美国正在经历一次大衰退周期，有点像当初恐惧苏联要超越美国，或者类似于上世纪80年代担心经济上被日本取而代之。和以前一样，这些担心有些夸张。"我们经历了一个糟糕的10年：两场战争，一次经济危机……美国人又悲观起来了。"

---

[1] Joseph S. Nye, Jr., "The Misleading Metaphor of Decline", Wall Street Journal, February 14, 2011

他一方面承认金融危机对"华尔街模式"有划时代的影响，中国力量的增强有利于加强中国抵制美国所提要求的能力，但警告说，中国也将难以独善其身，美国受损也意味着进口中国产品的市场将缩小。因此，一个骄傲自大、民族主义高涨的中国，与一个杯弓蛇影、无故担心受怕的美国，相处前景难测。将长期判断建立于短期的事件如金融危机之上，将导致"成本高昂的政策误判"。[1]

2010年秋，我到哈佛大学拜访奈。他的办公室位于肯尼迪政府学院，也就10多平米，布局与我多年前看他时几乎一模一样。我与他讨论如何看美国以及如何看中国的问题，他流露出对某些中国舆论看衰美国的忧虑。临走时，奈自豪地谈起他的孙女——他儿子收养的一个中国女儿，还向我展示她的照片，我注意到这张照片就放在他办公室最显眼的地方。

走出奈的办公室，我不禁回味刚才的谈话，他为何要对我讲不能看衰美国？也许他担心中国一旦认定美国走向衰落，就可能增大挑战美国利益的冲动，就可能"胡来"，美国反过来必将采取反制措施，从而引发中美之间的冲突。其实，我有时倒希望中国多一些棱角，多一些个性，而不是过于理性。

所以，总结起来，美国的心事就是中国故事的成功，会反衬出美国梦的落幕。

中国参数

正如美国人眼中的美国因人而异、多姿多彩、众说纷纭一样，美国人眼里的中国也有多种模样。美国学术界、舆论界和美国社会对中国的看法都不尽相同，即便是官方，在不同时期，对中国的看法也有区别。因为这是一个仁者见仁、智者见智的话题，谁都可以找出一堆的理由，证明自己的正确性。但毫不讳言，关于美国是否衰落，中国是否崛起，俨然已成华盛顿外交圈内两大最容易点燃人们辩论激情的薪火。一旦将它们放在一起，便会让人如若触电，口若悬河，滔滔不绝。不论是唱衰美国的今不如昔，还是夸大中国的潜在威胁，其焦点都是究竟如何看中国，强大起来的中国到底会何去何从。

换言之，中国参数既影响着人们看美国乃至看世界的态度与角度，也成了可资利用、被随意敲打、泄愤与指责的"冤大头"。

---

[1] Joseph S. Nye, Jr., "American and Chinese Power after the Financial Crisis", Washington Quarterly, October 2010

金融海啸大伤美国元气，而此消彼长，中国发展神速，有学者预期，三五十年后中国会取代美国成为全球最大经济体。在急需扩大影响、利用美国民众对中国崛起的担忧谋取支持的政治家手里，中国参数有如稻草人，是树靶子、转嫁内困、营造紧迫感等等种种政治需要的最好、最便利的工具。

奥巴马总统就屡屡以中国参数来吓唬美国人，以外促内，以华促美，试图重振美国的雄风，克服个人面对的政治和国家面对的经济逆境。在多个场合提到中国的时候，他总喜欢把中国当作一面镜子，折射出美国存在的问题。例如，在2011 年的《国情咨文》中，奥巴马警告说，正像苏联 20 世纪 50 年代发射了第一颗人造卫星"斯普特尼克"号，迫使美国奋起直追一样，今天的美国也面临着实行经济扩张主义的中国的挑战。如今拥有世界上最快计算机和火车的国家，已不是美国而是中国。中国凭借其强劲的增长和财政实力，已经在世界经济舞台上与美国平起平坐了。

他想传达的信息就是，中国已经在一些方面走在了美国的前面，美国应当有危机感，假如不采取行动，不变革，不思进取，那么美国将面临失去世界头把交椅的危险。另一方面，假如美国积极应对，就像当年成功应对苏联的人造卫星上天的挑战那样，美国定会赢得胜利。如此强有力的呼吁，旨在同时激起美国人民

充满现代气息的中国驻美国大使馆

的自豪感和紧迫感。

但有评论认为，奥巴马引用"斯普特尼克"作为经济变革的论据，也是冒着很大风险的。经济复兴的中国，与冷战时期军事进攻型的苏联所带来的挑战大不相同：中国经济实力的扩张，在体现中国进攻性的同时，也反映了美国的一些长期顽疾；当年苏联的赫鲁晓夫叫嚣"我们要埋葬你"，而中国领导人访问美国时，谈论的却是伙伴关系与合作；当年美国人一致反苏，而如今美国的大公司都在中国有大量投资，任何可能影响两国关系的新政策都会遭到它们的反对；最重要的一点是，为了应对苏联卫星，美国可以花巨资打造新的太空计划，而现在的美国债务缠身，最大的外国债主就是中国，与此同时，许多美国人要求的是减少而不是增加联邦财政支出。

话虽如此，中国参数还是被奥巴马再三地利用了。中国是转嫁内困的最好靶子，是美国内政各政治势力敲打的沙袋。政客们动辄就把责任加到中国头上，人民币汇率、贸易逆差等等都是炒作的由头。如共和党总统候选人罗姆尼，妄称他若当总统，就立即将中国定为"汇率操纵者"。

同时，强大的中国也让部分美国人想到了它的另一种利用价值，那就是将之改造为强有力的同盟与棋子，为美国在全球的谋篇布局加油、帮忙。美国的行政部门多次表示，欢迎一个繁荣昌盛的中国在国际社会发挥重要作用，认为迄今为止，中国只是作为一个"尊重现状"的大国而崛起的；但随着中国变得越来越强大，期望中国为国际社会贡献更多的公共产品，在全球治理中承担更大的责任。关于这一点，美国总统奥巴马表达得非常清楚。2011年11月主持亚太经合组织领导人非正式会议后，他在记者招待会上直言，中国应当意识到，更大的权力意味着更多的责任。

《新闻周刊》将中国称为"搭便车的大国"，说中国不能再是一个国际体系中的"免费搭车人"，而要"付车费"，要与其他国家特别是美国一道，解决世界面临的一系列非传统安全和发展问题。文章说，过去10年中国再度崛起为大国以来，很多西方人都希望，与当前国际秩序利益相关的中国，能对维系这一秩序发挥建设性作用。不幸的是，这种努力收效甚微。"中国免费得到全球公共产品的同时，又沐浴着国际尊重，这种两头通吃的日子行将到头。"

在抱怨中国"不愿当头"的美国学者眼里或他们的文章中，中国迄今尚未做好心理上的准备，在应对气候变化、核不扩散等问题上完全充当大国领导角色。中国的主权观念，使得它不愿公开批评或插手别国内部事务。而中国自视为过去一个半世纪以来帝国主义列强掠夺的受害者，愈加强化了不情愿的情绪。文章提到，中国的谨慎和不情愿，有助于平息世界对它崛起的害怕。但是，中国的财富和实力已大大增长，世界也已发生翻天覆地的变化。中国是否意识到："大国的真正挑战不是寻求回避当头，而是以建设性和打消邻国疑虑的方式充当领导角色？"

实际上，美国这是在抱怨中国没有完全按照其希望的方式行事。不过，鉴于出自霸权跌落的心病与恐惧，美国又对中国如何运用自身的新力量，抱有强烈的不放心和不确定，对中国在亚洲地区秩序及全球秩序可能发挥的作用、产生的影响，时刻保持警觉。

当然，在分析其对华政策取向时，还要区别"谁是美国"的问题。大体上，可以分为两类，一类是美国的军方、国会等，对中国疑心甚重，主张防范、牵制中国，施加压力。一类是行政、国务院、商务部等，它们总的来说对中国发展持较积极的立场，希望与中国保持接触交往，以维护和增进美国的利益。美国副总统拜登访华后不久，在《纽约时报》发表题为《中国的崛起并非美国的终结》的文章。他说："一个成功的中国可以使我们的国家更加繁荣。当贸易与投资把我们联系到一起时，各自的成功也对彼此休戚相关。从全球安全到全球经济增长等种种问题上，美中面临着共同的挑战与责任，我们也有动机共同合作。这也是为什么美国政府一直在努力稳固中美关系的基础。"[1]

如果说后者主张与中国接触的话，前者就主张对中国奉行对冲战略。只有将两者综合起来，才能更好地理解美国对华政策的全部。我们不能犯盲人摸象的错误；光看到一面而忽视另一面，都会有失偏颇。

虽说美国眼里的中国大不一样，但无论出于何种目的与用心，中国参数都有空前的可资利用的价值。有的想用它证明美国才是最强大的国家，有的想用它激励美国奋勇改革，有的想用它攻击政治对手，有的则想用它在国际上拉帮结派，围堵中国，给中国的发展设置障碍……

美国约翰·霍普金斯大学的中国问题专家兰普顿认为，美国若被视为衰落，

---

[1] Joseph R. Biden Jr., "China's Rise Isn't Our Demise", New York Times, September 8, 2011

其他国家就会挑战它，在它的面前变得更加武断与咄咄逼人；同时，美国感觉不好或经济出现困难，总会归咎于外国，特别是中国。这是典型的输出内困的表现。在这种纷乱的国际政治图景中，保持冷静和独立思考尤其重要。英国《经济学家》杂志在题为《美国不高兴》的社论中，称美国应从自身的问题中学习、吸取经验教训，而不是一味责怪别人，只有这样，美国才会更强大。[1]

中美两国合二为一的幻象

中美两国是分道扬镳还是合二为一？

由于中美两国在未来将成为世界经济最重要的动力，一些学者以"中美国"来描述出现由二者组成的两国集团的可能性。一段时间以来，虽有关论述由热变冷，但并未消失，时不时还会浮出水面。我 2011 年参加活动时，还听美国政界、外交界名人、前美国总统国家安全事务助理、美国著名地缘政治战略家布热津斯基如是说：世界万象更新，无论是否喜欢，或如何描述，美国与中国唯大，美中合作定可成就一番大事。

早在 2007 年，哈佛大学经济学系教授弗格森首先提出了"中美国"的概念。他认为，两者实力相加，等于：13% 的世界土地面积，四分之一的世界人口，1998 年至 2007 年世界范围内经济增长的五分之二。他还认为，"中美国"的关系是一头怪兽，对中国的好处大于对美国的好处，比如出现了 10 比 10 的状况，即中国经济增长率为 10%，而美国的失业率为 10%。[2] 因此，"中美国"即是世界最大的储蓄者与世界最大的花钱者之间的伙伴关系，这是问题的关键。他建议奥巴马走马上任后召开中美两国首脑会议，否则悔之晚矣。[3]

"中美国"的概念，很快被美国彼得森国际经济研究所所长伯格斯藤，进一步演绎为"两国集团"（G2）的政治概念。他主张将中美战略经济对话机制，升级为领导世界经济秩序的中美"两国集团"格局，两国"共享全球经济领导权，并使中国部分取代欧洲地位"。布热津斯基也持相同看法，认为美中两国在塑造

[1] "Unhappy America", The Economist, July 26 , 2008
[2] Niall Ferguson and Moritz Schularick, "The Great Wallop", New York Times, November 16, 2009
[3] Niall Ferguson, "Team 'Chimerica'", Washington Post, November 17, 2008

未来国际体系中占据中心位置，而至于以何种名称来描述这一现象则无关紧要。

此论一出，立即引得全球舆论一片哗然，后经媒体渲染放大，G2 说的含义已逐渐超越经济层面，被演绎成中美共治说。

特别是在 2009 年至 2010 年间，国际舆论中关于中美两国如何塑造世界或主导世界的说法不绝于耳。胡锦涛和奥巴马在 2009 年 4 月伦敦举行的 G20 会议上的会晤，以及同年 7 月进行的中美战略和经济对话，更被世界各国广泛地解读为两个强者之间的对话。

2010 年 3 月 25 日，美国《时代》杂志推出封面专题，预测未来 10 年将有 10 大趋势影响世界。文章认为，未来 10 年，美国将会把更多的注意力转向中国；尽管有人视中国崛起为对美国的威胁，但中美两国不会形成过去美苏冷战时那种敌对关系，也不会结成 20 世纪英美式的联盟，而会构建一种不可或缺的轴心关系，继而统领全球。中美之间是一种前所未有的、更加权宜、变化、灵活独特的关系，既竞争又合作，同时塑造和支持一个能让双方都受益的全球体系。美国也不会寻求遏制中国崛起，实际上它也难以做到。

在目前的经济紊乱时期，美国经济在敏捷性和适应性上的竞争优势更加凸显。美国通过革命性的网络技术，引领全球进入网络时代，从而加强了文化统治地位。如今，全球 10 大收视率最高的电视节目中有 7 个来自美国，美国品牌的吸引力一如既往，麦当劳、耐克等跨国公司一半以上的销售收入都来自海外，中国学英语、打篮球的人与美国不相上下，电影《阿凡达》成为在中国市场吸金最多的大片……美国仍有很大可能成为下一个划时代科技革命的带头人。

而中国也越来越强大，军事力量逐渐增强，经济总量跃居世界第二，被誉为"中国奇迹"。中国业已成为全球最大的加工厂，在把自身转型成为世界最大制造基地的同时，也造就了出口导向型经济。作为世界上最大消费者的美国，成了中国最大的出口市场。但同时，中国的消费规模直线上升，比如，已拥有全球最大的汽车消费市场。再加上庞大的市场规模，令人预期未来中国经济发展潜力无限。中国对资源的需要已在重新塑造非洲、东南亚、澳大利亚和南美洲的政治版图。

实际上，越来越多的美国主流观点是，中美两国的关系将是 21 世纪最重要的双边关系。美国总统奥巴马和国务卿希拉里都表示，在 21 世纪的世界，没有哪一对双边关系会像中美关系这样重要。它将直接决定着世界经济和世界政治的命运，决定 21 世纪的大势和世界趋势。美国副总统拜登 2011 年 8 月 17 日访华。媒体注意到，这一天正是 1982 年两国就限制美国售台武器达成协议、发表《八一七联合公报》的日子。

美国是全世界最大的经济体，而中国是全球发展速度最快的发展中国家。中国需要将外汇储备转变为投资，成为美债的最大持有者，而美国依赖中国为其巨额赤字提供资金。双方已经形成一种互相依存的"共生"局面。此外，中美之间需要在环境、气候和能源等多个问题上寻求合作，这不但符合中美之间的利益，也符合全世界的利益。

中美两国在经济层面已经形成你中有我、我中有你的相互依赖关系，合作是大势所趋，但是否意味着这种关系就是"两国集团"呢？答案是否定的。很简单，中国与美国根本就不在一个重量级，在可见的将来，中国也难以望其项背。在较长一段时间内，中美两国间实力依旧悬殊，无论从人均 GDP、经济发展水平或其他方面，中国同美国甚至许多中等发达国家之间，差距还很大，仍然任重道远。仅经济而言，中国经济能不能持续增长，金融危机后怎样转型，怎样从过度依赖外需转到依赖内需上来等等，都存在着极大挑战。要想和美国相比、抗衡，还是很遥远的事。再说了，光靠中美两国，也决定不了世界的走向与未来。

美国自建国以来短短 200 多年，迅速上升为超级大国，主要源于美国人的创新精神，包括制度创新、科技创新和思维方式的创新，不断引进外国的新思想并迅速把新思想和新的创造转化为生产力，以及美国人不怕失败的冒险文化。这种创新环境吸引了数十万世界各地的科学工作者，移居美国或到美国做学术研究。美国一国的研究和开发经费，占了全球研究和开发费用的 40%。过去几十年，自然科学、经济学和医学领域的诺贝尔奖得主中，大约有 75% 在美国从事研究或居住在美国。在知识经济时代，科技在经济发展中的作用越来越大，已成为衡量国家综合国力的一个独立的要素，它比领土、人口和自然资源这些基本要素更为重要。

正因为两国间实力的巨大差距，在 G2 内部，中国也仅仅能当个打杂的小二，被支来唤去。尽管经济实力在成长，但中国履行国际责任的能力有待提高，尤其是手段还很缺乏；即便同处一个结构，中国在很大程度上还需要通过美国确立的国际体制和机制，来履行自己的国际责任。要是以为美国定下的什么规矩，能让渡哪怕部分国际领导权给中国，无异于痴人说梦。也就是说，在"中美国"这一假想中，美国处于结构的顶端，而中国只有责任，没有领导权。

美国和中国在国际事务上需要合作，同时美国也确实在政策操作层面，给予了中国履行国际责任的些许空间，如在世界银行和国际货币基金组织中，提高了中国的权限。不过，因为美国在诸多关键领域持有否决权，对中国的要求，美国可以满足，也可以不满足；而中国对美国，却没有实质性的制约力。

换个角度思考，谁又会天真到相信美国愿意与它平起平坐，携手共治世界呢？对于深陷经济困境的美国来说，与中国这个最大的债主结成权宜性的准盟友关系，让其承担自己不能或不愿独自承担的责任，符合其特殊时期的应急之需。美国一些官员在不同场合对 G2 机制间接表露出积极态度，就是这个原因。

中国认为中美两个大国不能决定国际事务，这和中国倡导的"国际关系民主化"目标背道而驰。

中国总理温家宝 2009 年 5 月 20 日在出席中欧领导人第 11 次会晤时，就所谓 G2 问题阐明了中国的立场。他强调指出：一两个国家或大国集团，不可能解决全球的问题，多极化和多边主义是大势所趋、人心所向。有人说，世界将形成中美共治的格局，这是毫无根据的，也是错误的。中国高度重视中美关系，一个稳定、合作、向上的中美关系不仅有利于两国，也有利于世界。但不赞成有关"两国集团"的提法。主要原因是：第一，中国是一个人口众多的发展中国家，要建成一个现代化国家还有很长的路要走；第二，中国奉行独立自主的和平外交政策，不与任何国家或国家集团结盟；第三，中国主张世界上的事情应该由各国共同决定，不能由一两个国家说了算。

经过战后数十年的努力，国际社会业已建立起一套国际规则、机制、倡议等复杂的国际体系，以指导和促进国家间的合作，但在一些新的领域，仍有全球治理的空白或不足，这需要国际社会共同参与。在后危机时代，大国关系中争主动、争主导的一面，与相互合作、借重的一面并行发展，二者均十分突出。美欧、美俄、中美、中欧等关系在一定程度上都折射出这些变化。之所以难以公平有效地开展全球治理，原因在于出现的问题是全球性的、跨界性的，而国家利益是第一位的。这之间的矛盾，表现在各国围绕全球治理机制的博弈。其实，作为发达国家应当多做一些牺牲，多让一点利，但这谈何容易。

中国愿与美国加强合作，但更愿意看到更多的国家一同加入到全球治理中来，在 G2 之后需要多加个 0，使之成为 G20，即二十国集团。正是二十国集团的出现，正式拉开了 21 世纪国际秩序改革的序幕。

中国不愿贪大求全，在诱惑层出不穷的时代，如何客观、冷静地看待自己、认清世界尤其难能可贵。中国虽有显著发展，但经济仅占世界经济的 7%。仍将长期是发展中大国，短板甚多，面临贫富分化、地区发展不平衡、经济增长模式的调整、观念和体制滞后等诸多制约或严峻挑战。中国依然处于工业化初期阶段，影响全球事务的能力远远不够，其外交行为还会继续在"韬光养晦"和"有所作为"之间求得平衡。同时，中国还面对如何将不断增加的经济总量，转化为全面的力量和影响力的问题。中国还缺乏参与国际议程设计和全球治理机制的经验与人才。当然，这与中国习惯后发制人的历史惯性不无关系。

在国际上，中国崛起不仅仅面对美国，而要面对以西方为中心的体系的制约；国际权力分配中，西方仍占主导，我无法与其比肩。但中国也不会受外力的改变，相反，中国希望利用自身日益增长的力量与影响来改变世界。

诚然，中美之间既有利益冲突，更有利益重叠，合作与牵制的必要性同时存在。客观而言，这是一种错综复杂、爱恨交织的关系，很难用一两个简单的词汇来概括，它既不是联盟，也不意味着中美走入共生时代，而是构建中美双边和多边共赢关系的方向选择。

二、驻美大使馆的三次搬迁

世界在变，美国在变，中国在变，这种变化将赋予中美关系什么新的内涵？中美关系如何重新定位？在谈到中美关系时，往往沉重多于轻松，现实重于理想，具体多于抽象，其实我们不妨大胆地预设，理想的中美关系又该是什么模样？中美两国领导人和大多数民众都希望两国加强合作，并从合作中受益，但中美关系又是如此独特与复杂，复杂得令人心痛；损坏它非常容易，但要搞好它却相当不易。

近年来，中美关系的显著特点之一是从传统的双边关系范围朝多边国际范围延展，中美要讨论的问题既包括双边问题，也包括国际和地区问题，而后者所占的分量越来越重，所花费的时间越来越多，它充分体现了中美关系越来越具有全球属性。中美关系站在了新的历史起点上。

2011年1月，中国国家主席应邀对美国进行国事访问。这是新世纪第二个十年开端之际对美国进行的一次具有重要历史意义的访问。中美双方将两国关系进一步提升为建立"相互尊重、互利共赢的合作伙伴关系"。

国际关系史告诉我们，新兴大国与守成大国均需要克服"修昔底德陷阱"。古希腊著名历史学家修昔底德曾说，雅典和斯巴达的战争之所以最终变得不可避免，是因为雅典实力的增长，以及这种增长在斯巴达所引起的恐惧。今天，美国既不是斯巴达，中国也不是雅典，中美两国人民应有足够的智慧与勇气继往开来，共同开辟出一条大国互利合作共赢的新路径。

一次罕见的欢迎仪式彩排

我这次常驻最难忘经历之一就是搬家，不过这个家可不是我住的小家，而是我工作的家——大使馆。

2009年3月，中国驻美国大使馆搬到了华盛顿西北区凡纳斯北街的国际中心3505号。这是华盛顿的使馆区，中国大使馆分别与新加坡大使馆和以色列大使馆为邻，在这里还有奥地利大使馆、巴基斯坦大使馆、巴林大使馆、孟加拉国大使馆、埃塞俄比亚大使馆等。

中国大使馆新馆馆舍处于南高北低的坡地，占地面积10796平方米，建筑面积39900平方米，由华裔著名建筑设计师贝聿铭父子设计，中方人员施工建造。它总共8层，可容纳200人办公，电影报告厅可容纳近200人，多功能大厅可容纳近千人。经过两年多的建设，中国使馆新馆在2008年7月29日举行隆重热烈的开馆仪式，中外嘉宾数百人出席，中国外交部长杨洁篪出席并致词。中国使馆新馆舍自此闪亮登场，成为华盛顿使馆区一颗耀眼的明珠。

使馆新办公大楼帅气而庄严，乳白色的建筑群在阳光下格外抢眼。从我二层

五月花饭店

办公室的大玻璃窗向外眺望，那绿树成荫的景致，让我情不自禁地回顾中国驻美国大使馆 30 多年来的三次搬迁，从五月花饭店搬到康涅狄格街 2300 号，再搬到今天的国际中心。

在新中国 1949 年成立之后的 20 多年里，中美关系一直处于隔绝状态。继美国国务卿基辛格秘密访华后，1972 年，美国总统尼克松对中国进行了"破冰之旅"，两国领导人实现了"跨越太平洋的握手"，使中美关系由敌对走向缓和，不仅改变了两国关系，也改变了世界。

1973 年 3 月，中美两国分别宣布互设联络处。3 月 30 日，中国政府任命黄镇为中国驻美国联络处主任。5 月 28 日，黄镇率中国驻美国联络处首批工作人员到达美国，当初的办公室就设在华盛顿西北区杜邦转盘附近的五月花饭店内，与白宫、国务院及其他联邦政府办公楼相距不远。这也是联络处工作人员的住所。五月花饭店在华盛顿的政治圈中非常有名，曾举办过美国总统的就职舞会，罗斯福总统在此起草了就职演说，杜鲁门总统也曾在此住过数月，今天仍是华盛顿名流云集之地。

联络处的设立是两国正式建立外交关系的前奏管道，开启了中美关系的新篇章，使两国能保持经常性的接触与沟通，增进相互了解，为下一步中美关系的正常化做了有力的铺垫。

半年后，即同年 12 月 4 日，中国驻美国联络处从五月花搬至康涅狄格街

中国驻美国大使馆旧址

2300 号。这原是温莎旅馆，黄镇用中国政府特批的 900 万美元买下其主楼作为办公大楼，同时还买下附近两处房产分别作为大使官邸和公使官邸。这一地区的环境相当不错，不少美国政要和名人也住在此。更重要的是，从这两处官邸步行到使馆只需要不到 10 分钟，相当方便。

　　1977 年 1 月，卡特总统上任后，两国开启了关系正常化的谈判。1978 年 12 月 15 日，中美对外宣布两国正式建交。根据双方达成的协议，1978 年 12 月 31 日，台湾当局驻华盛顿"大使馆"降旗，全美各地的 14 个台湾"领事馆"同日也全部关闭。1979 年 1 月 1 日，中美正式建交，世界为之改变。3 月 1 日，中国驻美国联络处完成了其华丽的转身，正式升格为中国驻美国大使馆。

　　这里还要就古色古香的双橡园说上几句。这一建筑是华府里唯一保留下来的新英格兰现代木屋结构建筑，曾是台湾驻美国"使馆"的馆舍。据国际惯例，中美建交后，中华人民共和国应接收"中华民国"驻美国的使领馆房产，但台湾当局利用中美宣布建交和正式建交的日期时间差，将双橡园卖给海地，作为海地驻美国使馆，再以一美元的价格将"大使官邸"转让给美国的亲台组织"台湾之友"。此举显然得到美国政府的默许，之后，台湾当局又将双橡园买了回去。如今，台北驻美国的经济文化办事处大楼就在凡纳斯街与威斯康星街交界处，与中国驻美国大使馆之间只有步行仅 10 分钟的路程。

　　从 20 世纪 70 年代中国驻美国联络处，到今天中国驻美国大使馆，三次搬家

的经历可以看出，中美关系每十年就有一次大的提升，30 年实现了三级跳：1979
年到 1989 年是中美关系起飞期；1989 到 1999 年是中美关系的巩固期；1999 年到
2009 年是中美关系的发展期。在我看来，21 世纪的第一个十年，是中美关系的
平稳增长期；第二个十年，将是中美关系的战略互补期，中美关系正朝着更加均
衡的方向推进。

2009 年奥巴马执政以来，中美关系开局良好，打破了每逢白宫换主，中美关
系就要跌入低谷的"换届魔咒"，即克林顿、小布什上台后都经历过先动荡、后
修复的惯例。两国领导人决定建立面向 21 世纪的积极、全面合作的中美关系，
这使中美关系站在新的历史起点上。"同舟共济"是新的形容中美关系的词汇。
奥巴马还引用了孟子一句比较冷僻的词句"山径之蹊间，介然用之而成路；为间
不用，则茅塞之矣"，比喻中美之间要加强沟通，防止双方因为误解和分歧而造
成不必要的误判和障碍。2009 年底奥巴马访华，双方发表《中美联合声明》。

在小布什政府时期，美方奉行利益攸关方和两面下注的双轨政策，试图兼
顾和平衡国内不同的利益集团。而到了奥巴马政府时期，面对金融危机带来的重
创、民粹主义上升的考验，出现输出内困的倾向。如果说 2009 年中美关系是高开，
那么 2010 年就是低走。2010 年 1 月，奥巴马政府不顾中国的交涉反对，向台湾
出售 64 亿美元的武器，2 月奥巴马总统又在白宫的地图室会见达赖喇嘛，引起中
国的强烈不满和抗议。

美国舆论却倒打一耙，反过来指责中国"反应过度"，大肆炒作所谓中国必
胜论、中国强硬论等。随后，中方做了大量工作，促使中美关系转圜，胡锦涛主
席参与 4 月中在美国首都华盛顿举行的全球核安全峰会。中美两国领导人成功会
晤。5 月，中美第二轮战略与经济对话会在北京成功举行，中美关系逐渐回到正轨。

2010 年 3 月底发生的"天安号"事件，引发朝鲜半岛的风云变化。美国利用
它大做文章，迅速拉近与韩国、日本的关系；而韩国也试图借此得到从联合国安
理会得不到的东西，无理指责中方"庇护"朝鲜，无视中方为缓和朝鲜半岛紧张
局势所做的大量努力。之后的美韩进行了一系列大规模的军演，使中美关于黄海
军演的分歧浮出水面。7 月，在东盟地区论坛上，美国一改不介入南海争端的立场，
克林顿国务卿在该论坛的外长会议上发表讲话，声称美国有国家利益，高调插手
南海争端，引起中国的强烈不满。

　　反过来，美国却再次掀起新一轮中国强硬论的舆论攻势，使中美关系在一年之内第二次遭遇寒流。美国舆论界甚至一些官员，私下开始怀疑中国是否仍然坚持和平发展战略。有资深美国学者甚至对我抱怨，好像中国憋了30年的话现在终于可以说出来了。

　　到2010年底，两国关系在经历了一系列的波折之后出现转暖的迹象。

　　2011年1月，中国国家主席胡锦涛应邀对美国进行正式的国事访问。双方将两国关系定为为建立"相互尊重、互利共赢的合作伙伴关系"。这一新定位反映了中美双方均有深化合作，增进信任的意愿。

　　1月19日，奥巴马总统在白宫南草坪为胡主席举行隆重的欢迎仪式。美国方面十分重视这场活动，还十分罕见地在前一天进行彩排，以确保万无一失。因担心天公不作美，专门另做了一套预案，假如真的下雨，整个欢迎仪式改将在室内进行。

　　约700位中美各界人士一大早就赶到白宫，见证中美关系史上这一重要时刻。作为观礼的嘉宾，我们要提前到白宫，经过三次安检，美方安全人员仔细核对名单。到最后一道安检时，美方工作人员发给每位观礼来宾一份欢迎仪式的节目单和中美两国的国旗。至今，这两面国旗仍保存在我的办公室，以纪念那个庄严的历史性时刻。

　　9点整，云开日出，阳光穿透云层洒向白宫南草坪，也照亮了每一位来宾的心。仪式开始，乐队高奏中美两国国歌，响起21响礼炮。当系着红色领带的美国总统奥巴马操起中文，对胡锦涛说"欢迎"时，现场响起一片掌声。能身临其境有幸见证这一历史性时刻，让我深感自豪。欢迎仪式结束后，一细节尤其让人难忘。胡主席特地走进人群中与奥巴马总统的两个女儿亲切交谈。

　　接下来，两国的高层交往不断，人文交流活跃。第五轮中美战略与经济对话、中美第二轮人文交流高层磋商在华盛顿举行。2011年8月，美国副总统拜登访华。

　　但中美关系既是世界上最重要的双边关系，也是最复杂的双边关系。它的发展从来就不是一帆风顺的，当好消息不断传来的时候，坏消息也就不远了。果不其然，9月21日，美国宣布另一起大规模的对台军售，两国关系顿时寒风习习。

　　中美关系的重要性无须多议，既要对它的未来充满信心，同时又要对可能出现的反复和曲折性保持清醒认识，不能因一时一事而动摇。尤其要认真研究，究竟是什么因素在影响中美关系的发展与成长。

首先，美国内政带给对华政策的影响，继而对中美关系的影响日趋突出。美国国内影响对华政策的，主要有以下几种势力：

美国民主党内的贸易保护主义派，他们经常就中国的汇率政策、美国的贸易不平衡、就业岗位流失、环保问题等高调指责中国；

共和党内的强硬派和军事系统人士，他们主张警惕中国的崛起，并以对冲遏制中国的发展，特别是中国军队力量的发展；

共和党右翼宗教势力，与民主党内鼓吹人权的自由派，他们戴着有色眼镜看中国，经常在人权、民主、意识形态方面指责中国；

民主党和共和党内的务实派，如工商界、学术界，他们视中国的发展为难得的机遇，主张对华接触与合作，谋求互利共赢。

美国每当进入大选周期，政治人物往往有如中邪，变得有些失去理性。他们攻击对手、谋求政治资本的惯用手法，就包括拿中国说事、敲打中国。在 2008 年的大选中，中国问题并没有成为突出的议题；进入 2011 年，着眼于 2012 年大选的需要，一些政治人物开始祭出敲打中国的杀手锏，攻击中国的人民币汇率政策，称一旦上台执政，将把中国列为汇率操纵者，并扬言不惜与中国发生贸易战。在此情况下，执政者为不示弱，也试图对中国采取一些强硬措施，或说一些重话。《华盛顿邮报》在报道选情时分析了这一现象，其标题格外醒目：《美国政治的格言：责备中国》。[1]

其次，从国际体系变迁及大国关系机理看，中美关系还受制于以下矛盾：

一是结构性矛盾。美国的超强地位不可能一劳永逸地存在下去，历史上大国兴盛的周期变化，会引发国际体系结构性变迁，这使得中美两国关系屡屡被放到历史的聚光灯下。如何推动国际体系的和平转型，中美两国如何在新的国际体系中和平相处，如何打破历史上大国相互残杀、不共戴天的对抗循环，均是严峻挑战。

二是意识形态价值观矛盾。中美的历史文化、社会制度和意识形态、价值观都不相同，这本来是很自然的事情，但美国有些人试图改变中国的社会制度，将其意识形态、价值观强加于人，这必然导致中国的强烈反对，引发两国在上层建

---

[1] Keith B. Richburg, "A Byword of U.S. politics: Blame China", Washington Post, October 20, 2011

筑的对峙与博弈。

第三是中美两国描述对方的差异。这种观念上的成见与变化，将是影响两国关系的重要变数。从某种意义上看，中美两国的决策者总是着眼长远，从未来的视角看对方。可以这么说，美国对中国的看法，是在预测今后10年或20年后中国的国力、行为，而不仅仅关注眼下中国的一举一动。那么，用这种方式得出的认识，实则只是一种预期，一种臆想，它还受制于预测者本身的思维定式和历史观。一定意义上，中国看美国也采用了同样的方式，看到的是一个10年或20年后的美国。因此，当双方均把对方放在"未来"的某个坐标上时，就少不了受观念的左右和变化的影响，就会有非理性。

第四是历史遗留问题和现实利益的冲撞。具体而言，影响中美关系的几大突出问题，包括台湾、涉藏、经贸等等。这将在后面有选择地详细说明。

我看中美两国军队之关系

中美两国军队的关系，是中美两国关系不可或缺的组成部分。但不幸的是，两国的军事关系脆弱而复杂，起伏不定。自1989年以来，中美两军关系多次中断。1989年至1994年，两军几无往来。1995年至1996年，因台海危机，两军交往再受挫折。1997年，江泽民主席与克林顿总统举行首脑会晤，两军关系逐渐恢复，但1999年发生了美军轰炸中国驻南联盟大使馆的事件，两军关系中断了18个月。2001年，又发生了撞机事件，两军关系再次中断。2010年，美国向台湾出售64亿美元的武器，两军关系跌落至零点。直到2011年1月，美国国防部长盖茨访华，两军关系才逐步恢复。然而，同年9月，美再次向台售武，又一次严重冲击两军关系。这种忽进忽退的关系范示还将继续下去。

尽管如此，两军也有近距离温情交流的时候。2011年5月16日晚，在美国著名艺术殿堂肯尼迪艺术中心，首次访美的中国人民解放军军乐团，携手美国陆军的潘兴军乐团，联袂为2000多名中美观众奉上了一场精彩纷呈的高水平演奏会。两军军乐团分别演奏了中美两国国歌和民歌。中国人民解放军军乐团演奏的《在那遥远的地方》宛转悠扬，美国陆军军乐团演奏的爵士乐让人陶醉。

最让我热血沸腾的，是两军军乐团联合演奏了中国乐曲《朝天阙》和美国乐曲《牛仔》。由陈丹作曲的《朝天阙》，其灵感来自中国宋朝名将岳飞的著名诗篇

《满江红》。保家卫国、视死如归的英雄气概，与自由至上、开疆拓土的牛仔情怀，两相对照，风格迥异，价值取向和而不同。看着台上一丝不苟的军人、艺术家们，听着他们激情四射的演奏，我不禁疑惑，他们的内心是如何理解、诠释这两首乐曲，及其背后的精神与文化的？

美国方面曾一再强调，美中两军关系如此重要，不能中断，中断了会很危险云云，甚至拿冷战时期美苏之间的军事关系为例说，两个国家处于冷战对峙时，美苏两军尚且保持着密切的沟通关系。这只能说明，美国并没有真正认识到问题的症结所在，或者罔视台湾对中国主权与领土完整的重要意义。事实证明，美国对台军售是伤害中美两军建立正常关系的毒药，是导致两军关系一再受挫、两军关系与两国关系极不相称状态的根本原因。

1979 年 1 月 1 日，中美正式建立外交关系。在这之前，中国向美国提出与台湾"断交、撤军、废约"三大原则，但在如何处理美国对台军售问题上，双方未能达成一致。两国建交后，美国却玩弄两面伎俩，美国国会在当年 4 月就通过所谓的《与台湾关系法》，为美国继续向台售武提供了"法律保障"。中方当即表示绝不承认，并坚决反对。在这一问题上中国从未妥协，反对立场从未改变，今后也不会改变。

在里根政府时期，1982 年，中美经过艰苦的谈判和斗争，发表了著名的《八一七公报》。美国在公报中承诺，不寻求执行一项长期向台出售武器的政策，向台出售的武器在性能和数量上将不超过中美建交后近几年的供应水平，并将逐步减少对台军售，直至最后终止。该公报采取分步走的方式，使得中美在解决美国售台武器问题上，向前迈出了重要的一步。然而，里根政府再次玩弄伎俩，在《八一七公报》发表一个多月前，派李洁明为特使去台湾，向蒋经国通报中美谈判情况，并向台湾方面做出了所谓的"六项保证"。[1] 美国的双面嘴脸一览无余。

总的看来，在《八一七公报》发表后的近 10 年中，美国对台军售的数量和质量基本上呈现下降趋势，没有大规模、高性能的军售。但 20 世纪 80 年代末 90 年代初，苏联解体、冷战结束，"六四"政治风波，美国对我实施制裁，中美关

---

[1] 这六项保证包括：一，不设定对台军售的终止期限；二，不会在每次对台军售前先与中国谘商；三，不会充当台湾与大陆之间的调停人；四，不会同意修改《与台湾关系法》；五，不会改变支持台湾在国际上拥有主权地位的立场；六，不会强迫台湾与大陆谈判。

系经历曲折，两军关系多次中断。1992年，老布什政府公然违背《八一七公报》，宣布向台出售价值60亿美元的60架F-16A/B战斗机，当即遭到中国的坚决反对。此后中美双方围绕售武问题的较量始终没有停止。1995、1996年台海危机后，美国借口所谓的《与台湾关系法》，加大了对台军售。

1997年，江泽民主席与克林顿总统举行首脑会晤，两国关系逐步恢复。1999年又发生"炸馆"事件，中美关系再次受挫。1993年至2000年这几年间，美国公开宣布向台出售武器的金额约为83亿美元。

2000年，小布什上台执政，2004年获得连任。在这8年中，中国与美国在美国对台军售问题上进行了多次交锋。2001年，小布什执政伊始，将中国视为"战争竞争对手"，加大对中国的防范和遏制，加上发生了"撞机事件"，美国宣布了一揽子的对台军售计划，包括4艘基德级驱逐舰、8艘电动力潜艇、12架P-3C反潜机等。由于中国的强烈反对，以及台湾的预算无法通过等原因，这些项目迟迟无法落实。2008年，小布什政府宣布向台出售30架阿帕奇直升机、4套爱国者-3反导系统等武器，金额为64亿美元。中国对此做出有力反击，包括暂停两军交流等。

2009年，奥巴马执政第一年，中美关系实现平稳过渡，开局不错，两军关系也逐步恢复，美国未宣布新的对台军售项目。但在美国国内亲台势力和军工企业的游说和压力之下，美国也有意显示对马英九的支持，奥巴马政府不顾我多次严正交涉和反对，在2010年1月29日宣布，把小布什政府2008年删除的武器"补售"给台湾，包括60架黑鹰直升机、2套爱国者-3反导系统，以及2艘鱼鹰级扫雷艇、12枚鱼叉反舰导弹、指管通情系统等，总价值达63.92亿美元。美国的这一军售行为遭到中方的强烈反对。刚刚起步的中美军事交流再遭重创，直到2011年1月，美国国防部长盖茨访华，两军关系才渐渐恢复。

进入2011年夏天，美国重启对台军售的舆论造势活动，有意放风说美国拟向台提供约45亿美元的146架F-16A/B战机升级计划。为此，美国抛出新说法——对台军售"有助于"马英九连任。美国官方虽然三缄其口，但通过美国学者发声，为美国的售武进行辩护。2011年9月21日，美国宣布新一轮对台军售，共计58亿美元，遭到中国的强烈抗议。这是奥巴马政府执政两年多来，第二次向台出售先进武器，两次共计122.44亿美元。中美关系再次面临严峻考验。

在对台军售问题上，美国国内因素的影响不可小视。本书前面已对因政治、经济等多方面利益而抱成团的军工复合体有详细解读。以美国国会为例，就有议员出于种种目的，以阻止政府的人事任命相要挟，施加不当影响。如2011年7月，由于常务副国务卿斯坦伯格离任，继任者伯恩斯需要经过参院听证会。得克萨斯州共和党参议员科宁，要求伯恩斯同意向台出售F-16C/D战机，反之将阻止他的提名获得通过。为此，该任命迟迟不能批准。科宁所在的得克萨斯州，是F-16C/D战机生产装配线所在地，有了这笔订单，可为当地保留数千个就业机会。这似乎印证了这样一句话：所有的政治都要本地化。

2011年7月21日，科宁与国务卿希拉里达成协议。希拉里答应在9月底以前，就对台军售做出决定，并提交一份台湾空军军力评估报告，科宁才解除了对副国务卿任命的冻结。

另外，有一个促进美国与台湾商业和贸易关系的组织，在军售领域特别活跃，它是台湾地区与美国非官方关系中有影响的民间组织之一。台湾"国防部"2011年7月20日公布的国防报告书，罕见地将每年的"美台商会国防工业研讨会"，列为台湾军备交流的主要场合，将其作为台美双方的另一个军备沟通管道。这个研讨会是由美国军火商主导，军火公司代表出席，美台商业协会协办的。美国的军购利益团体正好借机向台湾"国防部"及军方推销各种军品。

美国国防部长帕内塔2011年7月上任，10月23日开始上任后的首次亚洲之行。他在印度尼西亚的记者招待会上说了一句话：美国曾就对台军售案，向中方提前"知会了"相关事宜。一时间，舆论哗然，台湾方面有人解读说，美国已经突破了所谓的六项保证，说明美国有可能放弃该保证。

美国的两岸政策经历了卡特、里根、布什、克林顿、小布什与奥巴马政府，中方并未停止对美国以所谓《与台湾关系法》等干涉中国内政的批评。美国对台军售已经成为中美互不信任的重要来源，只要美国不停止对台军售，就不可能真正取信于中国人民，中国就有理由怀疑美国对中国的意图。

值得注意的是，随着2011年美国再次实施对台军售，美国学界、舆论界对美国在此问题上应该何去何从的争论，此起彼伏。尽管传统观点认为，美国不应放弃对台军售，军售并未影响两岸和平发展，另一种声音却渐渐浮出水面，要求美国检讨对台军售为对华政策可能造成的伤害。这种观点认为，在对台军售问题上，美国需要重新审视自己的整体利益，美国的利益应当永远是第一的。美中围绕对台军售的争吵和冲突并非长久之计，美国需要早谋对策。美国为了自身的国家利益，应当"放弃"台湾。

美国卡内基国际和平基金会高级研究员史文，2011 年 10 月在《国家利益》杂志上发表文章，建议美国政府直接与中国大陆对话，并与台湾磋商。乔治·华盛顿大学教授格雷泽，则于 2011 年初的《外交》杂志上发表文章说，为了避免美中开战，建议美国放弃对台湾的安全承诺以及《与台湾关系法》。

另一种观点认为，美国应放弃台湾，换取中国勾销其一万亿美元的国债。美国《纽约时报》2011 年 11 月 11 日发表哈佛大学肯尼迪政府学院前国际安全研究员保罗·凯恩的文章说，美国应当与中国进行闭门谈判，中国可勾销美国所欠的 1.14 万亿美元的债务，换取美国停止对台军售，并于 2015 年终结现行美台防务安排。[1]

对于"弃台"论的出现，乔治敦大学教授唐耐心和战略与国际问题研究中心资深研究员葛来仪，联手在《华盛顿季刊》上发表文章进行批驳，认为放弃台湾，停止对台军售或代表台湾同大陆协商都是错误的。两人都认为，过去两年美国对台军售价值已达 180 亿美元，而两岸关系却明显处于最佳状态。如果没有美国对台军售，没有哪位台湾领导人能够同北京谈判敏感议题，因此对台军售反而促使了两岸互动和问题的解决，可以使台湾以平等姿态同大陆商谈。

无论怎样，这一争论本身颇耐人寻味，它说明，美国对台政策确已到了需要重审的时候，美国迟早要面对如何在大陆与台湾之间取舍的挑战。这并非是对中国的恩赐与宽容，而恰恰是从美国的整体利益出发必须做出的调整。

谁的太平洋世纪

奥巴马政府执政以来，吹响了"重返"亚太的进军号。2009 年美国国务卿希拉里·克林顿趾高气扬地在亚洲宣布：美国回来了。2012 年 1 月出台的美国新军事战略，仍在宣称美国战略重心向亚洲转移。"9·11"事件之后的 10 年里，阿富汗和伊拉克战争劳民伤财，使美国殚精竭虑。有美国学者称，这是姗姗来迟的重大外交转变，美国"重新发现"了亚洲。

---

[1] Paul V. Kane, "To Save Our Economy, Ditch Taiwan", New York Times, November 11, 2011

　　美国"重返"亚洲的表述引发国内外争议，认为歧义太大，言不符实，因为美国自1898年打败西班牙、占领菲律宾以来，就一直待在亚洲，何来"重返"一说？其实，美国大幅度提升亚太在其对外战略中的地位与分量，加大力量投放，其主要目标之一就是应对中国的崛起。后来美国又用"再平衡"代替一开始的"重返"，意在强调美国从未离开亚太地区，也有意减少对中国的刺激。2012年6月初，美国防长帕内塔在香格里拉对话会上，发表的演讲就改称"美国对亚太的再平衡"，重点谈及美国在亚太地区的作用以及如何推进"再平衡"的新军事战略，称要把六成海军力量部署到亚太地区。

　　说到这里，就必须提一句新加坡资政李光耀。他2009年10月27日在华盛顿发表了一次著名演讲，说美国如果不继续参与亚洲事务，以制衡中国的军事和经济力量，很可能导致其世界霸主地位的丧失。在中国转变成一流强国、其他亚洲国家都无法与之匹敌时，美国必须介入亚洲事务，以确保区域平衡。新加坡的这番行为，是在试图效仿英国"发挥超出实力的影响"。李光耀讲话后，有美国人对我说："你看，不是我们要去亚洲，而是你们的邻居哭着喊着要美国回去，我们是迫不得已，它们对中国不放心。"

　　你瞧，"重返"也好，"再平衡"也罢，曲调有什么打紧？反正歌词都是难以掩饰的、掌控亚太的野心。但贪欲与霸权也不好赤裸裸毫无遮掩，所以美国依然要扭捏作态地找出冠冕堂皇的理由，美国与一些东南亚国家唱起了双簧，将"中国威胁"当成美国重返亚洲的口实。美国之所以跑到亚太来"重返"、"再平衡"，是因为亚太地区将决定美国能否继续保持世界老大的地位。与其说美国要回归亚洲，不如说世界政治中心正在转向亚太。

　　美国因在二战后主导安排了欧洲秩序，得以掌控欧洲长达半个多世纪，加之对苏联威胁的围堵，确立了其霸权地位。近年来，欧洲债务危机此起彼伏，内外交困，影响到美国全球战略的推进。而亚洲在历史上第一次成为工业文明以来全球经济增长的发动机，发展势头锐不可挡。美国经济要走出低迷，亚洲将是其支撑与希望。如果说欧洲代表过去，那么，亚洲才是未来。美国是极其务实的，哪里有利可图便会出现在哪里，不仅如此，习惯当"班长"的美国，还想塑造新的亚洲秩序。

　　奥巴马自诩为第一个太平洋总统：出生在夏威夷，在印尼度过四年童年时光。

他现身说法，要为美国对外战略涂上一层亚太油彩，打上自己的烙印。2011年11月13日，奥巴马在夏威夷举行记者招待会，谈到美现在面临的最大挑战、他作为总统最优先的政策考虑，是创造就业。在塑造美国经济的未来方面，没有哪个地区比亚太地区更重要。作为全球经济增长最快的地区，亚太地区对于实现美国出口翻番的目标至关重要。在这个地区美国的出口额最多，支撑了500万美国人的就业。美国现在及将来永远都会是一个亚太国家。

四天后，奥巴马在澳大利亚议会发表演讲，称美国是太平洋大国，并将扎根于该地区；保持在亚太地区的存在，是美国政策的重中之重，而且该目标不会因削减国防开支而受影响。美国将通过坚持核心原则和与盟国保持良好关系，在塑造地区格局和未来方面发挥更大和长期的作用。美国将信守与盟友之间的承诺，保持在日本和朝鲜半岛的强大军事存在，同时强化在东南亚的军事存在，以提升美国在亚太的防卫态势。

希拉里·克林顿2011年10月在《外交政策》杂志上撰文，认为"随着伊拉克战争接近尾声以及美国开始从阿富汗撤军，美国现在处于一个转折点……今后10年美国外交方略的最重要的使命之一，将是把大幅增加的投入——在外交、经济、战略和其他方面——锁定于亚太地区"。

11月10日，希拉里再次以"美国的太平洋世纪"为题，在美国夏威夷东西中心发表讲话，重申太平洋世纪将是美国世纪，并系统地提出了美国21世纪的外交战略、致力构建跨太平洋体系的构想。这是一个全方位的体系，包括民主、繁荣与集体安全等环节。她还强调，在构建这一体系的过程中，美国必须起主导作用，21世纪是美国的亚太世纪。在面临经济挑战的当下，必须在亚太地区留下来。美国决不能让别的国家决定其未来，美国在确保南海航行自由等方面，必须发挥重要的作用。

所谓美国的太平洋世纪，就是需要建立新的标准与规则，以构筑其在亚太地区新秩序中的制度霸权地位。为此，美国在安全与经贸层面加强攻势，双管齐下。

在安全层面，美国以防止地区动荡和防范崛起大国为由，竭力加强与传统盟国的关系，同时拉拢新伙伴；又以所谓的航行自由等口实介入南海争端，以便将越南、菲律宾延揽入怀，再把自己打扮为仲裁者。在2011年11月奥巴马访问澳大利亚时，美国与澳大利亚共同宣布了美澳新安全协议。根据该协议，2012年4月，约 200 名美国海军陆战队成员，进驻在澳大利亚达尔文附近的军事基地，接下来的数年内，这支军队将增加到 2500 人的编制，意味着美国将在澳大利亚永久驻军。

美国《华盛顿邮报》网站 2011 年 11 月 16 日说，美国决定在澳大利亚驻军，是美国外交政策转向的一环，而这一聚焦亚洲地区的转变，旨在制衡中国不断增强的实力。正值中国日趋自信之际，此举使美国影响力得以在东南亚地区延伸。对于中国日渐在南海地区采取对抗性姿态，美国越来越警惕。同日，美国《纽约时报》网站也称，美国近来在亚洲采取的攻势，是应本地区一些国家的要求做出的，是对中国在本地区"咄咄逼人"行为的一种回应。

我曾当面问过 2012 年初访华的澳大利亚外长卡尔，美澳此举是否要防范中国。他竭力否认，并辩称澳大利亚作为西方的一员，却孤悬海外，缺乏安全感，需要加强与美国的军事合作。这说明澳大利亚有在经济上靠中国、在安全上靠美国、脚踏两只船、左右逢源的心理，这何尝不是其他亚洲国家的内心写照呢？

与此同时，美国在亚太地区的军演也如火如荼，几乎是月月有，天天有。美国计划在未来几年里，增加在太平洋地区军事演习的次数并扩大其规模，美国军舰不单到访的频率会提升，到访的地域也会从太平洋拓展至印度洋。这些另类的军火博览会不仅炫耀了武力，制造了地区紧张气氛，更极好地推销了武器。美国的传统盟友如日本、韩国等已争先恐后下了不少订单，包括最先进的第五代战机 F—35 隐形战机。

美国还改变方式，不再像冷战时期那样建设新的大型的永久性基地，而是与盟友及伙伴国协作，通过参加联合军演、训练和行动，确保伙伴国提供港口、机场和其他设施供其使用，来加强自己在亚太地区的军事存在。这种做法既减少了开销，分摊了成本，又笼络了新欢旧爱，事半而功倍。在赚得盆盈钵满的同时，美国还热衷于在亚洲展示肌肉，将自己装扮成亚洲"保安"，不忘用维护地区和平、安全与稳定等旗号，从道义高地和形象工程方面顺带捞上几笔。

在经贸层面，美国高调推动"跨太平洋战略经济伙伴协定"（TPP）。TPP 原为 2005 年新加坡、新西兰、智利、文莱在 APEC 框架内签订的多边自由贸易协定，并不为人关注。奥巴马政府 2009 年宣布加入这一协定的谈判，试图将该协定打造为美国重返亚太战略的经贸支柱，以建立"更高水平"的自贸协定。随即引发滚雪球效应，TPP 成员至今扩展至 9 个，除美国之外，还包括澳大利亚、智利、秘鲁、新加坡、马来西亚、新西兰、越南和文莱。TPP 成员国 GDP 总量将达到22.3 万亿美元，占世界 35.5%，将成为世界最大自贸区，有助于美国实现出口倍增目标，推动经济增长，并创造更多就业机会。

作为亚太地区最大的贸易国，中国却游离于 TPP 之外，这不能不让人诧异。对中国来说，美国所提出的目标"雄心过大"，中国目前尚难以企及。而对美国来说，美国要严把规则制定关、标准确立关；虽表示欢迎中国加入，但希望等该协定的有关规则确定之后，再让中国通过谈判加入。

对此，奥巴马讲得很清楚：作为世界第二大经济体，中国应理解它现在的作用与 20 或 30 年前相比是不同的。那时如果它打破一些规则并不要紧，不会产生严重影响，你不会看到对全球金融体系产生严重影响的巨大的贸易失衡。现在中国发展起来了，因此它要以负责任的方式来帮助管理这个进程。而美国正努力建立各方都会遵守的普世规则，然后大家按规则行事。可见，规则已成为美国对付中国崛起的新工具。

尽管如此，针对美国力推跨太平洋自由贸易协定，中国应当一边更加坚定地走自己的路，特别是做强、做大中国、日本、韩国与东盟合作（10+3），强化与东盟及日本韩国之间的自贸区安排，一边力争参与亚太地区的各种机制，包括TPP。而且中国的加入将意味着中国参与未来跨太平洋地区自由贸易区的规则制定，不至于把问题留给未来。

亚太是中美利益集中汇集的地区，中美如何在亚太相处，将决定中美关系的未来走向。这绝非危言耸听。中国是亚太大国，亚太地区是中国崛起的生死攸关的地缘战略依托。美国则是太平洋的常驻国家，美国在亚太地区的态势，是检验美国是否衰落的标杆。

自高调宣称"重返"亚洲以来，美国摆出一副王者归来的模样，加强了对亚太，特别是西太平洋地区的军事部署与投入，尤其加强了与菲律宾、越南及澳大利亚等国的军事合作，建立新的军事基地，扩大军事存在，举行规模越来越大、频率越来越高的军事演习，出售更多的武器，还拟建立导弹防御系统，更无中生有地宣称南海的自由航行是其"国家利益"。美国还打算将其 60% 的海军力量部署在西太平洋地区。种种举措，让美国多次声称的无意介入南海争端，有如此地无银三百两；它的搅局，就是要使这一问题变得更为复杂，浑水摸鱼。

中美能否在亚太和平共处，涉及中美两国人民的福祉，关乎亚太的和平与繁荣。美国大兵在这里舞刀弄棒，不利该地区的安全。同时，美国不应向有关国家发出错误信息，特别是不应助长一些国家在南海问题上挑衅中国、铤而走险的倾向。21 世纪必将是太平洋世纪，但太平洋世纪绝不会是哪一家的世纪，而是属于太平洋沿岸各国共同的世纪。

未来的世界格局

在谈到未来世界格局或国际体系的演变时，人们不约而同地在消费预期。

影响决策者政策制定以及人们判断的，其实不是现实，而是对未来的心理预期。在国际关系领域，这种决策范式被运用得尤其充分。当一个又一个统计数字出现在人们眼前，一个又一个对于未来 5 年、10 年或 20 年的预测吸引人们眼球时，你的眼前跳跃着的不再是一幅现实的图景，而是未来 5 年、10 年甚至 20 年可能出现的景象！而这个未来的景象，反过来直接影响今天的决策。

活生生的例子，就出现在几十年前。当时苏联和日本日新月异的迅猛势头，不禁让人对二者未来可能达到的实力水平预测颇高。在这种消费预期的作用下，那时颇为流行的描述即是苏联或日本极有可能在不久的将来超越美国。

这种预言并未成真，原因何在？也许是预言的水分过多，也许是预估根本就失真，但我更相信，正是有了那种可能被超越的预期，美国才真正警惕起来，思考并积极采取有效的应对措施，最终避免了这种局面的出现。美国如此应对，亦是在消费预期。

今非昔比的国际社会，今非昔比的中国实力，思想界、学术界、舆论界又开始了另一轮对预期的消费，那就是对现行国际体系、对美国与中国间现在与未来的预测与思考。

欧洲的债务危机以及欧洲一体化的瓶颈，使欧洲陷入长期的内顾与挣扎。有人说，欧洲变得越来越像露天博物馆。金融危机与 2011 年初的地震、海啸和核泄漏三重打击，使日本在 21 世纪国际格局的大游戏中提前出局。美国的比较优势也在下降，美国人的下一代可能面临更加激烈的竞争，实现美国梦的信心在削弱。

金融危机对中国国际地位的影响，犹如"2002 年的第一场雪，来得比以往更早一些"，中国在国际上的实力地位被提升了，意外地提前坐上了第二把交椅。毫不夸张地说，中国成为影响世界的一个巨大变量，在谈到世界变化与未来时，人们言必称中国。

时代的变化呼唤新的世界观。21世纪的头十年是全球化迅猛发展、国际风云激荡的十年。它带来的最大启示就是，任何国家，无论大小强弱，均发现前所未有地置身于世界，成为汪洋大海中的一条小船。要生存、要发展、要安全、要繁荣，就只有相互帮助、抱团取暖。美国虽仍是全球最强的国家，仍然不能免这个俗。

在如此种种的现实与预期相互交织下，中美之间的关系成了消费预期的焦点，而两个大国间目前的交往，无论是相互需要的程度、合作的范围、层次和深度等等，都已经上升到一个新的高度。

从切身利益来说，美国深知仅凭自己一国之力，不足以妥善处理好全球议题。无论是打击全球恐怖主义，还是抵御金融风暴，以及抗击气候变化等，美国都离不开世界。奥巴马的"新政"更要靠全球合作、协力。选择一个有实力的合作伙伴，将有助于减少美国在全球挑战面前所面临的孤立与压力。

再从国际层面看，欧洲曾雄踞20世纪世界历史的中心位置，但在21世纪，它作为世界主要力量的地位行将不保。经济危机、政治危机、去军事化、人口增长停滞和快速老龄化现象，使欧盟这个工程开始塌陷，这将加速美欧关系和北约的弱化趋势。孱弱的欧洲将发出更小的声音，北约也不再会是美国外交政策的天然伙伴。美将转而组建意愿联盟以应对不同的挑战。这种联盟有时将包括欧洲国家，有时则需要其他国家与伙伴。

中国是在经济全球化背景下崛起的，融入了美国主导的国际体系，并成为维护和平与稳定的一支重要力量。中国虽未必会成为美国的盟国，但在全球事务治理上成为美国的伙伴是可能的。即使最保守的美国战略界人士都不得不承认，中美作为全球化的共同受益者，在应对全球性挑战上具有广泛的共同利益。

中美在发展阶段上存在落差，经济结构、要素优势和资源禀赋等都具有极强的互补性，俨然利益攸关方。经济因素将会对外交政策产生越来越大的干预作用，在巨大的现实利益面前，中美将会努力朝着协调彼此利益的方向前进，而不是轻率地选择抛弃对方。同时，企图遏制一个像中国这样的经济、人口、地域大国，在全球化利益交汇错综复杂的今天，几乎是不可能完成的使命。相反，选择接受中国的崛起，则会为今后中美关系的发展留下很多弹性空间。

今天的中国已经是世界的中国，中国经济与世界经济的紧密程度，超过不少发达国家与外部世界的关联。这说明，中国决策者在任何情况下，都需要认真兼顾国际和国内两个大局，国内的和谐稳定与国际的和平发展相辅相成。而在国际层面可能对中国产生重大影响的因素将是美国因素，确保良好的中美关系，是中国崛起的国际大环境，选择与美国合作并确保双边关系的稳定发展，是中国决策者的优先日程。

在可预见的将来，中美关系仍将是非对称性关系；美国仍将保持全球第一强国的地位，中国则仍将保持迅速上升的势头。双方的局部差距虽然在缩小，但总体上美国仍占据强大的全方位优势，何况在中国向前走的同时，美国并非停滞不前。美国正在通过变革提升竞争力，以便"赢得未来"。

这种非对称性关系决定了美国的政策取向是影响中国的主导方面，因此美国应当承担维护中美关系长期稳定发展的更大责任。就中国而言，应正视并坦然面对来自美国的担心和疑虑：美国将长期在国际事务中占据主导地位，对中国崛起可能带来的影响、中国未来的走向有更多担心。因此，美国对华的复杂心态将与中国的崛起如影随形，对华政策难以统一和一成不变，更可能奉行两面下注、合作与防范双管齐下的原则。因此双方均将形成一种心照不宣的应对方式，在可合作的地方要合作，在斗争的地方要斗争。

除此之外，美国在制定、执行对外政策时，往往着眼于美国国内的合法性，而中国的行事原则更关注如何同国际接轨。其结果就是，美国由里往外看，把外部世界作为美国的虚拟延伸，将美国的意志强加于外；中国却是从外往里看，寻找自身与国际体系的差距与不足，以外促内，以开放促改革。

今天的中美关系今非昔比，从国际关系、两国的对外政策上讲，两国都情不自禁地在不同程度上透支预期。美国舆论总是充斥着各种各样关于中国的臆想和歪论，对中国的一言一行都很敏感，进入21世纪，美国对中国的防范并未减少，相反，还可能随着中国实力的上升而增多，所谓必胜论、强硬论、自信论等等仍然此消彼长。中美两国应该携起手来，打破历史的玻璃天花板，共同走出一条新型的、互利共赢的大国相处之道。

三、打破玻璃天花板

　　今天，中美互为激励的时代正在到来。中美关系正从地区层面朝全球层面拓展，使之日益具有全球意义，责任也更大。双方利益的增长与合作的深化将使中美不断相互调适，并保持这种调适的敏感性。两国关系的深入发展以及国际体系的演变，又都为之注入了新的发展动力，两国必须以新的眼光来审视它，塑造它，打破历史的玻璃天花板，摆脱传统大国你死我活的零和定式，构建合作双赢的新型大国关系，实现历史的超越。

　　中美之间谈不上谁更需要谁，而是相互需要、相互建构、相互塑造、相互依赖，是谁也离不开谁的阴与阳的关系。它有太多的历史沉淀、太多的曲折、太多的伤痛，但在面向未来及我们子孙的幸福与福祉时，中美关系的未来其实只有一个：合则两利、分则两伤。假如美国要遏制中国，那只能说明，美国选择了站在历史错误的一边。

　　未来左右中美关系的因素还有两大新特点，一是各自的国内因素的影响力上升；二是全球性问题的影响力增加。全球性问题呼唤全球性合作，同时全球性问题又日益介入一国的国内事务；中美虽在应对全球性问题上取得了初步的共识，但合作的基础尚不够牢固、坚实。

　　金融危机给人造成中升美降的印象，不乏美国的"被衰落"与中国的"被提升"。在美中关系中，美国的综合力量比中国要大得多。尽管美国是成量最大的国家，中国却是增量最快的国家，中国的发展日益有着全球性的、意义深远的影响。这迫使中国必须尽快树立一种新的全球性思维观，要走的路还很长。

躲不开的爱与恨

　　中美关系曾有过一段甜蜜期，正是在这一阶段，中国购买过一批美国的黑鹰直升机，这是一种性能非常卓越、主要用于运输的直升机。得益于极为出众的涡轮发动机，其爬升能力和巡航高度异常出色。2008 年中国四川汶川地震，美国表示愿为中国提供一切援助。中国即提出，希望购买黑鹰直升机的引擎和其他零部件，用以救援受灾民众，但遭到美方拒绝。[1] 后来在青海玉树地震时，中国再次提出这个要求，仍然被拒。然而，奥巴马政府却在 2009 年底宣布向台湾出售包括黑鹰直升机在内的大量军火，共计约 64 亿美元。黑鹰直升机一事不过是个小小的插曲，但通过它我们可以看出美国对中国并不放心，在武器出口问题上更是严加控制，生怕中国获得美国的军事技术。

美国对于中国经常是不爽的，这是显而易见的。由于历史的原因，中美两国的价值观和意识形态不同，所有制和分配方式迥异。中国模式的成功，必然对美国发展体制、模式带来压力和质疑，形成客观和主观心理上的挑战。所以，当中国在经济上腾飞的时候，美国及其盟友就认为受到了威胁。美中关系就是这样一种混合体，深度合作与相互依赖伴随偶然的紧张与摩擦。从另外一个角度看，这些矛盾与摩擦恰恰反映出美中关系非常重要，领域非常广阔，也是一种很现实的关系。

在美国的国徽中间，是一只高傲的雄鹰；而中国常被形容为腾飞的巨龙。鹰与龙如何相处，如何携手前行，不仅需要双方充分尊重对方的特殊性，更需要用全新的视角，创新的思维，正确处理、管控利益重叠与分歧。

在这个变化的世界中，在历史上，美国有应对对抗性崛起大国的经验，如冷战时期与苏联的对峙，却没有应对不挑战现行国际体系和其霸主地位的、融入性崛起大国如中国的经历和经验，华盛顿对中国的关注必然伴随着担忧，其内心的复杂、矛盾程度是前所未有的，多方面的，某种意义上，这种关注与美国在世界上的地位与未来走向密切相关。

具有五千年历史的中国，作为世界历史上第一个 13 亿超级人口规模的大国，迅速走上工业化道路，成就与挑战都是前所未有的。中国深知，要坚持和平发展的道路，需要保持开放，需要做出妥协，需要与美国发展友好关系。而中美两国又都有着各自的全球问题日程表。所以，在处理两国关系时，双方都是摸着石头过河，应相互承认对方的重要性，想办法应对新的形势需求，以最大限度地寻求共同利益。

首先，中美都应避免落入舆论的描述陷阱。描述决定看法，看法决定政策。

[1] John Promfret, "Chinese official: U.S. would lose trade war", Washington Post, March 22, 2010

白宫走廊围栏上的美国总统封印

中美关系在一定程度上也落入这样的窠臼。美国有一流的记者，他们到中国后发回的报道与其专业水准却并不相称，原因何在？一是他们总忍不住要看人下菜碟，猜测读者会对中国哪一方面或哪些问题感兴趣；二是新闻业的偏见所致，因为要抢读者，要抓负面的消息，好消息当然不如坏消息值钱；三是中美两国的价值观和意识形态不同，美国对中国怀有不少偏见，当中国在经济上腾飞时，"山巅之城"、"上帝的选民"自然会觉得受到臆想的威胁。

2009 年 9 月，新美国安全中心发表《中国来了》的研究报告，认为中国崛起是"现代史上最重要的地缘政治事件之一，对美国的利益、地区力量平衡和国际秩序均产生重要影响"。美国对华政策的首要原则，是"不应将中国视为威胁"。与此相反，美国"应做出协调一致的努力，将中国视为应对全球性问题的一个主要合作伙伴"。同时，双方应在"开放和舒心"的气氛中解决分歧。除了两个国家之间，还有两个不能忽视公众看法的社会之间需要沟通与理解，双方密切合作，避免使用极端的表达方式，注意不使一方的言论和行为刺激起另一方的负面反应，尽可能地开展互利合作。

其次，美国应该认识到，鹰龙本不同，鹰绝不可能变成龙，龙也没可能变成鹰，所以，必须放弃改变中国的企图。无论出于何种意图，美国的对华交往史，几乎就是美国企图以自己的方式改变中国的历史。改变中国，源于美国的道德信念，该信念背后是一个坚强的道德判断，那就是美国为"山巅之城"，代表正确的方向。

仿佛中国只有接受美国的立场观点，才是正确的，否则就是错误的或是不负责任的。对此前面已有充分论述，美国例外主义说明，这个世界不可能出现第二个美国。

美国应当放弃那种一厢情愿的臆想：中国越富有，就会越像西方或像西方那样行事。这种想法的前提本身就是错误的。其实，西方抱怨的是中国没有完全按照它们希望的方式，以邯郸学步的精神行走于世界。这是当今国际关系中诸多大行其道的伪命题之一，它反过来恰恰说明，西方所谓的对多样化、多元化的容忍是虚伪的，心口不一的。

从美国自身来看，美国的力量和权势仍处于支配性地位，没有哪个国家具备能力和意愿来取代美国。美国必须从道德的神坛上走下来，与各国平等相待，与中国平等相处，这样的中美关系才能更坚实、持久。

奥巴马上任之初试图改变美国的国际形象，使美国变得谦虚一点，"倾听"、"磋商"等词汇一度成为时尚。应当承认，从这个角度看，美国的政治觉悟已经有所提高。然而，美国尚需做出更大努力，让人们相信这种"谦虚"是真诚的，而且需要长期坚持不懈，言行一致，否则难免让人生疑或困惑不解：到底是该相信美国人说的，还是该相信美国人做的？

再次，中美结成伙伴关系，并不意味着中国成为美国的附庸，或中国出卖了自己的国家利益。中美的合作不同于传统意义上的盟友关系，不仅基于两国自身的需要，也是历史、世界赋予的重建世界的重任，是一种共赢。中国对美政策上的协调，也不应被认为是一项过分亲美的举动。

未来世界的争夺是多元的争夺，既是规则之争、思想之争、话语权之争，也是实力之争，更是资源之争与伙伴之争。中美作为两大资源消耗和需求国，其矛盾与争夺将上升，同时合作的动力与潜力也不可小觑。在能源不可持续性的威胁下，各国也已经在酝酿新能源及其他行业的科技革命。中美在这方面的合作，就将是创造双赢的切入点。

第四，不要指望解决中美之间的所有分歧，也许旧的分歧解决了，新的分歧还会不断涌现，因为中美两国在变，世界在变，时代在变，但重要的是不能让分歧挟持中美关系。中美关系虽然已"大到不能倒"，如何更聪明地管控分歧犹为重要。而最好的办法之一，就是增加双方的共同利益，扩大双方利益的交汇处，夯实双方互利互惠的基础，使之抑制消极面。随着后危机时代美国将战略关注转向再造国内实力基础和重塑国际影响力，以往支撑中美合作的外在动力相应减弱。在这一背景下，中美合作必须扩大"内需"，真正使中美关系由外力推动型转向内生动力型，这是中美实现长期战略稳定的重要前提。

美国有人称中国为"搭便车的大国"，要中国"买车票"。美国官员常常抱怨说，北京没有更多地参与到世界的管理中来，没有发挥应有的作用，并承担应有的责任。然而，美国应当认识到，中国发挥更大作用、承担更多责任的这一天正在到来，问题是，美国是否做好了准备，是否如其所说，真正欢迎中国更多地参与到世界的管理中来？什么叫叶公好龙，中国人都心知肚明。

地球装不下两个美国

鹰与龙的确非常不同，但作为发展中大国的中国，与超级大国美国之间，就真的那么不同吗？这是我与美国、欧洲朋友讨论过的话题。一位欧洲朋友认为，中美越来越像，共同点越来越多。比如说中美都有独特的大国情愫与战略思考，两国越来越多地主宰国际事务，并成为世界最大的资源消耗国和温室气体排放国……美国朋友则说，中美最相似之处在于两国都有深深的例外主义情结，都认为自己与众不同。

他们这种看问题的角度不仅新鲜，总结出的看法也有一定的道理。我不禁开始思考，中美如果越来越相似，福兮？祸兮？二者迥然不同，相处起来肯定会磕磕碰碰，那二者要是相似起来，就一定会相处融洽吗？或正好相反？

一方面，中美之间确实非常不同，矛盾千千万。用"行话"说：中美关系有结构性矛盾，这是指美国是守成大国，中国是崛起大国，两者的冲突是必然的；中美有意识形态矛盾，这是指美国号称是民主大国，而中国是有中国特色的社会主义大国；中美之间有"例外矛盾"，两国的历史、文化、民族组成、思维方式等有太多的不同；美国重结果，中国重过程；美国得理不饶人，中国得饶人处且饶人；美国奉行"我不犯人，人必犯我"，中国谨守"人不犯我，我不犯人"；美国崇尚个人主义，喜欢多样性，中国强调集体主义，推崇步调一致……

正是由于诸多的不同，才造成中美之间的不理解甚至矛盾冲突。但我们应当庆幸，中美之间的不同正可以相互激励，世界也因此更加丰富多彩。在相当长的时间内，中美因不同而起的矛盾还将继续存在，矛盾的激烈程度、较量与竞争还可能升级。原因之一在于，两国都十分看重、十分自豪自身的价值观、传统以及政治体制，这一点谁也别想改变谁。在过去，当中国还较弱的时候，美国占据一定优势；今后中国发展了，变强了，美国在这方面的优势就相对减小，而中国改革开放以来，找到并实践成功了一条适合中国的发展道路，让世人看到除了美国的自由资本主义，中国的体制同样可以创造奇迹，同样可以通向成功。

其实，中美又真的那么不同吗？作为两个具有全球大国资质禀赋的国家，中美之间又有着诸多内在的相似之处，而且今后还会变得越来越相似。比如中美都是具备全球视野的大国；都有文化的优越感；都有雄伟的抱负；都有无与伦比的企业精神；都有崇拜英雄的情结；中美对自身的价值观都引以为豪；甚至在家庭价值观方面也不乏相似之处……我在与美国人的接触中还发现，美国人并非如我们从书中所知的是一味的个人主义，其实他们集体主义精神无处不在，而这一点却往往受到忽视。同样，中国人似乎总把集体主义挂在口边，但本质上中国人的个人主义行为比比皆是。正如美国有一种与生俱来的例外主义情结，中国也一再强调自己的独一无二。换言之，中美这种表里不一的特质，使互相间有着独特的诱惑。

可以说，中美并不像看上去那么不同。在未来，两国必将面临由越来越相似所带来的矛盾，是中美关系面临的新型挑战。当"中国梦"与"美国梦"越来越相似时，当中国的独一无二遇到美国的例外主义时，会发生什么？可能造成的矛盾，其尖锐程度不亚于两者差异性带来的矛盾。这并非危言耸听。

试想：假如中国百姓的生活方式、人均能源消耗与美国接近，世界将会怎样？今天中国的人均能源消耗是美国的十五分之一。统计数据显示，如果全世界人口都按欧洲的能源和物质消费水平生活，人类需要另外两个地球才能养活自己，如果按美国方式生活，则需要另外 4 个地球才行。如果按现有的发展模式继续下去，资源枯竭将是必然的结果。

假如中国家庭拥有与美国家庭一样多的汽车，世界将是什么样？

我曾与美国地球政策研究所所长布朗教授有过多次的深入交谈。最先知道这个人是因为他 1992 年写的一篇广为流传的文章《谁来养活中国》。大意是由于中国人口增长，以及消费的快速增加，全世界的粮食加在一起也不够中国人吃。当然，我们的话题仍离不开这样一个核心问题：中国人吃穿住行的变化会对世界产生什么样的影响。

白发苍苍的他十分焦虑地告诉我，美国每15辆机动车就需要耗费或占用一公顷土地，这包括修建停车场、公路等配套设施，现在美国家庭平均拥有二到三辆汽车，假如中国的家庭也平均有二到三辆汽车，那么中国汽车总数将会是多少，将占用多少宝贵的尤其是市中心的土地资源？他还给我讲了这样一个故事。他到中国某名牌大学演讲，当谈到上面的看法时，有中国学生质问他：你们美国人可以过现代化生活，为什么中国人不能？

没错，中国人同样渴望早一天开上私家车，畅游在自家的泳池……但问题是，中国的资源能支撑得起13亿人如此这般的中国梦吗？

假如中国也像美国一样消费资源……世界将会怎样？

难道我们要为争夺资源而战？为谁应承担更大责任而战？假如中美之间相似点越来越多，是不是意味着连中国在国际上的行为做派，都一定会重走历史上大国崛起的老路，与守成大国之间的关系也注定为不是你死就是我活？成长起来的中国，在与美国越来越相似之外，又会保留或创造哪些不同？

也就是说，中国发展起来了，我们应更加关注中国的思想理念追求，我们应当回答这样一个问题：未来的中国到底会是什么样？它与现在的经济强国到底会有哪些不同？与美国越来越相似后，冲突是不是注定不可避免？理由为何？

这些问题让我们思考，让我们慢下脚步，在匆忙赶路的旅途上，也应该回过头去看一看留下的是什么样的脚印。

世界上毕竟只有一个美国，地球装不下两个美国！

虽然在享受国际红利时，美国从来当仁不让，然而在承担国际义务时，美国往往缺乏大国的风度和气量，总与其他发展中国家斤斤计较。或者说，在享受国际体系的实惠时，美国以老大自居，处处强调其"领导"地位；而在承担国际义务方面，却自愿缩小为普通大国。金融危机大难临头时，同舟共济；当经济状况有所好转时，就各奔东西，甚至以邻为壑，大搞保护主义，而且脸不红心不跳。

美国例外论的一个弊端，就是在有意无意中"制造了"诸多与世界的深层矛盾，即美国是独特的、唯一的。拿能源、环境等问题来说，美国可以凭世界5%的人口，消耗世界四分之一的能源——这是合理的，理所当然的。美国还常常以过来人的姿态，语重心长地告诫别人，"你们不能重复我们的老路"；要尽量用新能源、替代能源等等。

这样的心口不一，显示出在美国眼中，尽管地球上自然资源的日益枯竭，也不能影响美国式的生活方式；至于新能源，连发达国家都觉得有关技术的科研、开发费用昂贵，推行起来困难重重，更何况发展中国家。即便已有的研究成果，发达国家还以知识产权为由，不愿向发展中国家转让技术。那么，谁来为全球的气候变化负责、埋单？在哥本哈根、坎昆气候变化大会上的争吵，反映出这一问题的真正根由。凭心而论，在造成今天全球气温上升这一全球性问题上，西方不能也不应当否认，其工业化革命所产生的碳排放"功不可没"，而且，即使在今天，在气候变化、新能源使用等问题上，发达国家是为了让日子过得更舒服，而对诸多发展中国家来说，仍然是生存问题。在应对全球气候变化问题上，采取"共同而有区别"的原则，说的就是这个意思。

中国必须紧紧抓住迎面而来的新一轮工业化浪潮这一机会，充分利用它发展并壮大自己。与前几次工业化不同的是，当欧洲在进入工业化时，只有几千万人，即使美国进行工业化时，也不过一亿人，今天中国带领13亿人同时迈进工业化的门槛，这是人类历史上空前绝后的壮举！它必将重塑世界财富和权力的未来。

中国没有别的选择，只有走一条创新的道路，而且必须是可持续发展的道路，我姑且称之为"负责任的发展"。对谁负责？首先是对中国人民负责任，对中国负责任，才是对人类负责任，对我们共同的地球负责任。中国用世界7%的耕地面积，养活世界五分之一的人口，而且要让大家均能过上体面的生活，这就是中国对世界发展事业的卓越贡献。

中国不可能走美国曾经走过的老路，地球的客观条件容不下再一个美国，容不下13亿人的中国再选择美国式的生活方式。如何在日益拥挤的地球上开创出新的发展道路，如何避免因相似带来的冲突，这正是历史给中国、给世界提出的大难题，也是中国一直在苦苦探索的民富国强之道。

自己活，也要让别人活

与种种思考、疑虑相伴的，是中国日新月异、步伐超前的发展与崛起。在21世纪的今天，中国的崛起不可能离开世界，不能仅仅依靠自己，还需要学会依靠他人。而在可见的将来，中美关系将是决定中国能否和平崛起的关键；这一关键中的关键，在于中国与美国如何携起手来，推动国际秩序的和平转型。

美国著名学者福山曾对我说，国际体系具有与生俱来的惰性，不到万不得已，不会轻易自动变革，因为既得利益者不愿意主动让利。现代国际关系史上，国际体系曾多次变化，但均发生在大战之后，现行的国际体系就是在二战后建立的。进入 21 世纪，大国之间爆发体系性战争的情况不可想象，谁也没有这个意愿，谁也没有这个资本，因此新一轮国际体系的变迁，要在总体和平的状态下进行。而且国际体系的改革不大可能一蹴而就，更可能是在不同领域，以不同速度向前推进。

各大国在构建现行的政治、经济秩序的国际体系时，主要关切是如何适应战后大西洋两岸的权力架构，符合自身的利益诉求，并未考虑到其他力量的可能变化。无论是联合国、国际货币基金组织、世界银行等，主导者无一不是美欧等经济发达国家，都旨在满足美国与欧洲之间的权力分配，国际机制和"游戏规则"也基本上是为少数发达国家的利益服务。

比如，二战后美国主导的国际货币体系布雷顿森林体系，就并非公平的竞争环境。国际货币基金组织和世界银行按股份制公司的形式组建，富国手握绝对多数的投票权，并控制理事会，大事小事均有绝对的发言权。这种局面显然已不能适应今天世界的变化和力量的对比状况。亚洲的崛起特别是以中国、印度等为代表的新兴大国的崛起，带来财富和权力的向东转移。现行国际体系主导者的 8 国集团，邀请这些发展中大国举行对话，旨在弥补自身在目前世界经济上代表性的不足，但发展中大国对该俱乐部兴趣不大，缺乏认同。

全球金融危机催生了 G20 取代 8 国集团的进程，促使发展中国家在国际货币基金组织的份额至少增加了 5%，在世界银行的投票权至少增加了 3%。G20 以吸收发展中国家为荣，因为它更好地反映了世界经济的发展趋势。从 2008 年 12 月的华盛顿峰会以来，G20 日益成为国际经济体系重组的关键力量。这些调整尽管起不了决定性作用，但意义深远，表明随着东西力量差距的缩小、对比的变化，发展中国家的影响力正在增大，而不公正、不合理的现行国际秩序也越来越难以为继，对其进行必要的改革已提上国际社会的议事日程。

全球气候变化、环境、能源、资源以及金融稳定等，也都期待国际关系的创新。可以肯定的是，世界事务上谁都不可能再一手遮天，而是得由大家说了算。有的发展中大国正逐步从金融甚至政治的边缘区过渡为核心区成员，国际体系也越来越多地由发达国家与发展中国家共同管理。

建立国际新秩序的核心，就是推动国际体系的和平转型。要做到这一点，需要大国，特别是中美两国加强合作。换句话说，只要大国之间不爆发体系性战争，国际体系实现和平转型就是可期的。

现行国际体系中一超独霸多年的美国，正处于新的历史十字路口，一定意义上说，它是个"自我击败的霸权"，其单边主义、先发制人等行为理念，使美国权力使用的正当性受到质疑。

对中国而言，历史上这个世界变了又变，大国角力从未间断；但从维也纳体系到凡尔赛体系，再到雅尔塔体系的转移与确立，中国基本上只是、只能当个旁观者。这次后冷战时代新的国际体系的转型，中国应当是主要的塑造者与参与者，不是出于野心或者私心，而是出于成长大国的历史责任。

有迹象表明，中国正改变过去在国际事务中的被动地位，以前所未有的积极姿态，参与国际体系的重建。这一方面是因为中国本身国力的今非昔比，经过几十年的艰苦奋斗，中国经济、社会发展取得空前进步，俨然坐上了21世纪这场豪华宴席的主桌。在中美建立合作伙伴关系的过程中，理应包括中美为营造一个稳定、可持续发展的世界秩序的共同努力，而一个稳定、可持续发展的世界秩序，将促进并滋养中美关系的稳定发展，也是世界的福音。

另一方面，也是因为金融危机促使全球经济体系正在经历两大转变。首先，美国越来越多地融入国际合作，尤其在修复国际金融体系的努力中，它越来越需要其他国家的支持与协作；其次，以中国为首的新兴市场国家正在参与国际经济领导权。经济金融领域中二十国集团的应运而生，打开了国际新秩序改革的缺口或切入点，为中国和平融入国际社会创造了条件。二十国集团是中国登上世界舞台的新阶梯。早在2008年，布什总统拟召开首次华盛顿经济大国峰会之前，首先主动向中国方面打电话，了解询问中国领导人的时间安排，以确保中国领导人能与会。

30多年来中国改革开放的历史有力地说明，中国以和平、负责任的方式崛起，坚持互利共赢，避免走"强国必霸"的老路，这为构建中国与其他国家的战略稳定与伙伴关系提供了机遇，对美国也不例外。作为国际新秩序的建设者，而非颠

隔街相望的国际货币基金组织（右）与世界银行（左）

覆者，中国的发展有利于美国同其他新兴力量一起成为多极世界的建设性力量，有利于共同应对紧迫的全球性问题，规划国际新秩序、塑造与时俱进的新价值观。关键是美国能否真正摒弃零和思维论而追求互利共赢，并以积极姿态发展美中的全面合作。

无论如何，与冷战期间美苏两国身处不同的阵营相比，今天中美两国同处一个体系，因此都必须为这个体系的有序变革负责。面对国际上"日益崛起的影响中心"即新兴经济体，美国表示愿意与中国共建国际新秩序，要以新机制来容纳中国新的利益诉求，如支持扩大中国在国际货币基金会的投票份额，以换取中国等新兴国家的支持与合作，以分担成本、维护其霸权。

但同时，美国担心中国坐二望一，有朝一日会将美国拉下世界第一的宝座，因此想方设法地牵制中国的发展。说实话，美国要遏制中国、阻止中国的发展已经不可能了，但它可以制造麻烦和障碍，增大中国发展的成本。美国甚至会做出一些挑衅动作或干扰行为，让中国分心，让中国难以全心全意谋发展，或唱衰中国，这就需要中国保持定力，时刻保持清醒和警觉，时刻在心中装着大局。

中国不是苏联，并不谋求推翻现行的国际体系，事实上，中国一直以改革开放来调适自身对国际体系的适应，并从参与者日益变成这一体系的建设者，换言之，中国自身已经成为现行国际体系的利益攸关方。中国奉行的是和平发展战略，对内发展民生，对外修好四邻。中美利益交融，你中有我，我中有你。中美互为第二大贸易伙伴，且增长前景广阔，潜力巨大。全球化的发展使中美利益关系更加紧密，客观上增加了零和的成本。

当然，美国若想重拾对付苏联威胁那样拉帮结派的办法应对中国的成长，恐怕会吃力不讨好。中国也没什么好畏惧的，只需放下包袱开动机器，奉陪到底。

展望未来，如何确保中国在未来国际上的地位和利益，必须考虑如何推动国际体系的和平转型这一重大问题。那么，面对这样的历史机遇，和一个咄咄逼人的利益攸关方，中国应该怎么办？

如何与美国打交道

随着中国国力的强盛，讲"中国故事"正成为华盛顿欣欣向荣的事业，吃中国饭的人越来越多。一位美国朋友对我说，在这里似乎所有的人都在做与中国沾边的事，甚至好几家智库会同时举办关于中国或涉及中国的研讨会。小到关于中国的消息，大到关于中国未来的"大预言"，都容易拨动美国人的神经。

2010年10月，我应邀到博伊西州立大学参加中美关系研讨会，由于正值中国GDP超过日本成为世界第二的消息见诸报端，美国人想知道，成为世界第二的中国，心里到底是怎么想的。会前我了解到该校球队在全美大学生橄榄球联盟赛中取得优异成绩，仅次于俄勒冈大学队，排名第二。因此，我一开始先祝贺他们的球队取得好成绩，并说："你们最清楚当第二的滋味，也清楚第二的挑战是什么。我希望你们球队打败俄勒冈队，成为第一，但这并不意味着中国要挑战美国第一的位置。因为中国不是苏联，中国希望与美国建立互利共赢的关系。"没想到这一开场白获得了不少掌声。第二天，当地的报纸《爱德荷政治家》在报道此场研讨会时，还将之总结成"美中需要寻求平衡"。

是的，也许中国的确还没有做好当世界第二的准备。这种突如其来的变化，使中国的决策者、中国社会及思想界都面临全新的、前所未有的挑战，需要适应。在中国国内，各种思考你方唱罢我登场，多种声音竞相迸发。同样，世界也并没有做好接纳中国跃升而为世界第二的准备，因此对中国的看法与议论也是百花齐放，百家争鸣。

穿梭于华盛顿的智库之间，与专家学者的座谈、讨论，有时甚至是激烈的辩论，使我深感需要更好地向华盛顿乃至美国民众说明，进步的中国所面临的机遇与挑战。不仅如此，还要着力解释：为什么说中国的繁荣符合美国利益，为什么说中美可以成为伙伴而不一定是对手，为什么中美关系对美国的各方面利益如此重要，为什么说互利共赢的中美关系是可能的。总之，为什么说中国的发展对美国有好处，是机遇而不是威胁，美国如何分享中国的机遇与繁荣？

如何向美国传播中国，说明中国，是一项艰巨的工程，极具挑战性，但是，中国没有选择，必须持之以恒地做下去。中国不仅要向美国说明日新月异的、变化中的中国，要说明自己对未来中国与世界关系的看法，除表达那些良好的愿望之外，也要坦率地向美国人说明自己的关切和忧虑。

美国多姿多彩，不乏碎片化的政治图谱，为了收获更好的工作效果，就要针对"不同美国"的特点，耐心细致地做工作。比如国会政治和公众看法主导下的美国，某些观点很容易演变为民族主义和保护主义，工作岗位的丢失，贸易失衡，以及任何显示美国政府在与外国政府打交道时的"示弱"行动，都容易激发和强化上述看法。而美国政府所代表的美国相对理性。然而，囿于其自身的政治原则和来自国会、国防部与公众的政治、舆论压力，使美国政府在推动中美关系向前发展的能力和意愿上受到掣肘。当然，美国政府内部也有不同的取向，如国务院与国防部就有差别，了解这些不同与差别，有助于做工作时更加有的放矢。

孙子云：知己知彼，百战不殆。中国需要切实加强对华盛顿政治圈的了解与研究，着力培养一批"华盛顿通"，以便更好地与环城路的权力掮客打交道，增加相互理解，加强互利合作。我国的外交官不仅应多多参与华盛顿的有关活动或研讨会，还要尽量走出495环城路，到地方上去，到基层去，到民间去，坚持不懈地对话交流，并增加对美国国情的了解。中国官员、学者、专业人士要勇于、善于并巧于与美国的媒体、国会、公众等打交道，接受他们的提问，与他们对话。

随着中国经济全面崛起，国际社会特别是西方国家更渴求关于中国未来走向的答案，如何让这种判断不出现太大的偏差，西方国家的智库在其中所扮演的、提供决策支持的角色就显得相当重要，而中国智库如何加强与其的交流显得尤其迫切。

中国与西方智库加强交往，其意义在于中国可借助外国智库的渠道，影响该国政府的决策，培育民众对于中国的好感，也可以让外国的智库更多了解中国。从长远看，为了争取国际支持和理解，中国与美国智库的交往必不可少，中国官员与专家学者、专业人士应更多、更主动地通过演讲、研讨、座谈、接受采访、撰文投书等方式说明中国。

中美关系将取决于相互向对方投射何种镜像，所以，会讲中国故事等于是手握通向未来的通行证。

因为中国的崛起，是新世纪世界历史演变的内在和有机的组成部分，是世界格局演变的大势所趋，中国应当强调自己的崛起，本来就嵌在全球历史的大发展、大演变、大潮流之中，而不是一个与世隔绝或不食人间烟火的星外来客，这有助于舒缓世界对中国崛起的不适应，有利于降低别人的不安：中国的经济高速发展后，追求的目标何在？中国成为强国后的理想又是什么？作为世界负责任的一分子，中国应当胸怀世界，才能更好地与世界相处，通过自己的发展和创造，促进世界的和平与繁荣，为世界提供更多的公共产品。这样一个中国必将受到世界的欢迎。

中国的强大源于国内。一个更多元的中国，更容易为世界所认同；一个寻求与世界有更多利益共性的中国，更容易为世界所接受。

从路径上，中国应将自身的崛起纳入地区崛起的大框架中，选择以地区为战略依托走向世界的道路。同时，参与世界价值观的重构，为中国崛起营造较为有利的国际软、硬环境。从方式上，中国需要新的思维和视角，努力开拓自己的全球视野，从中国视角扩展到全球视角。从世界视角看问题，容易与美国找到更多的利益汇合点，并扩大双方的共同利益。

近年来我们一再倡导提高中国在国际上的话语权，要发出更多、更响亮的中国声音，突出鲜明的中国视角。这种思路是能够更多地让世界知道和了解中国的所想、所思和所愿，但随着中国的崛起，如果依然只停留、局限在推出中国声音和中国视野的层面，就远远不够了。当我们自身积累起来的力量日益影响世界的时候，历史会要求我们不得不有一个全球视野，并更多地向全世界展示出来，展示自身能为世界带去哪些新机会、新进步。

当然，中国视野是我们立足的基础，全球视野是我们宏大的"达则兼济天下"的世界观，没有中国本位的思想，谈不上中国的全球观，但是没有放眼天下的全球视野，最终也不能牢牢地维护中国的国家利益。在追求全球视野的中国化时，更应追求中国视野的国际化，特别是要妥善把握从中国视野向全球视野的转移。

近代中国的崛起经过了两个阶段，即从"革命与战争"转变为"和平与发展"。进入21世纪，中国的崛起更加引人注目。中国在应对金融危机中的出色表现，令世人刮目相看。对于所取得的成就，中国人有诸多理由感到高兴和自豪。然而，中国GDP的增长对中国的意义何在？一国的国际地位不能只看GDP，经济增长并非国家实力的全部，它必须涵盖经济、军事实力和政治影响力。中国越发展，我们越需要冷静，需要思考。

新加坡资政李光耀说，中国崛起后的所谓后美国时代或许要等30至50年后才会出现，美国在这段时间依然能对亚太地区发挥影响力。即使30年后中国的GDP超越美国，但人均GDP仍旧很低，还远不到举杯相庆的时候。

在大国外交中，示强容易示弱难。尽管美国仍是最强大的国家，但美国的危机感已经被释放了出来。当前美国朝野社会都有一种日益扩大的忧患意识，担心被中国或其他新兴国家超过。这种新的心态变化虽有夸大的成分，如引导得好，可以使中美两国相互促进，相得益彰；若处理不当，可能会波涛汹涌，甚至带来大国对抗。

美国总统奥巴马2011年1月25日发表的《国情咨文》，在关于变革、教育、新能源、基础设施建设等方面多次称中国做得比美国好，他表示世界已经改变，规则已经改变，因而美国在经济、教育、科技发展等诸多方面面临更多竞争。美国必须加倍努力才能"赢得未来"，其忧患意识溢于言表。这种以中国元素为催化剂，以外促内的强国手段，让我们看到，与一个心事重重的美国、忧患而愤怒的美国打交道，是一个更加严峻的、前所未有的挑战。20世纪50年代，美国精英曾以苏联卫星上天来激励美国，开启了一场轰轰烈烈的进军"新边疆"运动，其结果是美苏陷入对抗数十载。

中美关系有千千万万个理由不应重蹈历史的覆辙，应尽力避免陷入新冷战，避免大国悲剧的重演，避免落入修昔底德陷阱。不仅如此，中美关系还应更上一层楼，打破阻碍两国关系的玻璃天花板，建立并实现相互尊重、互利共赢的合作伙伴关系，造福于两国人民，造福于人类。这是新世纪赋予中美关系的新内涵，也是历史赋予中美关系的新责任。

中国正在书写新的传奇，这使中国更有条件主动地塑造中美关系，包括议程与议题的设定，打出更多的中国方案、中国倡议、中国建议、中国想法。考虑到中美两国的国情不同，即中国是大政府、小社会，美国则是大社会、小政府，如何针对这样的特点，开展广泛而深入的交流至关重要。

一言以蔽之，中美关系并非注定是一场历史赌局，相反，双方都肩负着维护、发展、丰富、充实这一重要关系的历史责任。说到底，中美关系的未来不取决于别人，而掌控在中美两国人民的手中，建立相互尊重、互利共赢的合作伙伴关系，走出一条没有输家的大国相处之路，将是中美共同对世界贡献的最优公共产品。

只争朝夕，此其时矣。

后记 >>>

历史，总掩饰不住大国兴衰的忧伤。

历史本无所谓惆怅，惆怅的是读历史的人。

美国，既不是魔鬼也不是天使，既不是天堂也不是地狱。

美国离我们那么远、又那么近！其变化以及怎样变化的意义早已超越了边界，过去曾经影响世界，未来仍将继续影响世界，影响我们的下一代。

何谓美国？谁代表美国？是好莱坞的美国，还是硅谷的美国？是华尔街的美国，还是华盛顿的美国？是白宫的美国？还是国会山的美国？是雾谷的美国，还是五角大楼的美国？是媒体的美国，还是K街的美国？或者是主街的美国？不同的视角就会有不同的观察。美国很传奇、很多元、很复杂，像奔腾的密西西比河，有平静，有咆哮。

还记得刚到华盛顿的时候，心里曾升腾起一种寻求答案的渴望：四年后的美国将是什么模样？对美国的认识又有何不同？

四年后交上这份答卷，请读者自己评判。

在此要特别感谢那么多美国朋友和同行，他们慷慨地与我分享其思考和看法，感谢他们给予我的友谊，让我在华盛顿度过了四年快乐时光。虽然有时我们有不同的看法，有时争论不休，但和他们讨论交流，总是愉快而收益良多，他们对美国、对中国及对世界的看法和理解不乏独到之处，特别是对我了解美国怎样思考颇有启发和帮助。同时，有感于美国人铁面无私的自我批评精神，这种不断反省、解剖与批评让政府、决策者不敢懈怠，不敢自满，从而成为前进的动力。

中美各有各的精彩，又都有崇拜英雄的情结，而今天的中国已经具备了英雄的气质。

总之，褪尽浮华，中美关系说到底是两个孤独者之间，剪不断理还乱的爱恨情仇的故事，是 21 世纪最让人牵肠挂肚的歌舞剧，我们每个人都是演员。

本书的构思与写作还得到不少朋友的慷慨帮助，这份感激永远留存在我的心底，可以说，没有他们的思想贡献与精心修改，就没有此书。尤其要感谢我家人的支持，他们的鼓励是我坚持下去的最好理由。

在此要特别感谢凤凰联动文化传媒有限公司，感谢汪毓楠先生在本书写作过程中所给予的宝贵建议，能与这样一个有专业精神和充满激情的团队合作是我的荣幸。